LE PERSONNEL

DES

ÉTATS DE VIVARAIS

(1601-1789)

___

RÉPERTOIRE ALPHABÉTIQUE

LYON

IMPRIMERIE DES MISSIONS AFRICAINES

MCMXXIII

LE PERSONNEL

DES

ÉTATS DE VIVARAIS

Tiré à cinquante exemplaires
pour distribution privée

LE PERSONNEL

DES

ÉTATS DE VIVARAIS

(1601-1789)

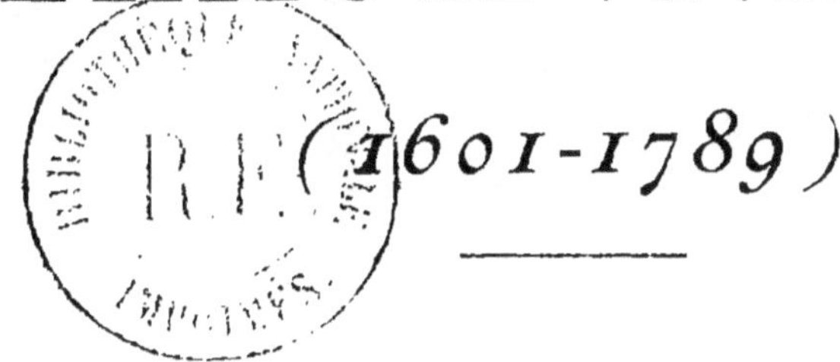

RÉPERTOIRE ALPHABÉTIQUE

LYON

IMPRIMERIE DES MISSIONS AFRICAINES

MCMXXIII

AVERTISSEMENT

Les circonstances ne nous permettant pas de publier notre étude sur les États de Vivarais depuis leurs origines jusqu'à la Révolution, *nous en avons détaché un appendice, pensant qu'il pouvait être utile aux chercheurs.*

On trouvera dans ce Répertoire (1) *les noms de tous les personnages admis aux États de Vivarais de 1601 à 1789 (2) comme barons, baillis, châtelains ou bailes des barons et comme députés des villes, c'est-à-dire de tous ceux qui avaient voix délibérative dans les*

____

(1) Dressé à l'aide des procès-verbaux des États de Vivarais conservés aux Archives de l'Ardèche sous les cotes C. 340-366.

(2) Pour les siècles antérieurs et pour les États *protestants* de Vivarais, les lacunes des archives de l'Ardèche ne nous ont pas encore permis d'établir une liste définitive.

assemblées. Nous y avons joint les noms des commissaires ordinaires, tous Vivarois, des commissaires principaux lorsqu'ils étaient originaires du pays, de quelques autres personnes reçues exceptionnellement, et enfin des syndics et des greffiers.

Les titres et qualités de chacun ont été transcrits avec exactitude ; leurs variations, lorsqu'elles ne sont pas imputables à la négligence d'un scribe, peuvent donner d'utiles indications sur le rang, l'ascension sociale ou la diminution des familles.

Les noms de lieux n'ont pas été répétés lorsqu'on a indiqué consécutivement plusieurs sessions réunies dans la même ville.

En l'absence de mentions précises, nous avons pu certainement, à la suite du greffier, inscrire, trois ou quatre fois, deux personnages sous le même nom ou un seul individu sous des noms différents : nous souhaitons que les généalogistes parviennent à rectifier ces erreurs.

Auguste LE SOURD.

ABRÉVIATIONS

An	Annonay.
Aub	Aubenas.
B. S. A	Le Bourg Saint-Andéol.
le Ch	Le Cheylard.
Comm. ord	Commissaire ordinaire.
Comm. pr	Commissaire principal.
G. lès V	Granges lès Valence.
J	Joyeuse.
L	Largentière.
P	Privas.
Prad	Pradelles.
Présid	Président.
R	Rochemaure.
St-. M. d'A	Saint-Marcel d'Ardèche.
St-P	Saint-Péray.
T	Tournon.
la V	La Voulte.
Ve	Vernoux.
V. de B	Villeneuve de Berg.
Viv	Viviers.
Vo	Vogüé.

ÉTATS DE VIVARAIS

A

Abrèges (Mr Me Jean d'), Dabriges, docteur ès-droits, consul de Pradelles, *Viv.*, avr. 1671 ; le même (?) que Mr Me Jean des Abreges, avocat, premier consul de Pra-delles, [signe : *De abreges*], *la V.*, fév. 1690.

Acher, v. : Bouvier (M. Louis-Hyacinthe).

Adam (Me Jean), docteur ès-droits, consul d'Annonay, *J.*, mai 1608 ; *T.*, fév. 1609.

Adellon (Mr Me Jean), docteur en médecine, entre en qualité de consul de Largentière, *B. S. A.*, mars 1638 ; Mr Me Jean Adellon, consul de Largentière, *Aub.*, janv. 1650.

Agulhon (Sr Jean), consul de Pradelles. *Vo.*, mai 1734.

Agusac, v. : Mirman, Sr du Fau et Agusac.

Aisac (Mr Me Gabriel d'), [signe : *Daisac*], Daizac, avocat en parlement, pour le bailli de Montlor, *B. S. A.*, avr. 1704 ; Dayzac, *P.*, mars 1705 ; pour le maire de Tour-non, *Ve.*, avr. 1707.

Aisac (Mr Me Just-Antoine d'), D'aysac, avocat en parlement, pour le consul de Rochemaure, *Vo.*, mars 1735 ; d'Ayzac, pour le consul de Pradelles, *T.*, mai 1743.

Ajoux, v. : Roudil (M. Jean-Louis).

Alainc, v. aussi : Alenc et Allenc.

Alainc-Villefort (Mr Me Jacques), docteur en médecine, premier consul de Rochemaure, *Sl-P.*, mai 1724 ; [signe : *Villefort, D.*], *Aub.*, mai 1725.

Alamel, v. aussi : Allamel et Rocher d'Alamel.

Alamel (Me Guillaume d'), Dalamel, consul de Largentière, *la V.*, sept. 1626 ; *Viv.*, avr. ; mai 1627.

Alamel (Me Guillaume), consul de Joyeuse, *P.*, janv. 1644.

Alamel (Me Pierre). consul de Joyeuse, *B. S. A.*. déc. 1644.

Alamel, Cos^gr **de Planzolles** (Sr Louis d'), Dalamel, consul de Largentière, *le Ch.*, avr. 1675 ; Sr Louis Dalamel, *Sl-P.*, avr. 1676.

Alazard (Jean), consul de Privas, *B. S. A.*, juin 1617.

Albert (Sr Jean), second consul de Viviers, *la V.*, avr. 1666.

Albert (Me Olivier), consul de Viviers, *P.*, janv. ; *B. S. A.*, déc. 1644.

Alenc, v. aussi : Alainc et Allenc.

Alenc (André), consul de Rochemaure, *B. S. A.*, mars 1616.

Algon (Me Guillaume), consul de Joyeuse, *B. S. A.*, fév. 1642.

Alier, v. aussi : Allier.

Alier (Sr Amand), Sr Aman Allier, [signe : *Alier*], consul de Viviers, *la V.*, nov. 1641 ; *T.*, janv. ; juill. 1642 ; premier consul de Viviers, comm. ord., *P.*, mars 1652.

Allamel, v. aussi : Alamel et Rocher d'Alamel.

[**Allamel**] **de Bournet** (Mr [Jean] d'), maire-commis de la ville de Viviers, comm. ord. du Roi, *Aub.*, mars 1710.

Allamel de Bournet (Mr Me Jean-Louis d'), [signe : *Bournet*], avocat en parlement, premier consul de Joyeuse, *Ve.*, mai 1769 ; Mr Me Jean-Louis d'Alamel de Bournet, conseiller du Roi, maire de Joyeuse, *Aub.*, mai 1773 ; Mr Me Jean-Louis Dallamel de Bournet, avocat en parlement, maire de Joyeuse, mai 1775 ; Mr Jean-Louis Dallamel de Bournet, avocat en parlement, juge-régent du duché de Joyeuse, pour le bailli de Joyeuse, *P.*, mai 1779 ; *L.*, mai 1780 ; M. Jean-Louis Dalamel de Bournet, avocat en parlement, juge-régent et juge-mage du duché de Joyeuse, entrant en qualité de bailli de Joyeuse, *T.*, mai 1781 ; juge-mage du duché de Joyeuse, pour le bailli de Joyeuse, *An.*, mai 1783 ; Messire Joseph-Louis (*sic*) Dalamel de Bournet, *R.*, juin 1784 ; Mr Me Jean-Louis d'Alamel de Bournet, juge-mage du sénéchal ducal de Joyeuse, *St-P.*, mai 1786.

Allard (Nob. Jean d'), Dallar, écuyer, régent d'Aubenas, *J.*, mai ; d'Allard, juill. 1645; *T.*, avr. ; juin 1655.

Allard (Nob. Jean-Baptiste d'), docteur ès-droits, régent d'Aubenas, *B. S. A.*, avr. 1668 ; docteur ès-droits, pour le bailli de Montlor, *la V.*, mai 1683 ; d'Alard, maire de Montlor et d'Aubenas, *J.*, mars 1694 ; maire de Montlor, *P.*, mars 1695 ; *St-M. d'A.*, janv. 1696 ; *An.*, mars 1697 ; docteur ès-droits, *Aub.*, mars 1698 ; *le Ch.*, mars 1699 ; *Vo.*, mars 1701 ; *R.*, fév. 1702 ; *T.*, mars 1703 ; *B. S. A.*, avr. 1704 ; *P.*, mars 1705 ; *J.*, mars 1706 ; *Ve.*, avr. 1707 ; *B. S. A.*, mars 1708 ; *An.*, mars 1709 ; *Aub.*, mars 1710.

Allard (Nob. Louis d'), d'Alard, maire de Montlor, *St-P.*, mars 1700 ; *le Ch.*, mars 1711 ; *St-P.*, avr. 1712.

Allenc, v. aussi : Alainc-Villefort et Alenc.

Allenc (Sr Jacques), Alamel (*sic*), [signe : *Allenc*] consul de Rochemaure, *Prad.*, mai 1672.

Allez (Me Pierre), consul de Viviers, *B. S. A.*, fév.1643.

Allier, v. aussi : Alier.

Allier (Sr André), premier consul de Viviers, comm. ord., *T.* avr. 1672.

Allier, Sr d'**Audemas** (Mr André), [signe : *d'Audemas*], premier consul de Viviers, *Aub.*, mars 1710.

Alméras, Sgr de Brès (M. Joseph), pour le bailli de Largentière, *R.*, juin 1784 ; Sgr de Brest, *L.*, mai 1785 ; le même (?) que M. Joseph-François d'Alméras, Sgr de Brest, *Aub.*, juin 1787.

Ambrueys (*N.*), [consul de Rochemaure ?], signe le procès-verbal de *V. de B.*, mars 1660, où la liste de présence manque.

Amont, v. : Martin d'Amont.

Amordéi (Mr Me Antoine), docteur en médecine, consul du Bourg Saint-Andéol, *An.*, avr. 1673.

Amordéi (Mr Me Jean), consul du Bourg Saint-Andéol, *Viv.*, mars 1649.

Anastazy (M. Jean-Marie-Joseph d'), Danastazy, [signe : *D'Anastazy*], pour le premier consul-maire de Boulogne, *P.*, mai 1779.

Andance, v. : François, S^r d'Andance (Mre Jean-Marie de) et Serres (Nob. Just des).

André (Me Etienne), consul de Joyeuse, *T.*, juin 1627.

André (Me François), consul de Joyeuse, *B. S. A.*, juin 1617.

Androl (Me Antoine), Andéol (*sic*), docteur ès-droits, pour le consul d'Annonay, avec procuration de Mes Isaac Gaultier et Pierre Dodin, aussi docteurs, consuls d'Annonay, *B. S. A.*, fév. 1622.

Androl (Mr Me Jean), conseiller du Roi et lieutenant au siège royal du Vivarais à Annonay, comm. ord., *T.*, mars ; juill. ; *B. S. A.*, juill. ; *T.*, oct. 1642 ; lieutenant de bailli au siège royal d'Annonay, *Viv.*, mars 1649 ; lieutenant principal au bailliage royal d'Annonay, *P.*, mars ; *Aub.*, juin ; *St-P.*, août ; *G. lès V.*, oct. 1652.

Androl, Sr de Grusse (Mr Me Joseph), Sr de Greusse, conseiller du Roi, maire perpétuel de la ville d'Annonay, *J.*, mars 1694 ; Jean-Joseph, *P.*, mars 1695 ; *St-M. d'A.*, janv. 1696 ; *An.*, mars 1697 ; *Aub.*, mars 1698 ; *le Ch.*, mars 1699 ; *St-P.*, mars 1700 ; *Vo.*, mars 1701 ; *R.*, fév. 1702 ; *T.*, mars 1703 ; *B. S. A.*, avr. 1704 ; *P.*, mars 1705 ; *J.*, mars 1706 ; *Ve.*, avr. 1707 ; *B. S. A.*, mars 1708 ; *An.*, mars 1709 ; *Aub.*, mars 1710 ; *le Ch.*, mars 1711 ;

Joseph, *St-P.*, avr. 1712 ; *Vo.*, mars 1713 ; *T.*, mars 1714 ; Jean-Joseph, mars 1715 ; Joseph, *B. S. A.*, avr. 1716 ; *P.*, avr. 1717 ; mai 1719 ; *V. de B.*, mai 1720 ; maire d'Annonay, *T.*, mai 1723 ; *St-P.*, mai 1724 ; *Aub.*, mai 1725 ; *T.*, mai 1726 ; signe le procès-verbal et ne figure pas dans la liste de présence, *V. de B.*, mai 1727 ; *P.*, mai 1729 ; *J.*, mai 1730 ; *T.*, mai 1731 ; *B. S. A.*, mai 1732 ; Mr Me Joseph Androl, avocat, maire d'Annonay, *An.*, mai 1733.

Angerès, Sr **du Gua** (Nob. Hector d'), le Sr du Gua, pour le bailli de Tournon, *An.*, janv. 1611 ; noble Hector Dangerès, Sr du Gast, *P.*, avr. 1612.

Antoine (Me Louis), second consul de Joyeuse, *J.*, mai 1658.

Antraïgues, v. : Ucel de Craux (Mre Jean-François d').

Aoust (M. Dominique), pour le bailli de Montlor, *Aub.*, mai 1746.

Aoust de Rouvèze (Mr Me Dominique), avocat, député de Viviers, *P.*, mai 1780.

Aps, v. : Montagut de Bouzols et Montagut-Fromigières de Beaune.

Arcajon (Me Antoine), mentionné dans le procès-verbal comme consul de Saint-Agrève et comme consul de Pradelles, *Viv.*, fév. 1635.

Arcajon (Jean), consul de Pradelles, *Viv.*, déc. 1600 (pour 1601).

Arcenesches, v. : Brunel d'Arcenesches.

Archier (le Sr Guillaume), consul de Joyeuse, *Aub.*, janv. 1613.

Archier (Me Jean), consul de Pradelles, *B. S. A.*, déc. 1644.

Arcis (des), v. : Forestier (Mr Me Dominique).

Arcons (Mr Me François d'), docteur ès-droits, lieutenant général en la juridiction des terres du duc de Ventadour, pour le bailli de la Voulte, *L.*, janv. 1606.

Argenvillier, v. aussi : Hargenvillier.

Argenviller (Mr Pierre d'), Mr Hargenvillier, docteur ès-droits, bailli d'Aps, *St-P.*, avr. 1644 ; Mr Me Pierre Dargenvillier, [signe : *Argenvillier*] *Aub.*, mai 1665 ; Dargenvilier, *la V.*, avr. 1666 ; Dhargenvillier, *T.*, avr. 1667; Dargenvillier, docteur ès-droits, pour le bailli de Boulogne, *B. S. A.*, avr. 1668 ; Dargenvillier, premier consul du Bourg Saint-Andéol, *T.*, mai 1679.

Argoud (Nob. Louis), consul d'Annonay, *la V.*, mai 1659 ; le même (?) que sieur Louis Argoud, bourgeois, consul d'Annonay, *J.*, mars 1682.

Argout (Nob. Josué), consul d'Annonay, *Viv.*, fév. 1635.

Armand (Sr Gilbert), consul de Pradelles, *J.*, mars 1706.

Armand (Me Pons), consul de Pradelles, *Viv.*, août 1628.

Armes (Sr Jean des), consul du Bourg Saint-Andéol, *P.*, mars ; le Sr les Armes, *G. lès V.*, oct. 1652 ; *J.*, mai 1658.

Arnaud (d'), v. : Darnaud.

Arnaud (Sr Jacques), pour le consul de Saint-Agrève, *V. de B.*, déc. 1656 ; *Aub.*, juill. 1657 ; *J.*, mai 1658.

Arnaud (Mr Me Jean-François), docteur en médecine, consul de Largentière, *Aub.*, mai 1678.

Arnaud (Mathieu), subrogé par M. de Tournon à la place du consul de Chalancon, *An.*, janv. 1636 ; pour le consul de Saint-Agrève, *Viv.*, mars 1637 ; le Sr Arnaud, pour le consul de Tournon, *B. S. A.*, mars ; juill. 1638 ; *Viv.*, janv. ; *B. S. A.*, fév. ; pour le consul de Saint-Agrève, *G. lès V.*, mars 1639 ; Mathieu Arnaud, consul de Chalancon, *Aub.*, fév. 1640 ; Sr Mathieu Arnaud, pour le consul de Saint-Agrève, *T.*, avr. ; juin 1655 ; *la V.*, mai 1659 ; *Aub.*, mai 1662.

[**Arnaud**] **de Pratneuf d'Aulueyres** (Nob. Claude), noble Claude de Pratneuf, S^r d'Ollières, pour le baile de Pradelles, *L.*, mai 1785 ; S^r d'Olières, pour le premier consul-maire de Pradelles, *St-P.*, juin 1786.

Arnauld (Sr Antoine) Arnaud, premier consul de Tournon, *An.*, avr. 1673 ; consul de Chalancon, [signe : *Arnauld*], *St-P.*, avr. 1688 ; Sr Antoine Arnauld, docteur et avocat, pour le bailli de Brion, *T.*, mars 1691 ; consul de Tournon, *P.*, mars 1695.

Arnichan (*N.*), consul de Viviers, comm. ord., *V. de B.*, juill. 1647.

Arnichand (Me Antoine), consul de Viviers, *An.*, janv. 1636.

Arnichand (Sr Jean-Antoine), consul de Viviers, *Prad.*, mai 1684.

Arnoux de Liviers, v. : Darnoux de Liviers.

Aroles, v. : Serre-Saunier.

Astier (Sr Jacques), consul de Viviers, *P.*, fév. 1681.

Aubert (M. Pierre), inspecteur des Domaines du Roi, pour le bailli de Boulogne, *P.*, mai 1767.

Aubusson, v. : Comte d'Aubusson.

Audemas, v. : Allier d'Audemas et Tourre d'Audemas.

Audigier (Mr Me Alexandre d'), signe : *Daudigier* au procès-verbal de *Prad.*, mai 1672 et ne figure pas dans la liste de présence ; Mr Me Alexandre d'Audigier, bachelier ès-droits, capitaine-châtelain de Saint-Fortunat et Durfort, pour le consul de Chalancon, *le Ch.*, avr. 1675 ; consul de Chalancon, *St-P.*, avr. 1676 ; *Aub.*, mai 1677 ; capitaine-châtelain du marquisat de Durfort et de la Tourrette, *la V.*, mars ; avr. 1678 ; *T.*, mai 1679 ; capitaine-châtelain des terres de la maison de la Tourrette, *B. S. A.*, mai 1680 ; Mr Me Alexandre d'Audigier, pour le consul de Chalancon, *P.*, fév. 1681 ; capitaine-châtelain des terres de la maison de la Tourrette, [signe : *daudigier*], *J.*, mars 1682.

Audigier (Me Pierre), consul de Rochemaure, *la V.*; mars 1623.

Audoart (Sr Georges), Eudouard, consul de Rochemaure, [signe : *Audoart*] *Aub.*, mai 1665.

Audoyer, Sr de la Varenne (Nob. Louis), Audoyer et Audigier, subrogé du bailli de Brion, *B. S. A.*, oct. 1622 ; *la V.*, mars ; mai 1623 ; *G. lès V.*, juin ; *Viv.*, sept. 1624 ; *T.*, fév. 1625 ; *Viv.*, août 1628.

Aulueyres, v. : [Arnaud] de Pratneuf d'Aulueyres et Lacombe d'Aulueyre.

Auteville, v. aussi : Hauteville et Rioufol d'Auteville.

Auteville (M. Alexandre d'), capitaine d'infanterie, pour le bailli d'Annonay, *B. S. A.*, juin 1788.

Auteville (Nob. Philippe d'), Dauteville, chevalier de l'ordre royal et militaire de Saint-Louis, capitaine dans le régiment de Flandres infanterie, pour le bailli de Joyeuse, *la V.*, mai 1753 ; d'Auteville, capitaine d'infanterie, pour le maire de Rochemaure, *V. de B.*, mai 1754.

Autussac, v. : Bois.

Avenas (Mr Me Jean d'), docteur et avocat, pour le bailli de Privas, *le Ch.*, mars 1699.

Avril (Mr Me Antoine), docteur en médecine, consul de Largentière, *Viv.*, janv. 1607 ; *Aps*, juill. 1620.

Aymards (des), v. : Forestier (Mr Me Julien).

Aymars, Sr du Molin (Nob. Denis des), bailli d'Annonay, *Viv.*, déc. 1601 (pour 1602) ; Louis, *Aub.*, déc. 1602 (pour 1603) ; Denis, *T.*, fév. 1605.

Aymars du Molin (Nob. Fabien des), le S^r des Aymars du Molin, bailli de la Voulte, *T.*, avr. 1655 ; *B. S. A.*, mai 1656 ; noble Fabien des Aymars, Sr du Molin, *Aub.*, juill. 1657 ; *J.*, mai 1658 ; *la V.*, mai 1659 ; *Prad.*, mai 1661 ; *Aub.*, mai 1662 ; *le Ch.*, avr. 1663 ; noble François des Aimars, Sr du Moulin, *St-P.*, avr. 1664 ; Fabien, *Aub.*, mai 1665 ; noble Fabien des Aymars, Sr du Molin, bailli général de la comté de la Voulte, présid. comme subrogé de H. de Lévis-Ventadour, chanoine de Paris, etc., baron et comte de la Voulte, [signe : *du Molin*], *la V.*, avr. 1666 ; bailli de la Voulte, *T.*, avr. 1667 ; *B. S. A.*, avr. 1668 ; *Aub.*, juin 1669.

Aymars du Moulin (Nob. Antoine-Marie-Joseph des), [signe : *Dumoulin Desaimars*], bailli de la Voulte, *Viv.*, avr. 1671 ; *An.*, avr. 1673 ; *Aub.*, juin 1674 ; *le Ch.*, avr. 1675 ; *St-P.*, avr. 1676 ; *Aub.*, mai 1677 ; bailli général de la comté de la Voulte, présid. comme subrogé de H. de Lévis-Ventadour, baron et comte de la Voulte, *la V.*, mars ; avr. 1678 ; bailli de la Voulte, *T.*, mai 1679 ; *B. S.A.*, mai 1680 ; *P.*, fév. 1681 ; *J.*, mars 1682 ; *la V.*, mai 1683 , *Prad.*, mai 1684 ; *An.*, avr. 1685 ; *Aub.*, avr. 1686 ; *le Ch.* mai 1687 ; *St-P.*, avr. 1688 ; *Aub.*, fév. 1689 ; présid. comme subrogé de L.-Ch. de Lévis-Ventadour, etc., baron et comte de la Voulte, *la V.*, fév. 1690 ; bailli de la Voulte, *T.*, mars 1691.

Ayzac, v. : Aisac.

Azy, v. : Dazy.

B

Badel (Nob. Antoine de), [signe : *Badel*], pour le consul de Boulogne, *An.*, mai 1733 ; lieutenant de cavalerie, *Vo.*, mai 1734 ; chevalier, lieutenant de cavalerie, mars 1735; *St-P.*, mai 1736; *Vo.*, avr. 1737; *T.*, mai 1738; mai 1739; noble Antoine **la Tour de Badel**, bailli de Boulogne, *P.*, mai 1740 ; noble Antoine de Badel, chevalier, ancien lieutenant de cavalerie, *T.*, mai 1743 ; *P.*, mai 1744 ; *An.*, mai 1745 ; *Aub.*, mai 1746.

Baille (Me Alexandre), consul de Rochemaure, *St-P.*, avr. 1664.

Baille (Sr François), premier consul de Rochemaure, *T.*, mai 1679.

Baille (Mr Me Henri), docteur en médecine, consul d'Annonay, *J.*, mai 1645.

Baille (Mr Me Jacques), consul d'Annonay, *B. S. A.*, 14 et 19 déc. 1644.

Baille (Me Jean), consul d'Annonay, *Aub.*, janv. 1613.

Baille (Mathieu), consul de Rochemaure, *B. S. A.*, juin 1617.

Baille, Sr de Beaupré (Sr Louis-Jacques-François), consul de Rochemaure, *la V.*, mai 1683 ; Sr Jacques-Louis-François Baile de Beaupré, pour le bailli de la

Voulte, [signe : *Beaupré*], *le Ch.*, mars 1699 ; le même (?)
que Sr Louis-François Bayle, ancien capitaine, pour le
baile de Pradelles, [signe : *Beaupré*], *R.*, fév. 1702.

Baille de la Motte-Brion, v. : Bayle.

Bains, v. : Bellidentis des Pradels de Bains.

Balazuc, S^gr **de Montréal & Joannas,** etc. (M^re
Guillaume de), comm. pr., *Viv.*, août 1628.

Balitran (Me Jean), consul de Pradelles, *T.*, janv. ;
juill. 1642.

Balitrand, v. : Vialitran.

Banalières, v. : Soubeyran (Mr Jean-Antoine-Marie de).

Banne, Sr **de Boissy** (Nob. Antoine de), noble Antoine
de Bane, Sr de Boissy. pour le bailli de la Voulte, *B. S. A.*,
mai 1621 ; le Sr de Boissy, présid. comme subrogé du duc
de Ventadour, janv. 1622.

Baratier (Mr Me Antoine), écuyer, premier consul de
Viviers, comm. ord., *Prad.*, mai 1661 ; *Aub.*, mai 1662.

Baratier (Sr Bernard), consul de Viviers, *Aub.*, mars
1698.

Baratier (Sr Claude), second consul de Viviers, *B. S. A.*,
mai 1680.

Baratier (le Sr Jean), premier consul de Viviers, comm.
ord., *Aub.*, déc. 1602 (pour 1603).

Baratier (Mr Me Joseph), docteur ès-droits, bailli
de Boulogne, *Aub.*, juin ; août ; *V. de B.*, oct. 1625 ;
Aub., janv. ; *Viv.*, fév. ; 1er avr. ; 20 et 28 juin ; *Aub.*,
août ; *la V.*, sept. 1626 ; *T.*, juin 1627 ; *Viv.*, mai ; août

1628 ; janv. ; févr. ; avr. 1629 ; *T.*, juill. 1634 ; *G. lès V.*, mars 1639 ; *Aub.*, fév. ; *Aub.* et *Viv.*, sept. 1640 ; *la V.*, janv. 1641 ; noble Joseph de Barattier, S^r de **Ferminas** [Fermenas, plus anciennement : Furmenas], présid. comme subrogé de F. de la Baume de Suze, etc., baron et comte d'Aps, *V. de B.*, juill. 1647 ; le même (?) ou son fils (?) noble Joseph Baratier, bailli de Boulogne, *Aub.*, mai 1662 ; *le Ch.*, avr. 1663.

Baratier (Sr Pons), second consul de Viviers, *B. S. A.*, avr. 1668.

Barberon, v. : Lombard dit Barberon.

Barbier (Mr Me Claude), pour le bailli d'Aps, *V. de B.*, fév. 1649.

Barboiras (Antoine), consul du Cheylard, *J.*, avr. 1633.

Bard (Marc de), écuyer, pour le bailli d'Aps, *B. S. A.*, mai 1680.

Bardon, Sr de la Monnerie (Nob. Claude), présid. comme subrogé de la C^{sse} de Plézian, ayant tour de baron à cause de sa baronnie d'Aps, *V. de B.*, mars 1660.

Bargettes, v. : Duthor (Sr Pierre).

Barjac, v. : Gabriac.

Barjac (Mre Claude de), S^{gr} de Barjac, **Lagie, la Chabannerie** et autres lieux, pour le bailli de la Tourrette et Chalancon, *Sl-P.*, mai 1762.

Barnyer (Me Jean), consul de Pradelles, *la V.*, mars 1610.

Barou de la Lombardière (Mr Me Jean), [signe : *Barou de la Lombardière* et *Barou*], Mr Me Jean Barou, conseiller du Roi, lieutenant principal au bailliage d'Annonay, pour le maire de Viviers, comm. ord. du Roi, *An.*, mai 1721 ; Mr Me Jean Barou de la Lombardière, avocat en parlement, bailli de Boulogne, *An.*, mai 1733 ; *Vo.*, mai 1734 ; mars 1735 ; *St-P.*, mai 1736 ; *Vo.*, avr. 1737 ; *T.*, mai 1738 ; mai 1739.

Barrès, v. : Tavernol de Barrès.

Barrez, v. : Combier-Barrez.

Barruel (Sr Louis), ancien lieutenant d'infanterie, pour le bailli de Privas, *T.*, mai 1723.

Barruel (Nob. Louis-Antoine de), lieutenant général au bailliage du bas Vivarais, comm. ord. du Roi, *Aub.*, mai 1772 ; mai 1773 ; mai 1775 ; *L.*, mai 1776 ; *V. de B.*, mai 1778 ; *P.*, mai 1779 ; *L.*, mai 1780 ; *Aub.*, mai 1782 ; *R.*, mai 1784 ; *L.*, mai 1785 ; *Aub.*, juin 1787 ; *B. S. A.*, juin 1788.

Barruel (Mr Me René), avocat, pour le consul de Boulogne, *le Ch.*, mai 1687.

Barry, v. : Jeune et Tavernol.

Barthélemy (Mr Me François), avocat en parlement, pour le maire de Montlor, *T.*, mars 1714 ; mars 1716.

Barthélemy (le Sr Jean), régent d'Aubenas, *Aub.*, janv. 1611.

Barthélemy (Jean), consul de Joyeuse, *la V.*, janv. 1641.

Barthélemy-Grillon (Sr Nicolas) Barthélemy-Guerillon, premier consul de Joyeuse, *Aub.*, mai 1677 ; Barthélemy-Grillon, consul de Joyeuse, *la V.*, mars 1678.

Barthélemy la Forest (Sr Annet), consul de Joyeuse,
Viv., avr. 1671 ; *Prad.*, mai 1672.

Barthélemy de Laforest (M. Barthélemy-Joseph-
Guillaume), avocat en parlement, pour le baile de la Gorce,
Aub., mai 1770 [Il ne figure pas dans l'ouvrage de M. Raymond de Gigord. Joseph-Guillaume Barthélemy de Laforest, qui suivra, était aussi présent dans la même session,
et le procès-verbal porte deux signatures : *Laforest*].

Barthélemy la Forest (Mr Me François), [signe :
Laforest], avocat en parlement, pour le maire de Rochemaure, *J.*, mars 1730 ; Barthélemy-Laforets, juge-mage
de la duché de Joyeuse, pour le bailli de Joyeuse, *Vo.*,
mars 1735 ; juge-mage et maire de Joyeuse, avr. 1737 ;
M. François Barthélemy Laforest, *T.*, mai 1739 ; *P.*, mai
1740 ; Mr Me François Barthélemy Laforest, *T..* mai
1743 ; M. François Barthélemy de la Forest, juge-mage
de Joyeuse, comm. pr., *P.*, mai 1744 ; juge mage et maire
de Joyeuse, *An.*, mai 1745 ; Barthélemy-Laforest, *Aub.*,
mai 1746 ; *la V.* mai 1753 ; *V. de B.*, mai 1754 ; M. François Barthélemy-Laforest, mai 1755 ; [pour le] bailli de
Joyeuse, *L.*, mai 1756 ; *Ve.*, mai 1757 ; juge mage et maire
de Joyeuse, *B. S. A.*, mai 1758 ; *Aub.*, mai 1760 ; juge
de Joyeuse, pour le bailli de la ville et baronnie d'Aubenas,
L., mai 1761 ; Mr Me François Barthélemy Delaforest,
juge et maire de Joyeuse, *Aub.*, mai 1703 ; avocat en
parlement, juge mage et maire en titre de Joyeuse, pour
le bailli de Joyeuse, *L.*, mai 1764 ; avocat en parlement,

juge mage du duché de Joyeuse, pour le bailli de Joyeuse, *V. de B.*, mai 1766 ; M. François Barthélemy de Laforest, *P.*, mai 1767. [M. Raymond de Gigord le dit mort en 1754. Cependant son petit-fils, François-Guillaume, né le 12 décembre 1741, d'après M. de Gigord, ne peut être entré aux Etats dès 1754.]

Barthélemy de Laforest (M. François-Guillaume), [signe : *Laforest, La Forest et Laforest de Chassagne*], premier consul de Joyeuse, *P.*, mai 1767 ; *L.*, mai 1768 ; Mre François-Guillaume de Barthélemy, Sr de la Forest, écuyer, pour le baile de la Gorce, *Aub.*, mai 1775 ; noble Guillaume de Barthélemy de la Forest, S^gr de **Chassaignes, Saint-Eugène, le Coussac,** Cos^gr de la ville des **Vans** et mandement de **Naves**, pour le bailli de Joyeuse, *Aub.*, mai 1782 ; noble François-Guillaume de la Forest, premier consul-maire de Joyeuse, *An.*, mai 1783 : *R.*, juin 1784 ; noble François-Guillaume Barthélemy de la Forest, S^gr de Chassagne, Saint-Eugène, le Coussac, Cos^gr de la ville des Vans et mandement de Naves, *L.*, mai 1785 ; Mre François-Guillaume Barthélemy de la Forest, écuyer, S^gr de Chassagnes, Saint-Eugène, le Coussac, Cos^gr de la ville des Vans [et] mandement de Naves, *St-P.*, juin 1786 ; *Aub.*, juin 1787.

Barthélemy de Laforest (Mr Me Joseph-Guillaume), fils, avocat en parlement, maire de Joyeuse.,*L.*, mai 1756 ; pour le maire de Joyeuse, *St-P.*, mai 1762 ; maire de Joyeuse, *L.*, mai 1764 ; M. Joseph-Guillaume de Laforest, avocat en parlement, juge-mage adjoint en survivance du duché de Joyeuse, député de la communauté de Joyeuse, *V. de B.*, mai 1766 ; juge-mage adjoint du Sénéchal ducal de Joyeuse, pour le bailli de Joyeuse, *L.*, mai 1768 ; juge-mage du Sénéchal ducal de Joyeuse,pour le bailli de Joyeuse, *Ve.*, mai 1769 ; *Aub.*, mai 1770 ; *An.*, mai 1771 ; *Aub.*, mai 1772 ; M. Joseph-Guillaume Barthélemy de Laforest, écuyer, juge-mage du duché de Joyeuse, bailli dudit Joyeuse, mai 1773 ; Mre Joseph-Guillaume Barthélemy, Sr de la Forest, écuyer, juge-mage du Sénéchal ducal de Joyeuse, subdélégué de l'Intendance en Vivarais, pour le bailli de Joyeuse, mai 1775.

Bastide du Vivier (Sr Charles), consul de Pradelles, *P.*, mars 1695.

Bataille (Me Jacques), consul de Viviers, *la V.*, mars 1610.

Baud ou **Baudy** (Me Etienne), notaire royal, consul d'Annonay, *P.*, avr. 1612.

Baudoin (Sr Antoine), consul de Rochemaure, *B. S. A.*, fév. 1692 ; Sr Antoine Baudoin, [pour le] consul de Pradelles, *R.*, fév. 1702. [La liste de présence le qualifie consul de Pradelles, mais c'est bien le consul de Rochemaure de 1692 : la signature *A. Baudoin* est la même en 1692 et en 1702. Dans cette session de 1702 le baile de Pradelles est également remplacé par un habitant de Rochemaure, Louis-Jacques-François Baille de Beaupré].

Baumevallier ou **Baumavallier**, v. : Mercoyrol de Baumevallier.

Bauson, S^{gr} de la Bastide (Mr Louis), consul de Largentière, *P.*, mai 1719.

Bauzon (Mr Me Louis), bailli de Chalancon, *J.*, mars 1706.

Bavas, v. : [Monteil] de Bavas de la Volpillière.

Bayle de Beaupré, v. : Baille de Beaupré.

[Bayle] de Lamotte [-Brion], Bon **de Vachères** (Messire Antoine), baron de Vachières, présid. comme subrogé par la D^{sse} de Ventadour, en l'absence du duc de Ventadour, son fils, baron de tour à cause de sa baronnie et comté de Brion, *la V.*, mars 1623.

Bayle, Sr **de la Motte-Brion** (Nob. Jean), Me Jean Baille, Sr de la Motte-Brion, bailli de Brion, *Viv.*, déc. 1601 (pour 1602) ; noble Jean Baille, Sr de la Motte-Brion, baron de **Vachières**, *Aub.*, déc. 1602 (pour 1603) ; le Sr de la Motte-Brion, *T.*, fév. 1605 ; *L.*, janv. 1606 ; *Viv.*, janv. 1607 ; *T.*, fév. 1609 ; *la V.*, mars 1610 ; Mre Jean Baille, chevalier de l'ordre du Roi, seigneur de la Motte-Brion, baron de Vachières, présid. comme subrogé du duc de Ventadour, baron de tour à cause de sa baronnie du Cheylard, *An.*, janv. 1611 ; Mre Jean Baille, chevalier de l'ordre du Roi, bailli de Brion, *Aub.*, janv. 1613 ; *la V.*, fév. 1614 ; *T.*, fév. 1615 ; Mre Guillaume (*sic*) Baille, Sr de la Motte, chevalier de l'ordre du Roi, baron de Vachières, bailli de Brion, *B. S. A.*, mars 1617 ; Mre Jean Baille, chevalier de l'ordre du Roi, Sr de la Motte, juin 1617 ; Mre Jean Baille, S^{gr} de la Motte, chevalier de l'ordre du Roi, baron de Vachières, fév. ; le Sr de la Motte, avr. 1622 ; Mre Jean de Lamotte, chevalier de l'ordre du Roi, S^{gr} dudit Lamotte, comm. pr., *la V.*, mars ; Mre Jean de Lamotte, chevalier de l'ordre du Roi, baron de Vachières, présid. comme subrogé du duc de Ventadour, baron de tour à cause de sa baronnie de Brion, mai 1623.

[Bayle] de la Motte, Cte **de Brion**, etc., (Mre René), présid. comme baron de Brion et comm. pr., *le Ch.*, mars 1651 ; présid. comme baron et comte de Brion, avr. 1663 ; avr. 1675.

Bayllesse (Me Etienne), consul de Rochemaure, *J.*, mai 1645.

Beaufort, v. : Saboul de Beaufort.

Beaulieu, v. : Mercoyrol de Beaulieu.

Beaulieu (*N.*), signe le procès-verbal d'*An.*, mars 1697, et ne figure pas dans la liste de présence.

Beaumont, v. : Roure.

Beaumont, Mis **de Brison** (François de), le marquis de Brison, acquéreur de la baronnie de Largentière, présent : *J.*, avr. 1718 ; mai 1730.

Beaumont, Bon **de Brison**, etc. (Mre Joachim de), présid. comme subrogé de la V^sse de Privas, *P.*, janv. 1619.

Beaumont, Cte **de Brison** (Joseph de), le comte de Brison, reçu comme fils aîné d'un baron du pays, *J.*, mai 1730. [Les États firent célébrer le 20 mai 1740, à Privas, un service pour le repos de l'âme du comte de Vogüé et du comte de Brison, morts dans l'année. Le comte de Brison était mort le 21 novembre 1738.]

Beaupré, v. : Baille de Beaupré et Benistan de Beaupré.

Beaune, v. : Montagut, Vte de Beaune et Montagut-Fromigières de Beaune.

Beauvoir, v. : Soubeyran (M. Jean-Antoine-Marie de).

Beauvoir, chevalier d'**Elze** (Mre Jean-Alexandre [du Roure] de), comm. pr., *L.*, mai 1776.

Béchon (M^r M^e) Philippe), docteur en médecine, pour le maire de Pradelles, *V. de B.*, mai 1720.

Béchon (M. Pierre de), pour le consul de Pradelles. *St-P.*, mai 1736 ; pour le consul de Viviers, *Vo.*, avr, 1737 ; maire de Viviers, comm. ord., *T.*, mai 1738 ; *P,.* mai 1740 ; *St-P.*, 1748 ; comm. pr., *Aub.*, 1749.

Béchon, S^r **d'Eyrolles** (Nob. Louis de), bailli d'Aps, *J.*, mars 1706.

Bel, v. : Forlivio de Bel.

Belin, v. : Faure de Belin.

Belin (Nob. Claude-François de), pour le maire de Saint-Agrève, *T.*, mars 1715.

Belin, S^gr **de Colombier-le-Jeune** (Sr Jean-François), [signe : *Collombier*], Bellin, pour le bailli de Brion, *le Ch.*, mars 1699.

Bellet (Sr Jean), consul de Joyeuse, *Aub.*, mai 1662 ; *le Ch.*, avr. 1663 ; *An.*, avr. 1673 ; premier consul de Joyeuse, *Aub.*, juin et probablement *Viv.*, juill. 1674 ; consul de Joyeuse, *le Ch.*, avr. 1675.

Belleville (Nob. Jean de), pour le bailli de Saint-Remèze, *Prad.*, mai 1661.

Bellidentis (Nob. Antoine de), consul de Largentière, *T.*, mai 1739.

Bellidentis (Sr François), consul de Montlor, *la V.*, fév. 1690.

Bellidentis de Lande (le Sr Jean), [signe : *Bellidentis de Lande, greffier*]. Le Sr de Lende, de Chassiers, avocat au parlement de Toulouse, nommé greffier en remplacement d'Antoine Le Maistre, décédé, *An.*, avr. 1673.

Bellidentis, S^{gr} des Pradels et **Bains** (Mre Antoine de), Mre Antoine de Bellidentis, S^{gr.} de Pradel et Bains, maire de Saint-Pons, comm. pr., *T.*, mai 1738. [signe : *Despradels de Bains co^{re}-principal*. — Le mot M^{re} a été ajouté en surcharge du mot noble.]

Bellidentis-Rouchon, v. aussi : Rouchon de Bellidentis.

Bellidentis-Rouchon (Sr Guillaume), [signe : *Rouchon*], Sr Guillaume Bellidentis, baile de Pradelles, *St-P.*, avr. 1712.

Belut (M. Claude), premier consul de Pradelles, *Aub.*, mai 1770.

Belut (Mr Me Jean), [signe : *Belut*], Bollut, docteur en médecine, consul de Pradelles, *An.*, avr. 1685 ; Billat, docteur en médecine, *B. S. A.*, févr. 1692.

Belut (Mr Me Joseph), Bellut, docteur en médecine, consul de Pradelles, *T.*, mai 1731.

Belvèze, v. : Mouraret de Belvèze.

Bénéfice, Sr de la Motte (Nob. Pierre du), châtelain de Boulogne, *Viv.*, déc. 1600 (pour 1601) ; déc. 1601 (pour 1602) ; *Aub.*, déc. 1602 (pour 1603) ; *la V.*, mars 1604 ;

T., fév. 1605 ; *L.*, janv. 1606 ; *Viv.*, janv. 1607 ; *J.*, mai 1608 ; *la V.*, mars 1610.

Bénéfice, S^gr **de Montargues** (Nob. Louis de), chevalier, docteur ès-droits, juge en la ville et vicomté de Privas, pour le bailli de Privas, *Aub.*, mai 1665 ; bailli de Privas, juin 1669 ; noble Louis du Beneffice, S^gr de Montargues, présid. comme subrogé de G. de Maupeou et M. d'Hautefort de Lestrange, mariés, ayant tour de baron à cause de leur baronnie et vicomté de Privas, *Viv.*, avr. 1671 ; noble Louis du Bénéfice, Sr de Montargues, bailli de Boulogne, *Prad.*, mai 1672.

Bénistan, Sr **de Beaupré** et **de Luchadou** (Nob. Godefroy de), [signe : *Beaupré*], noble Godefroy Donzeran, Sr de Peaupré (*sic*), pour le bailli d'Aps, *Prad.*, mai 1672 ; noble Godefroy Dozeron, Sr de Beaupré, *St-P.*, avr. 1676 ; noble Godefroy de Benistan, écuyer, Sr de Beaupré et de Luchadou, *J.*, mars 1682.

Benoit (Mr Me Michel), avocat, consul de Pradelles, *An.*, avr. 1673.

Benoyt (Me Pierre), docteur ès-droits, consul de Tournon, *J.*, mars 1618.

Bérard, S^gr **de Planzolles** (Nob. Guillaume de), comm. pr., *B. S. A.*, mars 1638 [Vivarois par cette seigneurie de Planzolles ?]

Béraud (Mr Me Jean-Pierre), avocat en parlement, S^gr **d'Orde** et **Chambis**, pour le bailli de Largentière, *St-P.*, juin 1786.

Bernard (Sr François), consul d'Annonay, *Aub.*, mai 1677.

Bernard (Mr Me François), pour le baile de la Gorce, *Aub.*, juin 1669.

Bernard (Nob. Guillaume), pour le bailli d'Aps, *Aub.*, mars 1698.

Bernard (Mr Me Joseph), avocat en parlement, pour le bailli de Montlor, *P.*, mai 1744 ; avocat en parlement, maire ancien et mitriennal de Privas et Boulogne, *la V.*, mai 1753 ; maire de Boulogne et Privas, *V. de B.*, mai 1754 ; maire de Privas et Boulogne, mai 1755 ; maire de Boulogne et Privas, *L.*, mai 1756 ; *Ve.*, mai 1757 ; *B. S. A.*, mai 1758 ; *An.*, mai 1759 ; conseiller du Roi, maire ancien et alternatif de Boulogne et Privas, *Aub.*, mai 1760 ; avocat en parlement, maire ancien et alternatif de Boulogne et Privas, *L.*, mai 1761 ; Mr Joseph Bernard, avocat, maire de Boulogne, *St-P.*, mai 1762 ; avocat en parlement, pour le bailli de Montlor, et nommé secrétaire et greffier de Vivarais, *Aub.*, mai 1763 ; secrétaire et greffier du pays de Vivarais, *L.*, mai 1764 et sessions suivantes jusqu'à celle d'*Aub.*, mai 1782, inclusivement. Il est appelé, à la session d'*Aub.*, mai 1773 : M. Joseph Bernard, avocat en parlement, S^gr de **Saint-Arcons-de-Darbres, Saint-Nazaire, Senoulhet** et autres lieux, Cos^gr de **Freyssenet,** conseiller du Roi, maire de la ville de Viviers ; et, à la session de *St-P.*, mai 1774 : noble Joseph de Bernard de Saint-Arcons, S^gr de Saint-Arcons, Darbres, Saint-Nazaire, Senouillet et autres lieux, Cos^gr de Freissenet, Conseiller en la Souveraine Cour des Comptes, Aides et Finances de Dauphiné, maire de la ville de Viviers. A partir de la session de *P.*, mai 1779, il ne porte plus le titre de Conseiller à la Cour des Comptes.

Bernard (Mr René), M^r [prénom en blanc] Bernard, ancien capitaine d'infanterie, pour le baile de Pradelles, *P.*, avr. 1717 ; Sr René Bernard, ancien capitaine d'infanterie, pour le bailli d'Aubenas, mai 1729.

Bernard de Montbrison (Nob. Henri de), pour le bailli de Brion, *J.*, mars 1694 ; *P.*, mars 1695.

Bernard de Saint-Arcons (Mre Charles-Simon-Claude de), écuyer, gendarme de la Garde ordinaire du Roi, pour le maire de Viviers, comm. ord. du Roi, *Aub.*, mai 1773 ; maire de la ville de Viviers, comm. ord. du Roi, *St-P.*, mars 1774 ; *Aub.*, mai 1775 : Mre Charles-Simon-Claude Bernard de Saint-Arcons, ancien gendarme de la Garde du Roi, S^gr de Saint-Arcons, Darbres et autres lieux, demeurant en la ville de Privas, pour le premier consul-maire de Tournon, *P.*, mai 1779 ; S^gr de Saint-Arcons de Darbres et autres lieux, pour le bailli de Montlor, *Aub.*, juin 1787.

Berne (Mr Me Julien), docteur ès-droits, consul de Tournon, *Viv.*, août 1628.

Bernier (M. Antoine), premier consul de Tournon, *An.*, mai 1771.

Bertrand (Sr Anne), consul de Largentière, *la V.*, juin 1654.

Bertrand (Sr Etienne), consul de Joyeuse, *St-P.*, avr. 1676.

Bertrand la Pome (Me Pierre), consul de Largentière, *L.*, janv. 1606 ; le Sr Pierre Bertrand de la Pomme, *B. S. A.*, mai et nov. 1621 ; janv. 1622.

Bertrand, Sr de Valloubière (Nob. Louis), consul de Largentière, *J.*, mars 1618.

Berzème, v. : Chapuis de Tourville de Saint-Alban,

Besoique, v. : Bessaque.

Bessaco, v. aussi : Bessaque.

Bessaco (Sr Claude), Sr Claude Bessaque, [signe : *Bessaco*] consul du Cheylard, *T.*, avr. 1667.

Bessaque, v. aussi : Bessaco.

Bessaque, *alias* Besoique (Me Claude), consul du Cheylard, *Aub.*, juin 1625 ; *la V.*, sept. 1626.

Bessas, v. : Fages de Bessas et Fages de Rochemure-Cheylus-Bertis.

Besse (Sr François), consul de Chalancon, *B. S. A.*, avr. 1668.

Besset (de), *ou* Bessés (des), v. : Soubeyran (Mre Jean-Antoine-Marie de).

Besset (du), v. : Rivière (Mr Me Jean, *et autre* Mr Me Jean — , père et fils).

Besson (Me Jean), pour le consul de Saint-Agrève, *Aub.*, fév. 1640 ; le même (?) que Me Jean Besson, lieutenant de prévôt en Vivarais, pour le consul de Saint-Agrève, *J.*, mai ; juill. 1645.

Besson (Me Simon), notaire royal, premier consul de Tournon, *P.*, mars 1652.

Bézangier, Sr de Celles (Nob. Timothée de), bailli de la Voulte, *la V.*, mars 1604 ; *T.*, fév. 1609 ; subrogé du bailli d'Annonay, *la V.*, mars 1610.

Bézangier, Sr de Montboucher (Nob. Louis de), pour le bailli de Crussol, *la V.*, mars 1604 ; bailli de la Voulte, *P.*, avr. 1612 ; présid. comme subrogé du duc de Ventadour, baron de tour à cause de sa baronnie et comté de la Voulte, *la V.*, fév. 1614 ; bailli de la Voulte, *B. S. A.*, mars 1616 ; S^{gr} de Montboucher et de **Saint-Lager**, juin 1617 ; Sr de Montboucher, *P.*, janv. 1619 ; *la V.*, mars 1623 ; *Aub.*, juin 1625 ; *la V.*, sept. 1626 ; *T.*, juin 1627.

Bézangier, Sr de Saint-Lager (Nob. Géraud de), présid. comme subrogé du duc de Ventadour, baron de tour à cause de sa baronnie du Cheylard, *Viv.*, déc. 1600 (pour 1601) ; avr. ; août 1601 ; bailli de la Voulte, déc. 1601 (pour 1602) ; *Aub.*, déc. 1602 (pour 1603), *Viv.*, juin 1603 ; S^{gr} de Saint-Lager et de **Montboucher**, gentilhomme ordinaire de la Chambre du Roi, présid. comme subrogé du duc de Ventadour, baron de tour à cause de sa baronnie et comté de la Voulte, *la V.*, mars 1604 ; bailli de la Voulte, *T.*, fév. 1605 ; *L.*, janv. 1606 ; *Viv.*, janv. 1607 ; *J.*, mai 1608.

Bezousse, Bezouce. v. : La Motte (Nob. Claude de).

Biosse S^{gr} de Geys (Mr Me Pierre-François), S^{gr} de Goys (*sic*), avocat en parlement, pour le « bailli » de Pradelles, *St-P.*, juin 1786.

Blachère (d'Aubenas), v. : Blachierre.

Blachère (M. Jacques), de la ville de Largentière, pour le maire de Pradelles, *V. de B.*, mai 1766 ; premier consul de Largentière, *P.*, mai 1767 ; député de Largentière, *L.*, mai 1768 ; premier consul de Largentière, *Aub.*, mai 1770 ; *An.*, mai 1771 ; *Aub.*, mai 1772 ; conseiller du Roi, maire de Largentière, mai 1773 ; *Sl-P.*, mai 1774 ; *Aub.*, mai 1775 ; premier-consul maire de Largentière, *L.*, mai 1776 ; *T.*, mai 1777 ; S^r de **Rancourbier**, *V. de B.*, mai 1778 ; Mre Jacques Blachère, Sr de Ranc-courbier, *L.*, mai 1780 ; M. Jacques Blachère, Sr de Banc-Courbier (*sic*), *T.*, mai 1781 ; Sr de Ranc-Courbier, *An.*, mai 1783 ; *R.*, juin 1784 ; *L.*, mai 1785.

Blachère Mondaffon & de Roudeyron, v. : Blachière [-Mondaffon] et Blachière de Roudeyron.

Blachier (Mr Me Jean-André), avocat en parlement, premier consul de Tournon, *An.*, mai 1733 ; *T.*, mai 1738.

Blachier (M. Jean-Hugues), premier consul de Tournon, *Aub.*, mai 1773 ; *Sl-P.*, mai 1774 ; *Aub.*, mai 1775 ; bourgeois [de Tournon], pour le maire de Pradelles, *T.*, mai 1777.

Blachier (Mr Me Joseph), Blachié, avocat, premier consul de la ville de Tournon, *Sl-P.*, mai 1724 ; Blachier, avocat, pour le second consul de Viviers, [signe : *Blachier*], *T.*, mars 1731.

Blachier (M. Joseph), Blaché, premier consul-maire de Tournon, *R.*, juin 1784 ; Blacher, *L.*, mai 1785 ; *Sl-P.*, juin 1786 ; Blachier. *Aub.*, juin 1787 ; *B. S. A.*, juin 1788 ; *T.*, juin 1789.

Blachier (Mr Me Philibert), Blachère. [signe : *Blachier*], docteur en médecine, premier consul de Tournon, *T.*, mars 1691.

Blachière (Me Jean), pour le bailli de Montlor. *B. S. A.*, nov. 1639.

Blachière (Nob. Pierre), bailli de Boulogne, *Prad.*, mai 1661.

Blachière [-Mondaffon] (Me Etienne), régent d'Aubenas, *B. S. A.*, mars 1638 ; Me Blachière, *alias* le Sr Mondafon, régent d'Aubenas, *G. lès V.*, mars 1639.

Blachière [-Mondaffon] (Me Philippe), régent d'Aubenas, *la V.*, juill. 1648.

Blachière de Roudairon (Nob. Jean), le Sr Blachière, pour le bailli de Boulogne, *Aub.*, juill. 1657 ; noble Jean Blachière de Roudairon, bailli de Boulogne, *la V.*, mai 1659.

Blachière de Roudairon (Mr Me Michel), Blachière de Radeyron, conseiller du Roi, lieutenant de bailli au pays de Vivarais, siège royal de Villeneuve de Berc, pour le bailli de Privas, avec procuration du Mis de Châteauneuf, seigneur de Privas, *T.*, janv. ; juill. 1642 ; Blachière de Roudairon, pour le bailli de Boulogne, avec procuration du Mis de Châteauneuf, seigneur de Boulogne, *B. S. A.*, fév. 1643 ; Blachière de Roudeyron, subrogé et comm. pr., *P.*, janv. ; *V. de B.*, fév. ; présid. comme subrogé, mai ; *B. S. A.*, 14 et 19 déc. 1644 ; pour le bailli de Boulogne, *J.*, mai ; bailli de Boulogne, juill. 1645 ; *V. de B.*, juill. 1647 ; *Viv.*, mars 1649 ; *Aub.*, janv. ; pour le bailli de Boulogne, mars ; bailli de Boulogne, oct. 1650 ; *Aub.*, avr. ; *le Ch.*, mars 1651 ; *P.*, mars ; *Aub.*, juin ; *St-P.*, août ; *G. lès V.*, oct. 1652 ; *Aub.*, juill. 1653 ; noble Michel Blachière de Roudairon, viguier pour le Roi à Villeneuve de Berc, *la V.*, juin 1654 ; *T.*, avr. 1655 ; Mr Me Michel Blachière de Roudairon, *Aub.*, juill. 1657 ; noble Michel Blachière de Roudairon, *J.*, mai 1658 ; bailli de Privas, *Prad.*, mai 1661.

Blachierre (M. Claude-François), Blachère, bachelier ès-droits, pour le maire de Saint-Agrève, *Aub.*, mai 1760.

Blachierre (Mr Me Claude-Louis), Blachière, [signe : *Blachierre*], bachelier ès-droits, maire électif et en exercice de la ville d'Aubenas et Montlor, *B. S. A.*, mai 1758 ; Blachère, notaire royal gradué d'Aubenas, pour le bailli de Vogüé, *Aub.*, mai 1760 ; Blachère, bachelier ès-droits, [maire de] Montlor, [signe : *Blachierre*], *St-P.*, mai 1762 ; Blachierre, avocat, notaire et maire de Montlor, *L.*, mai 1764 ; avocat en parlement, maire de Montlor, *V. de B.*, mai 1766 ; député de Montlor, *L.*, mai 1768.

Blanc, (de Rochemaure), v. aussi : Blanc de Lisle, et Le Blanc (Nob. Georges-Honoré).

Blanc (Antoine), consul de Rochemaure, *T.*, fév. 1605 ; *L.*, janv. 1606 ; *P.*, janv. 1619 ; Me Antoine Blanc, *Viv.*, mars 1637.

Blanc (Sr Antoine), consul de Rochemaure, *T.*, avr. 1667 ; *le Ch.*, avr. 1675.

Blanc (Me Claude), consul de Joyeuse, *la V.*, mars 1623.

Blanc (Me François), consul de Rochemaure, *la V.*, janv. 1641.

Blanc (Sr Honoré), consul de Rochemaure, *Aub.*, mai 1677.

Blanc (Sr Jean), consul de Rochemaure, *Aub.*, juin 1669.

Blanc (Mr Me Louis) docteur ès-droits, consul de Tournon, *T.*, juill. 1634.

Blanc de Lisle (Sr Antoine), Sr Antoine Blanc, médecin, pour le consul de Joyeuse, [signe : *Blanc de Lisle*], *Vo.*, mai 1722.

Blanchard, Sr du Serrier (Nob. Annet), noble Anné Blanchard, Sr du Cellier, pour le bailli de Boulogne, *B. S. A.*, mars 1638.

Blazère, v. : Roudil de Chabannes de Blazère (du).

Bleynet, v. : Modène le Pesne du Bleynet.

Blou des Pressis (Mre François de), chanoine de la cathédrale de Viviers, pour le bailli de Viviers, *T.*, mars 1714.

Bois (Mr Jean-Antoine), notaire gradué, maire du Bourg Saint-Andéol, *An.*, mai 1745 ; *Aub.*, mai 1746 ; *V. de B.*, mai 1754 ; mai 1755 ; Boys, *L.*, mai 1756 ; Mr Me Jean-Antoine Bois, gradué, maire du Bourg Saint-Andéol, comm. pr., *Ve.*, mai 1757 ; maire du Bourg Saint-Andéol, *B. S. A.*, mai 1758 ; *An.*, mai 1759 ; maire ancien et alternatif de la ville du Bourg Saint-Andéol, *Aub.*, mai 1760 ; [signe : *Bois*], *L.*, mai 1761 ; *St-P.*, mai 1762 ; pour le maire du Bourg Saint-Andéol, *Aub.*, mai 1763 ; maire du Bourg Saint-Andéol, *L.*, mai 1764 ; *T.*, mai 1765 ;

V. de B., mai 1766 ; Mr Me Jean-Antoine Bois, S^r **d'Autussac**, *Sl P.*, mai 1774

Bois (M. Simon-Antoine), Boÿs, fils aîné de M. Antoine Boys, maire ancien et alternatif de la ville du Bourg Saint-Andéol, *Ve.*, mai 1757 ; M. Simon-Antoine Bois **d'Autussac**, pour le bailli de Joyeuse, *B. S. A.*, mai 1758 ; pour le maire de Largentière, *An.*, mai 1759 ; Mr Me Simon-Antoine Bois d'Autussac, avocat, capitaine-châtelain de Pierregourde, le Pape et le Bousquet, [pour le] maire de Boulogne, *T.*, mai 1765.

Boissié (Me Jean-Baptiste), Boissier, licencié ès-droits, premier consul de la ville de Tournon, [signe : *Boissié*], *T.*, mai 1723.

Boissié (M. Jean-Louis), premier consul de Tournon, *P.*, mai 1767 ; *L.*, mai 1768 ; *Ve.*, mai 1769.

Boissonnade (*N.*), signe le procès-verbal de *Sl-P.*, avr. 1676, et ne figure pas dans la liste de présence.

Boiverd (le S^r de), v. : Le Seq de Boivert.

Bollioud, S^{gr} **de Brogieu** (Mre Pierre de), Bouillon, S^{gr} de Brogieu, pour le baile de la Gorce, [signe : *Bollioud*], *Ve.*, mai 1769.

Bollioud, Sr **de Tartara** (Mr Me Gabriel), Boulioud, docteur ès-droits, consul d'Annonay, *Aub.*, juin 1669.

Bollon (Me Alexandre), Boulon, pour le consul de Saint-Agrève, *la V.*, mars 1601.

Bollon (Mr Me Claude), Boulon, juge de Saint-Agrève, pour le consul de Saint-Agrève, *la V.*, avr. 1666 ; le même

(?) que le Sr Boulon, pour le consul de Saint-Agrève, *B. S. A.*, avr. 1668.

Bollon (Mr Me Jean), signe *Bollon* au procès-verbal de *Prad.*, mai 1661, probablement comme consul de Saint-Agrève et ne figure pas dans la liste de présence ; le même (?) que Mr Me Jean Boulon, docteur ès-droits, consul de Saint-Agrève, *St-P.*, avr. 1664 ; *Aub.*, mai 1665 ; pour le consul de Saint-Agrève, *Prad.*, mai 1672 ; consul de Saint-Agrève, *Aub.*, mai 1677 ; juge de Saint-Agrève, consul de Saint-Agrève, [signe : *Bollon*], *T.*, mai 1679 ; juge de Saint-Agrève, Rochepaule, Rochebonne, Devesset et Châteauneuf, consul de Saint-Agrève, *J.*, mars 1682 ; Mr Me Jean Boulon, docteur ès-droits, juge de Saint-Agrève, [pour le consul de Saint-Agrève], *la V.*, mai 1683 ; juge de Saint-Agrève et de Devesset, pour le consul de Saint-Agrève, *Prad.*, mai 1684 ; *An.*, avr. 1685 ; Boullon, consul de Saint-Agrève, *Aub.*, avr. 1686 ; Bollon, *le Ch.*, mai 1687 ; *St-P.*, avr. 1688 ; docteur ès-droits, juge de Saint-Agrève, [pour le consul de Saint-Agrève], *Aub.*, fév. 1689 ; consul de Saint-Agrève, *T.*, mars 1691.

Bollon (Mr Me Jean-Joseph), Mr Me Joseph Bolon, avocat, consul de Saint-Agrève, [signe : *Bollon*], *B. S. A.*, avr., 1716 ; le même (?) que Mr Me Jean-Joseph Bollon, avocat, consul de Saint-Agrève, *J.*, avr. 1718 ; juge et consul de Saint-Agrève, *V. de B.*, mai 1720 ; *An.*, mai 1721 ; *T.*, mai 1723 ; *St-P.*, mai 1724 ; Mr Me Jean-Joseph Boullon, [signe : *Bollon*], *Aub.*, mai 1725 ; Boullon, *T.*, mai 1726 ; Boulon, *V. de B.*, mai 1727 ; Bollon, *P.*, mai 1729 ; juge et maire de Saint-Agrève, *J.*, mai 1730 ; M^r

Me Joseph Bollon, avocat en parlement, juge et maire de Saint-Agrève, *T.*, mai 1731; *B. S. A.*, mai 1732 ; *An.*, mai 1733 ; *Vo.*, mai 1734 ; Mr Me Jean-Joseph Bollon, juge de Saint-Agrève, pour le consul dudit lieu, *St-P.*, mai 1736 ; *Vo.*, avr. 1737 ; *T.*, mai 1738 ; juge et maire de Saint-Agrève, mai 1739 ; *P.*, mai 1740 ; *T.*, mai 1743 ; *P.*, mai 1744 ; *An.*, mai 1745 ; *Aub.*, mai 1746 ; *la V.*, mai 1756.

Bollon du Fraisse (Mr Me Antoine), [signe : *Dufraisse, Bollon du Fraisse* et *Bollon*], avocat en parlement, pour le consul de Saint-Agrève, *Vo.*, mai 1735 ; Mr Me André Bollon, Sr du Fraysse, avocat en parlement, maire et juge de la ville de Saint-Agrève, *L.*, mai 1756 ; *Ve.*, mai 1757 ; M. Antoine Bollon, Sr du Fraisse, maire de Saint-Agrève, *B. S. A.*, mai 1758 ; Mr Me Antoine Bollon, Sr du Fraisse, *An.*, mai 1759 ; avocat en parlement de Toulouse, *L.*, mai 1761 ; M. Antoine Bollon, Sr du Fraisse, Sgr **de Clavières**. *St-P.*, mai 1762 ; *Aub.*, mai 1763 ; *L.*, mai 1764 ; *T.*, mai 1765 ; *V. de B.*, mai 1766 ; premier consul de Saint-Agrève, *P.*, mai 1767 ; *L.*, mai 1768 ; *Ve.*, mai 1769.

Bompar (Me François), consul de Largentière,. *Viv.*, avr. 1628.

Bompar (Sr François-Antoine), Bompard, [signe : *Bompar*], pour le consul de Tournon, *J.*, mai 1730.

Bompar, Sr de la Bastide (Jean de). consul de Largentière, *Viv.*, déc. 1601 (pour 1602); *T.*, fév. 1615.

Bonaure (Me Jean), consul de Joyeuse, *P.*, avr. 1612.

Bongiraud (Me Barthélemy), consul de Tournon, *B. S. A.*, juin 1617.

Bonlieu, Sr de Chappoulier (Nob. Jean-Antoine de), consul de Viviers, comm. ord., *P.*, janv. ; Sr de Chappoulié, *B. S. A.*, déc. 1644 ; Sr de Chapoulié, consul de Viviers, *J.*, mai ; juill. 1645.

Bonnaud (Sr Denis), signe le procès-verbal d'*Aub.*, avr., 1686 ; consul de Viviers, *le Ch.*, mars 1687.

Bonnefilhe (Nectaire de), consul de Pradelles, *B. S. A.*, mai 1621 ; *J.*, avr. 1633.

Bonnefille (Nob. Simon de), pour le baile de la Gorce, avec procuration de la dame dudit lieu, *J.*, avr. 1633 ; consul de Joyeuse, *B. S. A.*, mai 1638.

Bonnefille, Cos^gr de Saint-Alban (Nob. Jean de), consul de Largentière, *G. lès V.*, et *Viv.*, mars ; *B. S. A.*, avr., *G. lès V.*, juin ; *B. S. A.*, juill. 1639 ; cos^gr de Saint-Auban, pour le consul de Largentière, *Aub.*, février 1640.

Bonnet (Mr Me Charles), avocat, lieutenant de bailli des terres du prince d'Harcourt, pour le bailli de Chalancon, *Aub.*, mars 1698.

Bonnet (Mr Me Jean), avocat, pour le bailli de Saint-Remèze, *St-M. d'A.*, janv. 1696 ; *An.*, mars 1697 ; *Aub.*, mars 1698 ; *le Ch.*, mars 1699.

Bonnet (Mr Me Jean), docteur et avocat en parlement, pour le maire de Tournon, *An.*, mars 1697.

Bonnet (Me Laurent), consul de Saint-Agrève, *Viv.*, déc. 1601 (pour 1602).

Bonniot (Odde de), v. : Bonyot.

Bonot (Mr Me Esprit de), Me E. Bonot, docteur ès-droits, pour le châtelain de Saint-Remèze, *B. S. A.*, juin 1617 ; Mr Me Esprit de Bonnot, docteur ès-droits, consul du Bourg Saint-Andéol. *T.*, juin ; août ; *Viv.*, sept., *B. S. A.*, oct. ; *Viv.*, nov. ; *T.*, déc. 1627 ; *B. S. A.*, janv. ; avr. 1628 ; le Sr Bonnot, [consul du Bourg Saint-Andéol], *T.*, juill. 1634, [signe : *de Bonot*].

Bonot (Nob. Esprit-Joseph de), de Bonnaud, pour le maire du Bourg Saint-Andéol, *St-P.*, mars 1700.

Bonot (Nob. Jean de), consul du Bourg Saint-Andéol, *B. S. A.*, juin 1617.

Bonot (Nob. Simon de), de Bonnot, consul du Bourg Saint-Andéol, *St-P.*, avr. 1664.

Bontemps, v. : Montchal de Bontemps.

Bonyot (Nob. [Jean Odde] de), bailli de Privas, *J.*, mars 1618.

Bornie, v. : Le Bornhe.

Boschet, v. aussi : Bouschet.

Boschet (Me Florimond), bachelier ès-droits, consul de Largentière, *T.*, fév. 1605.

Boschet (Me François), docteur ès-droits, consul de Largentière, *J.*, mai 1608.

Boschet (Mr Me Guillaume du), docteur ès-droits, consul de Largentière, *J.*, avr. 1633 ; Sr **de Charlias**, mai ; juill. 1645 ; pour le consul de Largentière, *Aub.*, mai 1646 ; consul de Largentière, *Aub.*, mai 1646 ; consul de Largentière, *V. de B.*, juill. 1647 ; pour le bailli de Largentière, *Aub.*, oct. 1650 ; *V. de B.*, janv. 1651 ; Sr Guillaume du Bouschet de Charlias, consul de Largentière, *la V.*, mai 1659 ; Mr Me Guillaume du Boschet, Sr de Charlias, docteur ès-droits, pour le baile de la Gorce, *Viv.*, avr. 1671.

Bouchareinc du Trémouil. (M Jean-François-Régis de), premier consul de Pradelles, *An.*, mai 1771.

Bougie *ou* Bougis (Me *N.*), pour le baile de la Gorce, *T.*, janv. 1642.

Bougye (Me Pierre), consul de Tournon, *B. S. A.*, fév. 1622.

Boulieu, S^gr **de Charlieu** (Louis de), écuyer, consul d'Annonay, *An.*, avr. 1673.

Boulieu, S^gr **de Jarnieu**, B^ou **de Brueilhe** (Mre Christophe de), bailli d'Annonay, *T.*, fév. 1615 ; B^ou de Bruel, *B. S. A.*, mars 1616 ; B^ou de Brueilhe, *la V.*, mars ; mai 1623 ; B^ou de Bruelle, chevalier de l'ordre du Roi, *la V.*, sept. 1626 ; Bon de Brueille, *T.*, juin ; août; oct. ; nov. ; déc. 1627 ; Bon de Brueilhe, *J.*, avr. 1633.

Boulon, v. : Bollon.

Bouniol (Mre François), prêtre et prévôt du vénérable Chapitre de Viviers, grand vivaire de Mgr l'Evêque de Viviers, pour le bailli de Viviers, *J.*, avr. 1718.

Bouquet (*N.*), signe le procès-verbal de *la V.*, avr. 1666, dans lequel la liste de présence ne porte pas les noms des consuls de Chalancon, Joyeuse et Tournon.

Bourdellet, v. : Loreille de Chapoulier (Nob. Jean).

Bourdier (Me Timothée), Bourdié, consul du Cheylard, *T.*, juin 1627.

Bourdin (R. P. Antoine), Supérieur dans la Congrégation des Pères de l'Oratoire de Joyeuse, assistant à la place de Mr Me Charles Riffard, prévôt en l'église cathédrale de Viviers, vicaire général de Mgr l'Evêque, *J.*, avr. 1633.

Bourges (Sr Pierre), consul du Bourg Saint-Andéol, *Prad.*, mai 1661 ; *St-P.*, avr. 1676.

Bourian (Sr Claude), Mourian [*Bourian*, d'après la copie des signatures], consul de Rochemaure, *B. S. A.*, avr. 1668.

Bourian (Me Jean), consul de Rochemaure, *G. lès V.*, mars 1639.

Bournet, v. : Allamel de Bournet.

Bours, v. : Demontel, S^{gr} de Bours et Larnas et Merle (Mre Joseph-François de).

Bouschet, v. aussi : Boschet.

Bouschet (Me Claude), docteur ès-droits, consul de Largentière, *Aub.*, déc. 1602 (pour 1603).

Bouschet (Sr Claude), consul du Cheylard, *St-P.*, avr. 1688.

Bouschet (M. François du), premier consul de Tournon, *V. de B.*, mai 1754 ; premier consul en titre de la ville de Tournon, mai 1755.

Bouschet (Mr Me Joseph du), du Bouchet, conseiller du Roi, premier consul de Tournon, *L.*, mai 1756 ; du Bouschet, *Ve.*, mai 1757 ; conseiller du Roi, premier consul en titre de la ville de Tournon, *Aub.*, mai 1760 ; du Bouchet, mai 1763 ; du Bouschet, *L.*, mai 1764.

Bouschet (Me Pierre), consul de Saint-Agrève, *P.*, mars 1652.

Bouschet, S^{gr} **de Corneillac** (Nob. Just du), consul de Tournon, *Viv.*, déc. 1631.

Boutaud (Sr Jacques), premier consul de Tournon, *le Ch.*, mai 1687 ; *St-P.*, avr. 1688.

Boutaud (Mr Me Jean-Esprit), avocat en parlement de Paris, pour le bailli de la Tourrette et Chalancon, *Aub.*, juin 1787.

Boutaud (Mr Me Jean-Pierre), avocat au parlement de Toulouse, maire et premier consul électif de Tournon, *B. S. A.*, mai 1758 ; Mr Me Jean Bautau (*sic*), *An.*, mai 1759.

Boutavin (Mr Me Michel), pour le consul de Montlor, *Prad.*, mai 1672 ; le même (?) que Sr Michel Boutavin **de Mortesaignes**, pour le bailli de Montlor, *An.*, avr. 1673 ; Mr Me Michel Boutavin, pour le consul de Pradelles, *Aub.*, juin 1674 ; Sr de Mortesaigne, docteur ès-droits, pour le bailli de Montlor, *le Ch.*, avr. 1675 ; *St-P.*, avr. 1676 ; S^{gr} de Mortesaignes, juge de Montlor, *T.*, mai 1679 ; *B. S. A.*, mai 1680 ; *P.*, fév. 1681 ; *J.*, mars 1682.

Boutavin, S^{gr} **de Mortesagnes** (Nob. Michel), maire de Pradelles, *T.*, mai 1765.

Boutavin, Sr **de Mortesagnes** (Mr Me Pierre), Sr de Mortesaignes, conseiller du Roi et magistrat au bailliage de Velay, juge et lieutenant général de la comté de Montlor, juge de la ville de Pradelles, présid. comme subrogé de F. de Lorraine, prince d'Harcourt, etc., baron de tour à cause de sa baronnie et comté de Montlor, [signe : *Boutavin*, subrogé], *Aub.*, mai 1665 ; Bouttavin, Sr de Mortesaigne, bailli d'Aps, juin 1669 ; Boutavin, Sr de Mortesaigne, docteur ès-droits, bailli de Montlor, juin ; *Viv.*, juill. ; de Boutavin, *Aub.*, août 1674 ; présid. comme subrogé de F. de Lorraine, prince d'Harcourt, etc., baron de tour à cause de sa baronnie et comté de Montlor, *Aub.*, mai 1677 ; *L.*, janv. 1678 ; bailli de Montlor, *la V.*, mars 1678.

Bouvier (Sr Etienne), consul de Rochemaure, *Viv.*, avr. 1671.

Bouvier (Sr Honoré), Bouyer, consul de Rochemaure, *St-P.*, avr. 1676.

Bouvier (Me Jacques), Bovyer, consul de Rochemaure, *P.*, avr. 1612.

Bouvier (Sr Jacques), premier consul de Rochemaure, *B. S. A.*, mai 1680.

Bouvier (Mr Me Joseph), lieutenant de maire de Viviers, comm. ord. du Roi, *An.*, mai 1745 ; *Aub.*, 1747 ; lieutenant de maire ancien mitriennal de Viviers, *St-P.*, 1748 ; maire alternatif mitriennal de Viviers, comm. ord. du Roi, *Aub.*, 1749 ; conseiller du Roi, maire alternatif et lieutenant de maire ancien de la ville de Viviers, comm. ord. du Roi, *la V.*, mai 1754 ; *V. de B.*, mai 1755 ;

Ve., mai 1757 ; *B. S. A.*, mai 1758 ; *An.*, mai 1759 ; *Aub.*, mai 1760 ; *L.*, mai 1761 ; *St-P.*, mai 1762 ; *Aub.*, mai 1763 ; *L.*, mai 1764 ; *V. de B.*, mai 1766.

Bouvier (M. Louis-Hyacinthe), lieutenant de maire de Viviers, *Aub.*, mai 1773 ; avocat en parlement, *St-P.*, mai 1774 ; Mr Me Louis-Hyacinthe Bouvier **d'Acher**, *Aub.*, mai 1775.

Bouvier (Me Pierre, consul de Rochemaure, *T.*, juill. 1634 ; *la V.*, juill. 1648.

Bouvier (Sr Pons), second consul de Viviers, *J.*, mars 1682 ; le même (?) que Sr Pons Bouvier, notaire royal, consul de Viviers, *Vo.*, mars 1701.

Bouvier de Montmeyran (Nob. François de), le baron **de Durtal**, reçu comme bailli de Crussol en survivance de son père. *An.*, mars 1697 : noble François de Bouvier de Montmeyran, bailli de Crussol en survivance, *St-P.*, mars 1700.

Bouvier de Montmeyran (Nob. Jean de), [signe : *Montmeyran*], reçu comme bailli de Crussol en survivance, *Aub.*, mai 1662 ; noble Jean de Boyer, [pour le] bailli de Crussol, *le Ch.*, avr. 1663 ; *St-P.*, avr. 1664 ; *Aub.*, mai 1665 ; *la V.*, avr. 1666; *T.*, avr. 1667 ; *B. S. A.*, avr. 1668 ; *Aub.*, juin 1669 ; *Viv.*, avr. 1671 ; *Prad.*, mai 1672 ; pour le bailli de Crussol, *An.*, avr. 1673 : de Bouvier, *Aub.*, août 1674 ; de Bovier, *St-P.*, 11 avril. ; de Bouvier, 14 avr. ; *Viv.*, mai 1676; *la V.*, mars ; avr. 1678; *T.*, mai 1679 ; *B. S. A.*, mai 1680 ; *P.*, fév. 1681 ; *J.*, mars 1682 ; *la V.*, mai 1683 ; *Prad.*, mai 1684 ; *An.*, avr. 1685 ; *Aub.*, avr. 1686 ; *le Ch.*, mai 1687 ; noble Jean de Bovier, Sr de Montmeyran, seigneur **de Durtal**, bailli de Crussol, présid. comme subrogé du duc d'Uzès, baron et comte de Crussol et comm. pr., *St-P.*, avr. 1688 ; Bouvier de Montmeyran, S^{gr} de Durtal, bailli de Crussol, *Aub.*, fév. 1689 ; de Bouvier, S^{gr} de Durtal, *la V.*, fév. 1690; *T.*, mars 1691; de Bouvier de Montmeyran, S^{gr} de Durtal, *B. S. A.*, fév. 1692 ; de Bovier, *P.*, mars 1693 ; de Bouvier, *J.*, mars 1694; *P.*, mars 1695; *St-M. d'A.*, janv. 1694; *An.*, mars 1697 ; *Aub.*, mars 1698 ; *le Ch.*, mars 1699 ; présid. comme subrogé du duc d'Uzès, *St-P.*, mars 1700 ; bailli de Crussol, *Vo.*, mars 1701; *R.*, fév. 1702; *T.*, mars 1703 ; *B. S. A.*, avr. 1704 ; *P.*, mars 1705 ; *J.*, mars 1706 ; *Ve.*, avr. 1707 ; *B. S. A.*, mars 1708 ; *An.*, mars 1709 ; présid. comme subrogé du duc d'Uzès, *St-P.*, avr. 1712.

Bouziges, v. : Ginestous de Vernon (Nob. Annet de).

Bouzols, v. : Montagut de Beaune de Bouzols.

Bouzon (Sr Claude), Bauzon, consul de Viviers, *An.*, avr. 1673 ; Bouzon, *Aub.*, juin ; paraît présent *Viv.*, juill. 1674; premier consul de Viviers, comm. ord., *T.*, mai 1679 ; *Prad.*, mai 1684; *An.*, avr. 1685; *T.*, mars 1691 ; *P.*, mars 1695 ; *St-M. d'A.*, janv. 1696.

Bouzon (Mr Me Jacques), [paraît signer : *Bouson* et *Bouzon*], M. Jacques Bouzon, pour le second consul de Viviers, *Aub.*, mai 1746 ; Mr Me Jacques Bouzon, bachelier ès-droits, pour le maire de St-Agrève, *V. de B.*, mai 1755 ; premier consul alternatif et électif de Viviers, *L.*, mai 1756 ; pour le maire de Largentière, *Ve.*, mai 1757 ; consul de Viviers en exercice, *B. S. A.*, mai 1758 ; Boujon, conseiller du Roi, premier consul électif de Viviers en exercice, *L.*, mai 1744 ; Bouzon, bachelier ès droits, premier consul de la ville de Viviers, entrant en qualité de maire de Viviers, comm. ord., *T.*, mai 1765 ; consul de Viviers, *V. de B.*, mai 1766 ; consul de Viviers, comm. ord., *P.*, mai 1767 ; premier consul de Viviers, *L.*, mai 1768 ; premier ex-consul de Viviers, *Ve.*, mai 1769 ; *Aub.*, mai 1770.

Boyer et **Boyer de Montmeyran**, v. : Bouvier et Bouvier de Montmeyran.

Boyer (Me Claude), consul de Largentière, *B. S. A.*, fév. 1643.

Boyron (Me Christophe), docteur ès-droits, consul d'Annonay, *J.*, mars 1618 ; *Aps*, juill. 1620.

Boyron (Me Jean), notaire royal, consul d'Annonay, *la V.*, mars 1604.

Boyronis (Me Pierre), consul d'Annonay, *Viv.*, déc. 1601 (pour 1602).

Boze (Nob. Jean de), pour le bailli de Brion, avec sa procuration, *J.*, mars 1618 ; *P.*, janv. 1619 ; *Aps*, juill. 1620 ; *R.*, fév. 1621 ; *la V.*, sept. 1626 ; le sieur de Boze, reçu comme bailli de Brion avec une lettre du Sr de la Motte, bailli de Brion, *An.*, janv. 1636.

Braban (Mr Me Simon), Conseiller du Roi, contrôleur des tailles du pays de Vivarais, consul du Bourg Saint-Andéol, *An.*, mars 1697.

Brancassy, v. : Ornano de Brancassy.

Brès, v. : Alméras de Brès.

Bresson (Jean), consul de Pradelles, *Aps*, juill. 1620.

Breton (Mr Me Guillaume du), régent d'Aubenas, *Prad.*, mai 1661.

Breton (Mr Me Henri), consul du Bourg Saint-Andéol, *B. S. A.*, mars 1638.

Breton (Me Pierre), notaire du Pays, commis à la place de Mr Me Antoine Le Maistre, greffier du pays, absent, *Viv.*, avr. 1661 ; le même (?) que Sr Pierre Breton, consul du Bourg Saint-Andéol, *P.*, mars 1693 ; Sr Pierre Breton, pour le bailli de Privas, *An.*, mars 1697 ; pour le maire de Boulogne, *Aub.*, mars 1698 ; Mr Me Pierre Breton, pour le bailli [lire : consul] de Boulogne, *Sl-P.*, mars 1700.

Brian, Sr de Miraval (Nob. Louis de), avocat du Roi au siège royal de Villeneuve du Berc, pour le bailli de Boulogne, *Sl-P.*, avr. 1664 ; noble Louis de Brian, S^{gr} de Miraval, conseiller avocat du Roi au bailliage de Vivarais, siège royal de Villeneuve de Berc, *Aub.*, mai 1665 ; conseiller et avocat au siège royal, *la V.*, avr. 1666.

Brion, v. : Bayle de la Motte-Brion.

Brison, v. : Beaumont-Brison.

Brissac, v. : Royssac.

Brocardi (Mr Me Jean-Paul), diocésain du Vivarais, comm. pr., *T.*, mai 1723 ; le même (?) que Sr Jean Brocardy, consul du Bourg Saint-Andéol, *Sl-P.*, mai 1724.

Brogieu, v. : Bollioud.

Brueilhe, v. : Boulieu de Jarnieu, baron de Brueilhe.

Brueÿs de la Caumette (Nob. François de), bailli de St-Remèze, *Ve.*, mai 1757.

Brugière (Sr Claude), consul du Cheylard, *Aub.*, mai 1677.

Brugière ou Bruyère (Jean), consul de Chalancon, *An.*, janv. 1611 ; *G. lès V.*, juin 1624.

Brugière (Sr Jean), consul du Cheylard, *J.*, mars 1682.

Brugière (Sr Pierre), consul du Cheylard, *Aub.*, mai 1665.

Brun (*N.*), signe le procès-verbal de *P.*, mars 1693, et ne figure pas dans la liste de présence.

Brun (Sr Georges), consul de Viviers, *B. S. A.*, fév. 1692.

Brunel (le S^r), avocat au Bourg Saint-Andéol, pour le bailli de Largentière, *B. S. A.*, fév. 1692.

Brunel (Me Antoine), consul de Saint-Agrève, *Viv.*, août 1628.

Brunel (Me Antoine), notaire royal, pour le maire de Saint-Agrève, *B. S. A.*, avr. 1704 ; pour le consul de Saint-Agrève, *P.*, mars 1705 ; *J.*, mars 1706 ; pour le maire de Saint-Agrève, *Ve.*, avr. 1707 ; *B. S. A.*, mars 1708 ; *An.*, mars 1709 ; *le Ch.*, mars 1711 ; *St-P.*, avr. 1712 ; *T.*, mars 1714.

Brunel (Sr Antoine), consul de St-Agrève, *St-P.*, avr. 1676 ; *la V.*, mars 1678.

Brunel (Mr Me Claude), docteur ès-droits, bailli de Saint-Remèze, *Viv.*, août 1628 ; juge général des terres de l'Evêque de Viviers, bailli de Saint-Remèze, *Viv.*, janv. ; fév. ; mars 1629 ; déc. 1531 ; baille *(sic)* de Saint-Remèze, *J.*, avr. 1633.

Brunel (Mr Me Claude), consul de Saint-Agrève, *la V.*, juill. 1648 ; le même (?) que Sr Claude Brunel, docteur ès-droits, pour le consul de Saint-Agrève, *le Ch.*, mars 1651.

Brunel (Mr Me Claude), avocat, maire de Saint-Agrève, *P.*, mai 1719.

Brunel (Me Esprit), notaire royal, consul du Bourg Saint-Andéol, *L.*, janv. 1606 ; le même (?) ,châtelain de Saint-Remèze, *la V.*, mars 1610 ; *An.*, janv. 1611 ; *Aub.*, janv. 1613 ; *T.*, fév. 1615 ; *B. S. A.*, mars 1616 ; *Aps*, juill. 1620 ; *B. S. A.*, mai ; *Bagnols*, oct. ; *B. S. A.*, nov. 1621 ; *B. S. A.*, janv. ; fév. ; avr. et oct. 1622 ; vi-bailli de Saint-Remèze, *la V.*, mars et mai 1623 ; *Aub.*, juin et août ; *V. de B.*, et *B. S. A.*, oct. 1625 ; *Viv.*, fév. ; 1er et 14 avr. ; mai ; 20 et 28 juin ; *Aub.*, août ; *la V.*, sept. 1626 ; *Viv.*, avr. ; *T.*, juill. et août 1627 ; *Viv.*, sept. ; *B. S. A.*, oct. ; *Viv.*, nov. ; *T.*, déc. 1627 ; *B. S. A.*, janv. ; *Viv.*, mars ; *B. S. A.*, avr. ; *Viv.*, avr. ; mai ; juin 1628.

Brunel (Mr Me Esprit), avocat en parlement, pour le maire de Chalancon, *B. S. A.*, avr. 1716.

Brunel (Mr Me François), capitaine châtelain de Saint-Agrève, pour le maire dudit lieu, *St-M. d'A.*, janv. 1696 ; *R.*, fév. 1702 ; *T.*, mars 1703.

Brunel (Nob. Jacques), pour le bailli de Chalancon, *B. S. A.*, avr. 1688.

Brunel (Me Louis), consul du Bourg Saint-Andéol, *la V.*, fév., 1614.

Brunel (Sr Louis), consul de Rochemaure, *la V.*, mars 1678.

Brunel (Mr Me Pierre), docteur et avocat, consul de la ville du Bourg Saint-Andéol, *T.*, mars 1691.

Brunel (Me Vital), docteur ès-droits, baile de Pradelles, *Aps*, juill. 1620 ; *B. S. A.*, mai 1621 ; *la V.*, mars 1623 ; *Aub.*, juin 1625 ; *la V.*, sept. 1626 ; *Viv.*, avr. ; *T.*, août ; oct. ; nov. 1627 ; *B. S. A.*, janv. ; *Viv.*, mars ; *B. S. A.*, avr. ; *Viv.*, avr. ; mai ; juin ; août 1628 ; janv. ; fév. ; mars ; avr. 1629 ; déc. 1631 ; *J.*, avr. 1633 ; *T.*, juill. 1634 ; *Viv.*, fév. 1635 ; le sieur Brunel, *An.*, janv. 1636 ; Mr Me Vital Brunel, *Viv.*, mars et oct. 1637 ; *B. S. A.*, mars 1638 ; *G. lès V.*, *Viv.*, mars ; *B. S. A.*, avr. ; *G. lès V.*, juin ; *B. S. A.*, juill. ; *G. lès V.*, oct. ; *B. S. A.*, nov. 1639 ; *Aub.*, fév. 1640 ; *la V.*, janv. ; mai ; nov. 1641 ; *T.*, janv. ; juill. 1642 ; *B. S. A.*, fév. 1643 ; *P.*, janv. ; V. *de B.*, mai ; *B. S. A.*, 14 et 19 déc. 1644 ; *J.*, mai 1645 ; *Aub.*, mai 1646 ; *V. de B.*, juill. 1647 ; *la V.*, juill. 1648 ; *Viv.*, mars 1649 ; *Aub.*, janv. ; mars ; oct. 1650 ; *le Ch.*, mars 1651 ; *P.*, mars ; *Aub.*, juin ; *St-P.*, août ; *G. lès V.*, oct. 1652 ; *Aub.*, juill. 1653 ; *la V.*, juin 1654 ; *T.*, avr. 1655 ; *B. S. A.*, mai ; oct. ; déc. 1656 ; *Aub.*, juill. 1657 ; *J.*, mai 1658 ; *la V.*, mai 1659 ; *V. de B.*, mars 1660 ; *Prad.*, mai 1661 ; *Aub.*, mai 1662 ; *le Ch.*, avr. 1663.

Brunel d'Arcenesches (Mr Me Joseph-Laurent) [signe : *Brunel Darceneche, Darceneches* et *Darcenesches*], écuyer, avocat en parlement, premier consul de Saint-Agrève, *An.*, mai 1771 ; *Aub.*, mai 1772 ; noble Joseph-Laurent de Brunel d'Arcenèches, premier consul-maire de Saint-Agrève, *L.*, mai 1776 ; de Brunel d'Arcenesche, consul-maire, *T.*, mai 1777 ; le même (?) que noble Louis-Joseph (*sic*) de Brunel, écuyer, S^r d'Arceneches, avocat en parlement, premier consul-maire, *V. de B.*, mai 1778 ; noble

Joseph - Laurent de Brunel, écuyer, S^r d'Arceneches, avocat en parlement, premier consul-maire, *P.*, mai 1779 ; *L.*, mai 1780 *T.*, mai 1781 ; *Aub.*, mai 1782 ; *An.*, mai 1783 ; *R.*, juin 1784 ; *L.*, mai 1785 ; *St-P.*, juin 1786 ; *Aub.*, juin 1787 ; *B. S. A.*, juin 1788.

Brunel de Moze (Me Me Jean-Joseph), avocat en parlement, député de Saint-Agrève, *Aub.*, mai 1770 ; conseiller du Roi, juge et maire de Saint-Agrève, mai 1773 ; avocat en parlement, juge et maire de Saint Agrève, *St-P.*, mai 1774 ; Mr M^eJean-Joseph de Brunel de Moze, avocat en parlement,maire de Saint-Agrève, *Aub.*, mai 1775.

Bruno (Mre Joseph de), prieur de Bessas, vicaire général de l'Evêque de Viviers, pour le bailli de Viviers, *St-P.*, mars 1700 ; chanoine et viguier, vicaire général etc., *Vo.*, mars 1701.

Bruny (Sr Pierre), régent d'Aubenas, *la V.*, juin 1654.

Bruteillon de Combes (Nob. Joseph de), [signe : *De Combes*], écuyer, pour le bailli d'*Aps*, *la V.*, mai 1683. [Ce nom n'est pas mentionné dans les ouvrages de MM. Fl. Benoit d'Entrevaux, R. de Gigord, G. Paul, H. de Jouvencel, G. de Rivoire de la Bâtie, ni même dans la table de la Revue du Vivarais. Le Sommier des recherches de noblesse en Languedoc, (Bibl. nat., ms. fr. 32 293) donne seulement la note suivante : « Joseph de Brutelion, n'a pu être assigné, ne le trouvant pas. »]

Bruyère, v. : Brugière (Jean).

Buys (le Sr Antoine du), consul de Viviers, comm. ord., *Viv.*, déc. 1601 (pour 1602) ; *Aub.*, déc. 1602 (pour1603).

C

Cadière (Me Jean), consul d'Annonay, *B. S. A.*, mai 1656.

Caires, v. : Cayres.

Catalon et Cathellon (Me Pierre), notaire royal, consul de Chalancon, *Aub.*, janv. 1613 ; *B. S. A.*, juin 1617 ; *P.*, janv. 1619.

Catelon, v. : Cathalon (Jean)

Cathalon (Me Jacques), consul de Chalancon, *J.*, mars 1618.

Cathalon (Jean), consul de Chalancon, *B. S. A.*, mai 1621 ; *T.*, juill. 1634 ; Jean Catelon, pour le consul de Chalancon, *Viv.*, fév. 1635.

Cathellon, v. : Catalon.

Cayres (Me Antoine), notaire royal, consul de Pradelles, *Aub.*, janv. 1613.

Cayres (Me Pierre), consul de Pradelles, *B. S. A.*, mars 1638 ; le même (?) que Me Pierre Caires, pour le consul de Pradelles, *St-P.*, avr. 1664 ; consul de Pradelles, *T.*, avr. 1667.

Cayres, Sgr **de Plafourès** (Mr Me Christophe), avocat en parlement, premier consul de Pradelles, *P.*, mai 1767.

Cayres de Plafourès (Sᴿ Pierre), premier consul de Pradelles, *V. de B.*, mai 1727.

Cazal la Robinière (Sᴿ François), pour le maire de Montlor, *B. S. A.*, avr. 1716 ; *P.*, avr. 1717.

Cazeneufve (Mᵉ François de —, *alias* le Sᴿ Jean de.) consul de Tournon, *Viv.*, déc. 1601 (pour 1602).

Celles, v. : Bézangier de Celles.

Chabannes, v. : Roudil de Chabannes.

Chabanes (Mᵉ Jacques de), premier consul de Tournon, *la V.*, janv. 1641.

Chabassut (Mᵉ Claude), consul de Joyeuse, *la V.*, fév. 1614.

Chabassut (Gaspard), consul de Joyeuse, *Viv.*, déc. 1631.

Chabert (*N.*), signe le procès-verbal de *Prad.*, mai 1661, et ne figure pas dans la liste de présence ; signe le procès-verbal d'*Aub.*, avr. 1686, dans lequel la liste de présence ne donne pas les noms des consuls d'Annonay, Rochemaure et Tournon.

Chabert (Mᴿ Henri-Marius-Félix de), conseiller du Roi et son lieutenant principal au bailliage et siège royal d'Annonay, comm. ord. du Roi à la place du marquis de Gras [Joseph Camille de Serre-Saunier] et à cause de la vacance de la charge de lieutenant général au bailliage d'Annonay, *St-P.*, mai 1774 ; conseiller du Roi, lieutenant principal au bailliage du Vivarais, siège royal d'Annonay, comm. ord. du Roi, *T.*, mai 1777 ; mai 1781.

Chabert (Sr Pierre), consul d'Annonay, *V. de B.*, juill. 1647 ; le même (?) que Sr Pierre Chabert, consul d'Annonay, *Aub.*, mai 1662.

Chabreüil (Nob. Henri [du Cluzeau] de), officier d'infanterie, pour le bailli de St Remèze, *la V.*, mai 1753.

Chabrus (Sr Antoine), avocat, consul de Chalancon, *la V.*, fév. 1690 ; Sr Antoine Chabreuil, docteur et avocat, [signe : *Chabrus*], *T.*, mars 1691 ; *B. S. A.*, fév. 1692 ; Sr Antoine Chabrus, avocat, *P.*, mars 1693.

Chabrûs (Mr Me Jean), avocat en parlement, premier consul de Tournon, *T.*, mai 1679.

Chadenac, v. : La Rivoire de Chadenac de la Tourrette.

Chalabrueisse (Me Antoine), [signe : *Chalabrueisse*], consul de Boulogne, *Aub.*, mai 1662 ; *le Ch.*, avr. 1663 ; *St-P.*, avr. 1664 ; *Aub.*, mai 1665 ; *la V.*, avr. 1666.

Chalabruesse (Me Christophe), notaire royal, consul de Boulogne, *T.*, avr. 1667.

Chalabrueisse de Galimard, Sr du Monteil (Nob. Claude de), [signe : *du Monteil de Galimard et Galimard*], Sr de Monteilz, bailli de Montlor, *le Ch.*, mai 1687 : Sr de Mouteils, *St-P.*, avr. 1688 ; Sr de Monteilz, présid. comme subrogé de F. de Lorraine, comte d'Harcourt, etc., baron et comte de Montlor, *Aub.*, fév. 1689 ; bailli de Montlor, *la V.*, fév. 1690; *T.*, mars 1691; *B. S. A.*, fév. 1692. [Il n'assiste qu'au début de cette session et se retire en demandant que la place de bailli de Montlor, que lui contestait le Sr Hilaire Maurin, reste vide ; ce qui lui est accordé].

Chalamon (Antoine), consul du Cheylard, *Aps*, juill. 1620.

Chalamon (Sr François), consul de Viviers, *Aub.*, mai 1662 ; *le Ch.*, avr. 1663.

Chalamon (Sr Jean), consul de Viviers, *An.*, mai 1721.

Chalendar (Mr Me François de), lieutenant du bailli de Vivarais au siège royal de Villeneuve de Berc, comm. ord., *la V.*, 1614.

Chalendar, Sr **de Lambras** (Nob. Antoine de), [signe: *Lambras*], pour le consul de Largentière, *J.*, mai 1730,

Chalendar, Sr **de Lambras** (Nob. Joachim de), premier consul de Largentière, *St-P.*, avr. 1688.

[**Chalendar**] **de la Motte** (Nob. Anne de),, syndic général du pays de Languedoc, comm. pr., *la V.*, sept. 1626 ; *Viv.*, mars 1637 ; lieutenant général en la Chambre de Privas, comm. ord., *J.*, mai 1645.

[**Chalendar de**] **la Motte** (Mre Jean de), [signe : *Lamolle, v. g., baillif de Viviers*], Mre Jean de la Motte, vicaire et official général de Mgr l'Evêque de Viviers, pour le bailli de Viviers, *St-M. d'A.*, janv. 1696 ; *An.*, mars 1697 ; *Aub.*, mars 1698.

Chambarlhac, v. : Esclozas (Mr Me Pierre-Noé-Ange).

Chambaud (Me Claude), pour le consul du Cheylard, *Aub.*, fév. 1640 ; consul du Cheylard, janv. 1650 ; *le Ch.*, mars 1651 ; *Aub.*, juill. 1653 ; *la V.*, juin 1654 ; pour le consul du Cheylard, *T.*, avr. ; consul du Cheylard, juin

1655 ; *B. S. A.*, mai ; oct. 1656 ; *Aub.*, juill. 1657 ; *J.*, mai 1658 ; *V. de B.*, mars 1660.

Chambaud (Me Guillaume), consul de Viviers, *B. S. A.*, mai ; *Bagnols*, oct. ; *B. S. A.*, nov. 1621 ; janv. 1622.

Chambaud (Sr Ignace), consul du Cheylard, *Prad.*, mai 1672 ; pour le maire de Tournon, *le Ch.*, mars 1699.

Chambaud (Jean), consul de Rochemaure, *Viv.*, déc. 1601 (pour 1602).

Chambaud (Me Jean), notaire royal, consul du Cheylard, *St-P.*, avr. 1676 ; le même (?) que Sr Jean Chambaud, consul du Cheylard, *Prad.*, mai 1684 ; pour le maire de Boulogne, *le Ch.*, mars 1711.

Chambaud (Nob. Jean de), pour le consul du Cheylard, *B. S. A.*, fév. 1643 ; le même (?) que Me Jean Chambaud, consul du Cheylard, *P.*, janv. ; *B. S. A.*, déc. 1644.

Chambaud (Mr Me Pierre). consul du Cheylard, *V. de B.*, juill. 1647.

Chambeson, v. : Jeune et Tavernol.

Chambis, v. : Béraud (Mr Me Jean-Pierre).

Chambon, v. : Soubeyran de Saint-Prix (Claude et Hector de).

Chambon (Sr Alexandre), consul de Rochemaure, *P.*, fév. 1681.

Chambon (Me Antoine), consul de Tournon, *V. de B.*, fév. 1649 ; *Aub.*, janv. 1650 ; *la V.*, mai 1659.

Chambon (Sr Antoine), second consul de la ville de Viviers, *St-P.*, avr. 1664.

Chambon (Sr Claude), bourgeois, consul de Tournon, *le Ch.*, avr. 1675 ; le même (?) que Sr Claude Chambon, consul de Chalancon, *Prad.*, mai 1681 ; *Aub.*, avr. 1686 ; bourgeois de Tournon, consul de Chalancon, fév. 1689.

Chambon-Despenel (M. Alexandre Joseph), [signe : *Chambon-Despenel*], avocat en parlement, premier consul-maire de Rochemaure, *P.*, mai 1779 ; *L.*, mai 1780 ; Mr Alexandre Chambon d'Espenel, *T.*, mai 1781 ; *Aub.*, mai 1782 ; *An.*, mai 1783 ; *R.*, juin 1784 ; *L.*, mai 1785 ; *St-P.*, juin 1786 ; *Aub.*, juin 1787.

Chambonas, v. : La Garde de Chambonas.

Chames, v. : Fayn de Rochepierre (Nob. Joseph-Placide de), Rivière (Mr Me Jean *et autre* Mr Me Jean — , père et fils) et Roure de Chames.

Champanhet (Mr Me Christophe), le Sr Champagnet [C'est Christophe Champanhet, d'après sa signature, *Champanhet*, comparée à celle du procès-verbal de 1734] pour le consul de Boulogne, *T.*, mai 1723 ; Sr Christophe Champanhet, lieutenant de juge du lieu de Vals, pour le consul de Montlor, *St-P.*, mai 1724 ; Mr Me Christophe Champanhet, avocat et juge de Vals, pour le consul de Tournon, *Vo.*, mai 1734 ; pour le consul de Largentière, mars 1735 ; juge de Vals, pour le consul de Rochemaure, avr. 1737.

Champanhet (M. Etienne), premier consul de Boulogne, *P.*, mai 1767.

Champanhet (Mr François), Sr François Champanhet, pour le consul de Montlor, *Vc.*, mars 1735 ; Mr Me François Champanhet, médecin, pour le consul de Tournon, avr. 1737 ; M. François Champanhet, pour le bailli de Saint-Remèze ; *Aub.*, mai 1746 ; *L.*, mai 1756.

Champanhet (Mr Me Jean), Champagnet, [signe : *Champanhet*, d'après la copie des signatures], avocat, pour le bailli de Jaujac, *St-P.*, mai 1724 ; Champanhet, juge de Boulogne, pour le consul de Boulogne, *T.*, mai 1743.

Champanhet (Mr Me Louis), avocat en parlement, pour le maire de Joyeuse, *L.*, mai 1761 ; [pour le] maire de Pradelles, *Aub.*, mai 1763 ; M. Louis Champanhet, avocat en parlement, lieutenant de bailli de la baronnie d'Aubenas, pour le premier consul-maire d'Annonay, mai 1782 ; pour le premier consul-maire de Montlor, *An.*, mai 1783 ; *R.*, juin 1784.

Champanhet-Sargeas (Mr Me Louis) avocat en parlement, pour le consul d'Annonay, *Aub.*, mai 1775.

Champettier (Sr Jean), consul de Joyeuse, *Aub.*, juill. 1653 ; *la V.*, juin 1654.

Champfagot, v. : Guilhon de Champfagot.

Chanalettes, v. : Frévol de Chanalettes.

Chapellon, Sr **de la Bessée** (Mr Me Antoine), [signe : *Labessée*], avocat en parlement, consul de Saint-Agrève, *P.*, avr. 1717.

Chapoulier, v. : Bonlieu de Chapoulier, Loreille de Chapoulier et Riou de Chapoulier.

Chappial (Jean), consul du Cheylard, *L.*, janv. 1606.

Chappuis (Me Jean), deuxième consul de Viviers, *Aub.*, janv. 1650.

Chapuis (Mr Me Claude), docteur et avocat, consul d'Annonay, *le Ch.*, mai 1687.

Chapuis de Tourville (Mre Toussaint-Magloire), [signe : *Tourville*], lieutenant au régiment de Royal-Auvergne, pour le baile de la Gorce, *An.*, mai 1783.

Chapuis de Tourville, Sr du Preaux (Nob. Paul-Hilaire de), [signe : *Depreaux, Comre*] ancien capitaine d'infanterie, maire ancien de la ville de Viviers, [comm. ord. du Roi], *T.*, mai 1726 ; *V. de B.*, mai 1727.

Chapuis de Tourville, Sgr de Saint-Alban (Mre Pierre-Louis-Hilaire de), [signe : *Tourville*], premier consul de Viviers, comm. ord. du Roi, *L.*, mai 1768 ; *Ve.*, mai 1769 ; *Aub.*, mai 1770 ; premier ex-consul de Viviers, *An.*, mai 1771 ; premier consul-maire de Viviers, comm. ord. du Roi, *L.*, mai 1776; *T.*, mai 1777; *V. de B.*, mai 1778 ; *P.*, mai 1779 ; *L.*, mai 1780 ; *T.*, mai 1781; *Aub.*, mai 1782 ; *An.*, mai 1783 ; *R.*, juin 1784 ; *L.*, mai 1785 ; *St-P.*, juin 1786 ; *Aub.*, juin 1787 ; *B. S. A.*, juin 1788; Messire Pierre-Louis-Hilaire de Chapuis de Tourville, seigneur direct de **Berzème** et de Rochechauve (**Rochessauve**), second député de Viviers, *T.*, juin 1789.

Charaïs, v. : Gigord de la Rochette.

Chardon, v. : Serres de Chardon.

Charlias, v. : Boschet de Charlias.

Charlieu, v. : Boulieu de Charlieu.

Charpentier (Mr Louis-Nicolas), écuyer de Mgr l'Evêque de Viviers, pour le maire du Bourg Saint-Andéol, *le Ch.*, mars 1711.

Charpin (Sr Georges), consul de Rochemaure, *T.*, mars 1691.

Chassagniol, v. : Chassaniol.

Chassaignes, v. : Barthélemy de Laforest (M. François-Guillaume).

Chassaniol, Sr **de Solignac** (Sr Jean), Chassagniol [signe : *Chassaniol*], pour le consul de Chalancon, *le Ch.*, mai 1687.

Chassiers (La Motte —), v.: Hautvillar (Nob. Annet du).

Chastain ou Chastaing (Me Jacques), consul d'Annonay, *B. S. A.*, janv. ; mars 1616.

Chastanier [Roland], d'Aubenas, appelé extraordinairement, *Viv.*, juin 1603.

Chaste, v. : Clermont de Chaste.

Chaste ou Chastel (*N.*), signe le procès-verbal d'avr. 1686 à *Aub.* ; la liste de présence, incomplète, ne donne pas les noms des consuls d'Annonay, Tournon et Rochemaure.

Châteauneuf v. : Robert de Châteauneuf et Senneterre, marquis de Châteauneuf.

Chatte (Me Jacques), consul d'Annonay, *B. S. A.*, nov. 1621.

3

Chaud (Me Marcelin), consul de Viviers, comm. ord., *G. lès V.*, mars 1639.

Chaudru (Sr Antoine), consul du Bourg Saint-Andéol, *Aub.*, mai 1662 ; le même que Sr Antoine Chaudent, Sr du Vair, [signe : **Chaudru de Lers**], *la V.*, mars 1678.

Chaudru (Me Jean), consul du Bourg Saint-Andéol, *G. lès V.*, mars 1639 ; le même (?) que Sr Jean Chaudru, consul du Bourg Saint-Andéol, *la V.*, juin 1654 ; avr. 1666.

Chaulnes, v. : Fages de Chaulnes.

Chaulve (Me Pierre), consul de Rochemaure, *B. S. A.*, mars 1638.

Chaumeil, Chaumel v. : Chomel.

Chaunivesse, v. : Chenivesse.

Chautard (Sr Etienne), consul de Pradelles, *Ve.*, avr. 1707.

Chauvière (Sr Pierre), premier consul de Rochemaure, *J.*, mars 1682.

Chauvyère (Me Claude), consul de Rochemaure, *Viv.*, août 1628.

Chavailler (Sr Antoine), consul de Rochemaure, *B. S. A.*, mai ; oct. ; *V. de B.*, déc. 1656.

Chays (Mr Me Antoine), docteur en médecine, premier consul du Bourg Saint-Andéol, *St-P.*, avr. 1688.

Chays (Sr Joseph), bourgeois, consul du Bourg, *J.*, avr. 1718 ; Sr Joseph Chaix [signe : *Chays*], de la ville du Bourg Saint-Andéol, pour le consul de Tournon, *B. S. A.*, mai 1732.

Chazalet (Sr Pierre), consul moderne du Cheylard, *le Ch.*, avr. 1675 ; Sr Pierre Chazallet [signe : *Chazalet*], consul du Cheylard, *B. S. A.*, mai 1680.

Chazallet (Sr François), consul du Cheylard, *B. S. A.*, avr. 1688.

Chazallis, v. : Chezal.

Chenivesse (Pierre), Chaunivesse, consul de Viviers, *Viv.*, déc. 1631.

Chéry, v. : Chèze.

Chevalier, v. aussi : Chavailler.

Chevalier (Sr Emmanuel), consul de Rochemaure, *la V.*, fév. 1690 ; le même (?) que Sr Emmanuel Chevalier, [pour le] maire de Chalancon, *R.*, fév. 1702.

Chevalier de la Baulme, v. : La Baulme.

Chevalier de Montrond (Nob. Louis-Joseph-Clair), pour le premier consul-maire de Rochemaure, *B. S. A.*, juin 1788 ; noble Louis-Joseph-Clair Chevalier de Montrond, *T.*, juin 1789.

Cheylane, v. : Hautefort, Vte de Cheylane, etc. (René d').

Cheylar (Me Pierre), consul du Cheylard, *Viv.*, mars 1637.

Cheylus, v. : Fages de Rochemure de Cheylus.

Chezal (Me Simon), pour le châtelain de Saint-Remèze, avec procuration de M. de Saint-Brès, *J.*, mars 1618 ; Me Simon Chazallis, docteur ès-droits, pour le châtelain de Saint-Remèze, *P.*, janv. 1619.

Chèze (Sr Pierre), Chéry [sa signature paraît devoir être lue : *Chèze*], consul de Rochemaure, *la V.*, avr. 1666.

Chirols, v. : Giraud de Chirols.

Choizinet, v. : La Tour de Saint-Vidal, Mis de Choizinet.

Chomel (*N.*), signe le procès-verbal, peut-être comme consul d'Annonay, *V. de B.*, mars 1660.

Chomel (Mr *N.*), avocat en parlement, [pour le] consul de Viviers, *T.*, mai 1765.

Chomel (Mr Me François), Chaumeil, docteur en médecine, consul d'Annonay, *Viv.*, mars 1637 ; le même (?) que Me François Chomel, consul d'Annonay, *T.*, juill. 1642 ; Mr Me François Chaumel, docteur en médecine, pour le consul d'Annonay, *B. S. A.*, fév. 1643.

Chomel (Me Jean), Chaumeil, consul de Tournon, *An.*, janv. 1611.

Chomel (M. Siméon), Chomeil, consul d'Annonay, *St-P.*, mai 1774.

Choron (Me Antoine), procureur au bailliage d'Annonay, [pour le consul d'Annonay], avec procuration des consuls modernes d'Annonay, *T.*, janv. 1642.

Chouvet (Sr Jean-Baptiste), consul de Montlor, *J.*, avr. 1718.

Cizeron (Sr Laurent), Sizeron, Seziron, consul de Saint-Agrève, [c'est probablement Cizeron ; il aurait signé : *Ciceron*, d'après la copie des signatures], *V. de B.*, juill. 1647.

Cizeron (Me Pierre), consul de Saint-Agrève, *Aub.*, juin 1669 ; pour le consul de Saint-Agrève, *Viv.*, avr. 1671 ; notaire, etc., *An.*, avr. 1671 ; notaire royal, etc., *le Ch.*, avr. 1675.

Cizeron (Mr Me Pierre), avocat en parlement, pour le consul de Largentière, *T.*, mai 1731.

Clap (Du), v. : Fayon (Sr Jean-Claude).

Clauzel (M. Jean-Louis des), des Clauzels, pour le baile de la Gorce, *L.*, mai 1768 ; Mr Jean-Louis des Clauzel [signe : *Des Clauzel*], bailli de Saint-Remèze, *Aub.*, mai 1770 ; noble Jean Louis des Clauzels, pour le baile de la Gorce, mai 1772 ; M. Jean Louis Des Clauzel, pour le bailli de Saint-Remèze, mai 1773 ; noble Jean Louis des Clauzel, mai 1775 ; Mr Me Jean Louis des Clauzel, avocat en parlement, *V. de B.*, mai 1778 ; M. Jean-Louis des Clauzel, *L.*, mai 1780 ; Mre Jean-Louis d'Esclauzel, de Vallon, *T.*, mai 1781; Mre Jean-Louis Desclauzel, écuyer, présid. comme subrogé d' A.-J.-A. de Rochemaure (Rochemore) de Grille, comte de Saint-Remèze, etc., baron de tour à cause de sa baronnie de Saint-Remèze, *Aub.*, mai 1782.

Clavel (Me Charles), consul de Tournon, *B. S. A.*, janv. ; fév. ; sept. 1643 ; janv. 1644.

Clavel (Me Claude), consul de Pradelles, *Aub.*, fév. 1640.

Clavière, S^{gr} **de Saint-Romain** (Nob. Antoine-François de), pour le maire de Boulogne, *T.*, mars 1715.

Clavières, v. : Bollon du Fraisse.

Clermont, baron **de Chaste, Brion**, etc. (Mre Charles de), baron de tour comme baron de Brion, présid. *B. S. A.*, mars et juill. 1638.

Cluzeau de Chabreüil (Du), v. : Chabreüil.

Cluzel, v. : Goys, Sr du Cluzel (Nob. J. de).

Cluzel (M. *N.*), lieutenant de maire de Viviers, *T.*, mai 1777.

Cluzel (Me Jacques), notaire royal, pour le consul de Viviers, *An.*, janv. 1611 ; consul de Viviers, comm. ord., *B. S. A.*, juin 1617 ; mai 1621 ; *G. lès V.*, juin 1624 ; *Viv.*, sept. 1624 ; *T.*, fév. ; *Aub.*, juin et août ; *V. de B.*, oct. ; *B. S. A.*, oct. 1625 ; *Viv.*, fév. ; avr. ; mai ; 20 et 28 juin 1626 ; pour le consul de Largentière, *Viv.*, nov. 1627 ; le même (?) Jacques Cluzel, consul de Viviers, comm. ord., *la V.*, janv. 1641 ; Me Cluzel, *B. S. A.*, janv. ; sept. 1643 ; Me Jacques Cluzel, janv. 1644.

Cluzel (Sr Jacques), premier consul de Viviers, comm. ord., *B. S. A.*, fév. 1692 ; *P.*, mars 1693 ; *J.*, mars 1694 ; le même (?) que Sr Jacques Cluzel, juge de Viviers, maire de ladite ville, comm. ord. du Roi, *Vo.*, mars 1701 ; *R.*, fév. 1702 ; *T.*, mars 1703 ; *B. S. A.*, avr. 1704 ; *P.*, mars 1705 ; *J.*, mars 1706 ; *Ve.*, avr. 1707 ; *B. S. A.*, mars 1708 ; juge et maire-commis de la ville de Viviers, *le Ch.*, mars 1711 ; *St-P.*, avr. 1712 ; *Vo.*, avr. 1713 ; *T.*, mars 1714 ; mars 1715 ; *B. S. A.*, avr. 1716 ; Mr Me Jacques Cluzel, juge de la ville de Viviers, comm. pr., *P.*, avr. 1717 ; maire de Viviers, comm. ord. du Roi, *P.*, mai 1719 ; avocat, maire de Viviers, comm. ord. du Roi, *V. de B.*, mai 1720 ; Mr Me Jacques Cluzel, avocat en parlement, premier consul de la ville de Viviers, comm. ord. du Roi, *Sl-P.*, mai 1724 ; avocat, consul de Viviers, *Vo.*, mars 1735 ; comm. ord., *Sl-P.*, mai 1736; *Vo.*, avr. 1737 ; premier consul de Viviers, *T.*, mai 1738 ; avocat, juge de Viviers, pour le maire de Viviers, comm. ord., mai 1739.

Cluzel (Mr Me Jean-Louis), avocat en parlement, pour le baile de la Gorce, *B. S. A.*, mai 1758.

Cluzel (Me Laurent), consul de Viviers, *Viv.*, mars 1637 ; consul de Viviers, comm. ord., *B. S. A.*, fév. 1643.

Cluzel (Mre Paul-Hilaire), premier consul-maire de la ville de Viviers, comm. ord., *T.*, juin 1789.

Cluzel (Pierre), [consul] du Cheylard, *T.*, juillet 1634.

Cluzel d'Intras (Mr Me Joseph), bachelier ès-droits, député de Viviers, *L.*, mai 1776 ; avocat, second député de Viviers, *R.*, juin 1784.

Colomb (Mr Me Annet de), Sr Anne Colomb [signe : *de Colomb*], juge de la baronnie de Mayres, pour le bailli de Saint-Remèze, *An.*, avr. 1673 ; Mr Me Annet de Coulomb [même signature], docteur ès-droits, pour le consul de Montlor, *Aub.*, août 1674.

Colomb (Mr Me Christophe), v. : Colomb (Mr Me [Olivier]).

Colomb (Mr Me Jean), docteur ès-droits, lieutenant du bailli de Vivarais au siège royal d'Annonay et juge général des terres de M. de Tournon, subrogé du bailli de Tournon, *Viv.*, déc. 1601 (pour 1602) ; juge général des terres de M. de Tournon, pour le bailli de Tournon, *la V.*, mars 1604 ; *T.*, fév. 1605 ; *L.*, janv. 1606 ; *Viv.*, janv. 1607 ; *J.*, mai 1608.

Colomb (M^r M^e [Olivier]), docteur ès-droits, régent d'Aubenas, *T.*, juin 1627 ; Mr Me Christophe (*sic*) Colomb, régent d'Aubenas, *An.*, janv. 1636.

Colombier (le Sr Antoine), consul de Saint-Agrève, *le Ch.*, mars 1651.

Colombier (Me David), régent d'Aubenas, *B. S. A.*, fév. 1622.

Colombier, Sr de la Ginestière (Pierre), régent d'Aubenas, *Viv.*, janv. 1607 ; *B. S. A.*, mars 1616.

Colombier-le-Jeune, v. : Belin, S^gr de Colombier-le-jeune.

Colombier, S^gr de Saint-Didier (Nob. Jacques de), seigneur de Saint-Deydier, consul du Bourg Saint-Andéol, *Prad.*, mai 1684.

Colombier, Sr de Saint-Didier (Nob. Joseph de), sieur de Saint-Dydier, comm. pr., *la V.*, mai 1683.

Colombier-le-Vieux, v. : Robert de Châteauneuf du Molard (Nob. Saint-Ange),

Colonges, v. : [Ferrand-Teste] de la Motte.

Colonjon (Mr Gabriel), M^r [prénom en blanc] Colonjon, pour le consul d'Annonay, *Vo.*, mai 1734 ; le même (?) que M. Gabriel Colonjon, consul d'Annonay, *T.*, mai 1739 ; avocat en parlement, *P.*, mai 1740.

Colonjon (Mr Me Gabriel-Gilbert de), conseiller du Roi, lieutenant criminel en la sénéchaussée royale de Vivarais séante à Annonay, comm. ord., *An.*, mai 1783.

Combaluzier (Me Pierre), consul du Bourg Saint-Andéol, *B. S. A.*, mars 1616.

Combaluzier (Sr Simon), consul du Bourg Saint-Andéol, *T.*, avr. 1655 ; *B. S. A.*, avr. 1668.

Combe (Me Isaac), consul de Privas, *Viv.*, déc. 1601 (pour 1602).

Combe (Me Jacques), notaire, consul de Privas, *B. S. A:*, mars 1616. [Il faut peut-être corriger : Comte. Voir : Comte (Me Jacques).]

Combe (Sr Jacques), consul de Rochemaure, *la V.*, mai 1659.

Combe (Pierre), consul de Rochemaure, *B. S. A.*, mai 1621.

Combe (Sr Pierre), consul de Rochemaure, *St-P.*, avr. 1688.

Combedimanche (le S^r), Combedemenge, consul de Tournon, *G. lès V.* mars 1639.

Combedimanche (Mr Me Mathieu de), avocat en parlement, premier consul de Tournon, *B. S. A.*, mai 1680.

Combes, v. : Bruteillon de Combes, Fournier des Combes et Gasque de Combes.

Combier-Barrez (Mr Jean-Jacques-Antoine), de Privas, pour le maire de Montlor, *Ve.*, mai 1757.

Combiés, v. : Merle (Mre Joseph-François de).

Comte (Me Jacques), notaire royal, consul de Privas, reçu sous condition de présenter les lettres d'abolition accordées aux habitants de Privas, *la V.*, sept. 1626 ; consul de Privas, *T.*, juin 1627. [voir : Combe (Mr Jacques).]

Comte (Nob. Louis de), premier consul de Largentière, *T.*, mai 1679.

Comte, chevalier **d'Aubusson** (Mre Joseph-François de) lieutenant-colonel du régiment des Grenadiers royaux de Picardie, pour le bailli de la Voulte, *B. S. A.*, juin 1788.

Comte, S^gr **de Tauriers** (Nob. Jean-Louis), bailli de Joyeuse, *V. de B.*, mai 1754 ; le même (?) que Mre Louis de Comte, seigneur de Tauriers, chevalier de l'ordre royal et militaire de Saint Louis, capitaine dans le régiment de Rohan-Rochefort, [bailli de Joyeuse], *An.*, mai 1759 ; bailli de Joyeuse, *Aub.*, mai 1760 ; *L.*, mai 1761 ; Mre Louis Le Comte, etc., *St-P.*, mai 1761.

Comte de Tauriers (Nob. Jean-Louis-Charles-Antoine de), [signe : *le chevalier de Tauriers*] noble Antoine de Comte, chevalier de Tauriers, capitaine d'infanterie dans le régiment de Poitou, chevalier de l'ordre royal et militaire de Saint Louis, bailli de la Voulte, *Aub.*, mai 1763 ; présid. comme subrogé de Ch. de Rohan, pair et maréchal de France, etc., baron et comte de la Voulte, *L.*, mai 1764 ; noble Charles de Comte, chevalier de Tauriers, capitaine de grenadiers dans le régiment de Poitou, chevalier de l'ordre royal et militaire de Saint Louis, bailli de la Voulte, *Aub.*, mai 1772 ; noble Antoine de Comte,

chevalier de Tauriers, capitaine d'infanterie dans le régiment de Poitou, chevalier de l'ordre royal et militaire
de Saint-Louis, présid. comme subrogé de Ch. de Rohan,
prince de Soubise, etc., baron et comte de la Voulte, *L.*,
mai 1776 ; bailli de la Voulte, *V. de B.*, mai 1778 ; *P.*,
mai 1779 ; *L.*, mai 1780 ; *Aub.*, mai 1782 ; Messire Charles-
Antoine de Comte, chevalier de Tauriers, ancien major
d'infanterie, chevalier de l'ordre royal et militaire de
Saint-Louis, *An.*, mai 1783 ; bailli d'épée de la Voulte,
R., juin 1784 ; *L.*, mai 1785 ; *Aub.*, juin 1787 ; présid.
comme subrogé de la baronnie de la Voulte, *B. S. A.*,
juin 1788 ; bailli d'épée de la baronnie de la Voulte, *T.*,
juin 1789.

Comte de Tauriers (Nob. Louis-Joseph de), [signe :
Tauriers], [pour le] bailli de Joyeuse, *St-P.*, avr. 1712 ;
noble Louis-Joseph de Comte, seigneur de Tauriers et
Chalabrèges, reçu en survivance de la charge de bailli
de Joyeuse, *Vo.*, mars 1713; *T.*, mars 1714 ; bailli de
Joyeuse, *B. S. A.*, avr. 1716 ; noble Joseph-Louis, *P.*,
avr. 1717 ; noble Louis-Joseph, présid. comme subrogé
d'A. de Lorraine, duchesse et baronne de Joyeuse, et
comm. pr., *J.*, avr. 1718 ; bailli de Joyeuse, *P.*, mai 1719 ;
V. de B., mai 1720 ; *An.*, mai 1721 ; *T.*, mai 1723 ; *St-P.*,
mai 1724 ; *Aub.*, mai 1725 ; *T.*, mai 1726 ; *V. de B.*, mai
1727 ; *P.*, mai 1729 ; présid. comme subrogé de B. de
Lorraine, abbesse de Remiremont, dame duchesse de
Joyeuse, et comm. pr., *J.*, mai 1730 ; bailli de Joyeuse,
T., mai 1731 ; *B. S. A.*, mai 1732 ; *An.*, mai 1733; *Vo.*,
mai 1734.

Comte, S^{gr} de Tauriers et **Chalabrèges**, cos^{gr} de
Saint-Montan (Nob. Louis), Mr Compte, bailli de Joyeuse,

Ve., avr. 1707 ; noble Louis Comte, S^gr de Tauriers et Chalabrèges, Cos^gr de Saint-Montan, bailli et sénéchal du duché de Joyeuse, *B. S. A.*, mars 1708 ; noble Louis Comte, S^gr de Tauriers, bailli de Joyeuse, *An.*, mars 1709 ; *Aub.*, mars 1710 ; *le Ch.*, mars 1711.

Conches (Me Paul de), consul de Privas, *T.*, fév. 1615.

Conches (Mr Me René de), [signe : *Deconches*] Mr Me René Deconchis, docteur et avocat, bailli de Privas, *Vo.*, mars 1701 ; Mr Me René de Conchis, *R.*, fév. 1702 ; [de] Conches, maire de Boulogne, *T.*, mars 1703 ; Deconchis, *B. S. A.*, avr. 1704 ; Deconches, pour le bailli de Privas, *P.*, mars 1705 ; maire de Boulogne, *J.*, mars 1706 ; sieur Reinet de Conches, maire de Privas et de Boulogne, *B. S. A.*, mars 1708 ; Mr Me René de Conches, conseiller du Roi, maire de Boulogne, *Aub.*, mars 1710 ; Mr Me René de Conches, maire de Boulogne, *Vo.*, mars 1713 ; pour le maire de Boulogne, *P.*, avr. 1717 ; *J.*, avr. 1718 ; pour le consul de Viviers, avec procuration de la ville, *P.*, mai 1719.

Concoules, v. : Fages de Concoules.

Conilh (Sr Pierre), [signe : *Conilh*] Conil, bourgeois, consul de Saint-Agrève, *B. S. A.*, mai 1680 ; Conilz, *P.*, fév. 1681.

Cornas, v. : [Ferrand-] Teste de la Motte, baron de Cornas.

Corneillac, v. : Bouschet de Corneillac.

Cornet (Mr Me Jacques), avocat en parlement, pour le consul de Rochemaure, *Vo.*, mai 1734 ; pour le maire de Rochemaure, *T.*, mai 1739 ; maire de Rochemaure, mai 1743 ; *P.*, mai 1744 ; *An.*, mai 1745 ; *Aub.*, mai 1746 ; *la V.*, mai 1753 ; *V. de B.*, mai 1754 ; mai 1755 ; *L.*, mai 1756 ; conseiller du Roi, maire de Rochemaure, *Ve.*, mai 1757 ; maire de Rochemaure, *B. S. A.*, mai 1758 ; *An.*, mai 1759 ; *Aub.*, mai 1760 ; *L.*, mai 1761 ; *St-P.*, mai 1762 ; *Aub.*, mai 1763 ; *L.*, mai 1764 ; *T.*, mai 1765 ; *V. de B.*, mai 1766 ; avocat en parlement, premier consul de Rochemaure, *P.*, mai 1767 ; *L.*, mai 1768 ; *Ve.*, mai 1769 ; *Aub.*, mai 1770 ; *An.*, mai 1771 ; *Aub.*, mai 1772 ; avocat en parlement, pour le maire de Pradelles, mai 1773 ; pour le bailli de la Voulte, *St-P.*, mai 1774 ; pour le maire de Pradelles, *Aub.*, mai 1775 ; avocat en parlement, premier consul-maire de Rochemaure, *L.*, mai 1776 ; *T.*, mai 1777 ; [pour le] bayle de Pradelles, *V. de B.*, mai 1778 ; *P.*, mai 1779 ; *L.*, mai 1780 ; *T.*, mai 1781.

Cornet-Duzilliac (M. Jean-Baptiste), pour le premier consul-maire de Rochemaure, *V. de B.*, mai 1778.

Cortial (Me Pierre), consul du Cheylard, *J.*, mars 1618 ; *P.*, janv. 1619. [v. : Courtier.]

Coste-Foron, v. : Foron.

Coste-Foron (Mr Me Michel), [signe : *Foron*], Mr Me Michel Coste-Foront, avocat en parlement, premier consul de Tournon, *Aub.*, mai 1725.

Couhert du Vernet (Mr Me Henri-Zacharie), avocat en parlement, baile de Pradelles, *An.*, mai 1783 ; bailli de Viverols et baile de Pradelles, *Aub.*, mai 1787.

Coulet (Andéol), consul de Viviers, *T.*, juillet 1634.

Coulonges, v. : [Ferrand-] Teste de la Motte.

Coupa (Me Guillaume), procureur au bailliage d'Annonay, consul d'Annonay, *T.*, mai 1679.

Courbis (Sr Jean), pour le consul de Saint-Agrève, *Aub.*, janv. 1650.

Courtial (Sr Pierre), notaire, consul du Cheylard, *le Ch.*, mai 1687.

Courtier (Pierre), consul du Cheylard, *B. S. A.*, juin 1617. [Voir : Cortial.]

Courtiol (Sr Sébastien), consul de Rochemaure, *Aub.*, mai 1662.

Courty (Me Joseph), procureur d'office du marquisat d'Annonay, pour le consul de Largentière, *An.*, mai 1733.

Cousignac, v. : Serre (Nob. Aymard de) et Serre de Saint-Marcel (M. Joseph-Sébastien de).

Coussac (Le), v. : Barthélemy de Laforest (M. François-Guillaume).

Coutau (Sr Jacques), consul de Tournon, *Aub.*, juill. 1657.

Craux, v. : Tavernol et Ucel.

Crespin (Me Simon-Pierre), notaire royal, consul de Privas, *P.*, avr. 1612.

Crespon (Sr Mathieu), [signe : *Crespon*] Crespons, bourgeois, consul d'Annonay, *J.*, avr. 1718.

Cros (Du), v. : Montbel, Sr du Cros (Nob. Pierre de) et Taulamesse-Prinsard-Ducros.

Crouile d'Harcourt (Mre Henri de), présid. comme subrogé de A.-H.-Ch. de Lorraine, prince d'Harcourt, etc., baron et comte de Saint-Remèze, *Aub.*, mars 1698.

Crouppier (Me Jean), consul d'Annonay, *Aub.*, juill. 1653.

Crouzet (Mr Me André-Ange), maire alternatif de Tournon, *la V.*, mai 1753.

Crouzet (Mr Me Claude), consul de Viviers, comm. ord., *T.*, juill. 1634.

Crouzet (Mr Me François), docteur ès-droits, consul de Viviers, comm. ord., *V. de B.*, fév. ; *B. S. A.*, mars 1638.

Crouzet (Me Gabriel), consul de Viviers, comm. ord., *L.*, janv. 1606.

Crouzet (Sr Guillaume), consul de Rochemaure, *Aub.*, juin et probablement *Viv.*, juill. 1674.

Crouzet (Me Louis), notaire royal, consul de Viviers, comm. ord., *Viv.*, janv. 1607 ; consul de Viviers, *T.*, fév. 1609.

Crouzet (Sr Pierre), [signe : *Crouzel*] consul de Saint-Agrève, *P.*, mars 1693 ; *J.*, mars 1694 ; bourgeois, consul de Saint-Agrève, *P.*, mars 1695 ; Mr Me Pierre Crouzet, conseiller du Roi et maire de Saint-Agrève, *An.*, mars 1697 ; Mr Me Pierre Crouset, maire de Saint-Agrève, *Aub.*, mars 1698 ; *le Ch..* mars 1699 ; Crouzet, *St-P.*, mars 1700.

Crouzet de Flossac, v. : Flossac (M[r] Me Pierre-Jean-Joseph [Crouzet] de).

Cubières, Sr **de Pouzillac** (Nob. Jean de), bailli de Chalancon, *J* , avr. 1633 ; présid. comme subrogé du comte de Tournon, *T*., juill. 1634.

Cuchet, v. : Massis.

D

Dagallier, v. : Gallier.

Daisac, v. : Aisac (d') et Daysac.

Dalamel, v. : Alamel.

Dalen (Jacques), consul de Viviers, comm. ord. *T.*, fév. 1609.

Dallez (Mr Me Jean), docteur ès-droits, consul d'Annonay, *T.*, avr. 1667.

Dangerès, v. : Angerès du Gua.

Darbon (Me François), consul de Viviers, comm. ord., *la V.*, mars 1604.

Darbres, v. : Bernard de Saint-Arcons.

Darlin (Nob. Antoine), [signe : *Darlin*] pour le bailli d'Aps, *Aub.*, avr. 1686.

Darnaud (Mr Me Paul), avocat en parlement, pour le consul de Boulogne, *P.*, mai 1744.

Darnoux, S^{gr} **de Liviers** (Nob. Alexandre), [signe : *Liviers*], pour le bailli de Crussol, *St-P.*, mai 1724 ; pour le consul de Joyeuse, mai 1736.

Dautefort et **Dauthefort**, v. : Hautefort.

Daysac (Me Jean), consul de Largentière, *Aub.*, juin 1625.

Dayzac, . : Aisac.

Dazy (Mr Me Antoine), docteur ès-droits, consul de Tournon, *Aub.*, mai 1662.

Dazy (Mr Louis), bourgeois, premier consul de Tournon, *An.*, mai 1721.

Degallier, v. : Gallier.

Degors, v. aussi : Gors (de).

Degors (Mr Jean), conseiller du Roi, lieutenant de maire de la ville de Lavaur, comm. pr., *L*, mai 1764. [Les noms des commissaires principaux n'ont été relevés que lorsqu'il s'agissait de personnages vivarois ; pour M. J. Degors, on peut seulement présumer qu'il avait un lien de parenté avec les Degors, du Pont Saint-Esprit et de Viviers.]

Degors (Sr Olivier), premier consul de Viviers, comm. ord., *V. de B.*, mars 1660 ; notaire royal, greffier de l'Officialité, consul de Viviers, *T.*, mai 1679 ; premier consul de Viviers, comm. ord., *P.*, fév. 1681.

Degranges (*N*). Cette signature se trouve, en copie, à la fin du procès-verbal de *la V.*. juill. 1648 ; c'est peut-être celle d'Alexandre de Lagrange.

Delabre (Antoine), pour le consul du Cheylard, *B. S. A.*, fév. 1622.

Delacourt (Sr Pierre), ancien capitaine, pour le maire du Bourg Saint-Andéol, *Vo.*, mars 1701.

Delatour, v. : La Tour (Sr Jean de).

Delaigue (Sr Jacques), de Laigue, consul de Rochemaure, *An.*, avr. 1685.

Delaygues (Sr Honoré), premier consul de Rochemaure, *T.*, mai 1726 ; *V. de B.*, mai 1727.

Deleuze (le S^r), consul de Joyeuse, *V. de B.*, mars 1660.

Deleuze (Me François), consul de Joyeuse, *P.*, ·janv. 1619.

Deleuze (Me Guillaume), avocat, consul de Largentière, *Viv.*, fév. 1635.

Deleuze (le Sr Guillaume), médecin, consul vieux de Largentière, *P.*, mars ; bachelier en la faculté de médecine, *Aub.*, juin ; *Sl-P.*, août 1652.

Delhomme (Me François), v. : Lhoulme (Me François de).

Delhomme ou de Lhomme (le Sr Jean), consul de Viviers, comm. ord., *P.*, janv. 1619 ; consul de Viviers, *la V.*, mars 1623.

Delhosme, v. : Lhosme.

Delhoulme (Me François), v. : Lhoulme (Me François de).

Delière (Mr Me Charles), Delierre, docteur ès-droits, régent d'Aubenas, *Viv.*, fév. 1635.

Delière (Mr Me Joachim), avocat en parlement, pour le consul de Boulogne, *V. de B.*, mai 1727.

Deligans (Sr Benoit), [signe : *Deligans*] Diligans, consul de Pradelles, *B. S. A.*, avr. 1704.

Deloche, v. Loche (de).

Deméure (Me Claude), consul d'Annonay, *An.*, janv. 1636.

Demeure (Me Jacques), [signe : *Demeure*] De Mure, docteur et avocat, pour le consul d'Annonay, *la V.*, juin 1654 ; le même (?) que Me Jacques de Maire, consul d'Annonay, *Aub.*, mai 1665 ; Mr Me Jacques de Meure, docteur ès-droits, pour le consul d'Annonay, *Prad.*, mai 1672 ; docteur ès-droits, avocat en parlement, lieutenant en la cour ordinaire de la ville et marquisat d'Annonay, premier consul d'Annonay, *la V.*, mai 1683 ; avocat en parlement, consul d'Annonay, *P.*, mars 1693.

Demontel, v. : Monteils (Mr Me Charles-Louis de).

Demontel (Mr Me Joseph), [signe : *Demontel*] Dumonteil, avocat en parlement, pour le maire du Bourg Saint-Andéol, *P.*, avr. 1717 ; comm. pr., mai 1719 ; nommé secrétaire et greffier des Etats particuliers et Assemblée du pays de Vivarais, *P.*, mai 1719 et sessions suivantes jusqu'à celle d'*Aub.*, mai 1746, inclusivement ; bailli en titre de Saint-Remèze, *T.*, mai 1731, et continue à entrer aux Etats comme greffier ; syndic de Vivarais, *la V.*, mai 1753 ; appelé seigneur de **Bours** et **Larnas**, bailli de Saint-Remèze, syndic et comm. pr., *la V.*, mai

1753 ; *V. de B.*, mai 1754 ; syndic, *V. de B.*, mai 1755 et sessions suivantes jusqu'à celle de *St-P.*, mai 1762, inclusivement.

Derocles (Sr Jean), marchand, bourgeois, pour le consul de Largentière, *T.*, mars 1691 ; Sr Jean Derocles, consul de Largentière, *P.*, mars 1693 ; bourgeois, consul de Largentière, *J.*, mai 1694.

Des Armes, v. : Armes (des).

Des Aymars, v. : Aymars (des).

Desclauzel, v. : Clauzel (des).

Des Hières, v. : Hières (des).

Despenel, v. : Chambon-Despenel.

Desserre et Desserres (*N.*). consul de Joyeuse, *T.*, janv. ; juill. 1642.

Desserres, v. : Serres (des).

Desserres, signe le procès-verbal à *Aub.*, oct. 1650. (Peut-être Sr Pierre du Serre, régent d'Aubenas, présent à la réunion précédente, au mois de mars, à Aubenas).

Desserres (M^e), [le prénom en blanc], consul de Joyeuse, *T.*, juill. 1642.

Desserres (M^r M^e), [le prénom en blanc] juge de la baronnie et comté de Saint-Remèze, *B. S. A.*, oct. 1656.

Desserres (Nob. Aymard), v. : Serre (Nob. Aymard de).

Desserres (Mᵉ Jean), pour le bailli de Joyeuse, le Sʳ Jean Rivière, juge-mage du duché de Joyeuse, qui avait droit d'entrée en l'absence du bailli, ayant déclaré vouloir entrer comme bailli de Saint-Remèze, place qui lui appartenait en chef, *Viv.*, mars 1649. [Il faut probablement corriger : du Serre]

Desserres (Mʳ Mᵉ Pierre), v. : Serre de la Rochette (Mᵉ Pierre du).

Dessus (Sʳ Etienne), consul de Rochemaure, *Aub.*, fév. 1689.

Devès, v. : Ripert du Devès.

Devès (Sʳ Olivier), [signe : *Devès*] Devez, pour le consul de Boulogne, *Prad.*, mai 1672.

Deydé, Sʳ **de Lestaing** (Nob. Hugues), pour le bailli de Privas, avec procuration du marquis de Châteauneuf, *Aub.*, fév. 1640.

Deydier (Sʳ Henry), pour le bailli de Boulogne, *P.*, avr. 1717 ; Sʳ Henry Deydier, bourgeois, mai 1729.

Deydier (Sʳ Jacques), avocat, bailli de Boulogne, *le Ch.*, mars 1711 ; *St-P.*, avr. 1712 ; Mʳ Mᵉ Jacques Deydier, avocat en parlement, *Vo.*, mars 1713 ; *T.*, mars 1714 ; mars 1715 ; *B. S. A.*, avr. 1716 ; présid. comme subrogé d'A.-C. de Crussol de Florensac, propriétaire de la baronnie de Boulogne, *P.*, avr. 1717 ; bailli de Boulogne, *J.*, avr. 1718 ; *P.*, mai 1719 ; *V. de B.*, mai 1720 ; *An.*, mai 1721 ; *Vo.*, mai 1722 ; *B.*, mai 1723 ; *St-P.*, mai 1724 ; *Aub.*, mai 1725 ; *T.*, mai 1726 ; *V. de B.*, mai 1727 ; présid. comme subrogé d'A.-L. du Plessis de Richelieu, comte d'Agenais, etc. baron de Boulogne, *P.*, mai 1729 ; bailli de Boulogne, *J.*, mai 1730 ; *T.*, mai 1731 ; *B. S. A.*, mai 1732.

Digoine (Nob. François-Joseph de), écuyer, ancien capitaine d'infanterie, premier consul du Bourg Saint-Andéol, *Ve.*, mai 1769.

Digoine (M. Jean-Agathange, chevalier de), capitaine d'infanterie dans le régiment de Penthièvre, chevalier de Saint-Louis, premier consul du Bourg Saint-Andéol, *Aub.*, mai 1772.

Digoine (Nob. Jean-Antoine de), noble Jean-Antoine de Digonya, consul du Bourg Saint-Andéol, *P.*, janv. 1619 ; *la V.*, mars 1623.

Digoine (Mr Me Jean-Baptiste), Mr Me de Gouys, *alias* Vigognac, docteur ès-droits, consul du Bourg Saint-Andéol, *An.*, janv. 1636 [Jean-Baptiste Digoine était consul du Bourg en 1636 (Communication de M. Robert Labrély, conservateur des Archives du Bourg Saint-Andéol)] ; Mr Me Jean-Baptiste Digonia, juge général des terres de Mgr l'Evêque, pour le bailli de Largentière, *B. S. A.*, janv. ; Mr Me Jean-Baptiste Digoine, pour le bailli de Largentière, févr. ; Digonia, sept. 1643.

Dijon (Mr Me Claude), avocat en parlement, pour le baile de la Gorce, *T.*, mai 1723 ; premier consul de Tournon, mai 1731.

Dijon (Sr François-Benjamin), pour le maire de Montlor, *T.*, mai 1731.

Dodin (Mr Me Pierre), docteur ès-droits, consul d'Annonay, *la V.*, mars 1623 ; Mr Me Pierre Dodin, docteur ès-droits, conseiller du Roi et son juge conservateur des Equivalents en Vivarais, pour le consul d'Annonay, *T.*, juill. 1634.

Doise et Doize, v. aussi : Doyse et Doyze.

Doize (Henri), consul du Bourg Saint-Andéol, *la V.*, mars 1610.

Doize, S^{gr} de Vinsobres (Nob. Jean-François), syndic de Vivarais, *Aub.*, mai 1725, offre sa démission dans la même session et est nommé syndic honoraire ; entre comme syndic honoraire, *Vo.*, mai 1734. [Signe : *Doize de Vinsobre, sindic honoraire*] — C'est peut-être le même que Mr Me François Doyze ; v. plus bas.

Dolezon (Me Jean), docteur ès-droits, consul d'Annonay, *B. S. A.*, juin 1617.

Donnon ou Dounon (Me Pierre, consul de Rochemaure, *Aub.*, mai 1646.

Donzeran, v. : Benistan de Beaupré.

Dornas, v. Plantier (M. Mathieu).

Dounon ou Donnon (Me Pierre), consul de Rochemaure, *Aub.*, mai 1646.

Dousson (Me Mathieu), consul du Cheylard, *An.*, janv. 1611 ; *P.*, avr. 1612 ; notaire royal, consul du Cheylard, *Aub.*, janv. 1613 ; *la V.*, fév. 1614 ; *B. S. A.*, mars 1616.

Doyse et Doyze, v. aussi : Doize.

Doyse (Me Pierre), consul de Viviers, *Viv.*, déc. 1600 (pour 1601).

Doyze (Mr Me François) ancien capitaine d'infanterie, pour le bailli de Brion, *B. S. A.*, avr. 1716 [la liste de présence porte : *Doize* et la copie des signatures : *Doyse*] ; noble François Doise, seigneur **de Vinsobres**, consul du Bourg Saint-Andéol, *T.*, mai 1723 [Signature originale : *Doyze.*]

Dozeron, v. : Bénistan de Beaupré.

Drivet (Mr Jean), consul du Bourg Saint-Andéol, *Aub.*, fév. 1640.

Drivet (Mr Me Joachim-Joseph), consul du Bourg Saint-Andéol, *Viv.*, avr. 1671 ; le même (?) que Mr Me Joachim Drivet, docteur ès-droits, consul du Bourg Saint-Andéol, *St-M. d'A.*, janv. 1696.

Drivet (Me Noé), consul du Bourg Saint-Andéol , *B. S. A.*, fév. ; avr. ; oct. 1622.

Drivet de Ladernade (M. Joachim-Louis), premier consul du Bourg Saint-Andéol, *P.*, mai 1767.

Duc (Sr Guillaume), consul de Viviers, comm. ord., *la V.*, fév. 1614 ; envoyé pour le consul de Viviers, comm. ord., *T.*, fév. 1615.

Ducros, v. : Taulamesse-Prinsard-Ducros.

Ducros (M. Jean), lieutenant de maire de Montlor, *T.*, mai 1738 ; mai 1739 ; lieutenant de maire de la ville d'Aubenas et Montlor, *P.*, mai 1740 ; *T.*, mai 1743 ; *Aub.*, mai 1746.

Ducros (M. Jean), premier consul de Viviers en exercice, *St-P.*, mai 1762 ; *Aub.*, mai 1763 ; consul de Viviers, *P.*, mai 1767.

Dufaure, v. : Faure.

Dufaÿ, v. : Sanial-Dufaÿ.

Dufour (Sr Pierre), consul d'Annonay, *Viv.*, avr. 1671.

Dugrail, v. : Grail (*N.* du).

Dumaine (Me Pierre), maire de Tournon, *T.*, mai 1777 ; premier consul-maire de Tournon, mai 1781 ; *Aub.*, mai 1782 ; *An.*, mai 1783.

Dumas (Mr Me Jean-Pierre), avocat en parlement, juge d'Aubenas, député de Montlor, *Aub.*, mai 1773 ; juge des baronnies d'Aubenas, Vogüé, Balazuc et leurs dépendances, pour le bailli de Montlor, mai 1775 ; premier consul-maire de Montlor, *L.*, mai 1776 ; avocat en parlement, maire de Montlor, *V. de B.*, mai 1778 ; député de Montlor, *P.*, mai 1779 ; maire premier consul de Montlor, *L.*, mai 1780 ; pour premier consul-maire de Montlor, *T.*, mai 1781 ; *Aub.*, mai 1782 ; juge et bailli de robe longue des baronnies d'Aubenas, Vogüé, Balazuc et leurs dépendances, secrétaire-greffier par intérim des Etats particuliers de Vivarais, *An.*, mai 1783 ; nommé, à l'unanimité, secrétaire-greffier, *R.*, juin 1784 : présent, à ce titre, à toutes les sessions jusqu'à la dernière (*T.*, juin 1789) inclusivement.

Dumas (Mr Me Henry), pour le bailli de Vogüé, *Aub.*, juin 1787 ; bachelier ès-droits, pour le bailli de Montlor, *T.*, juin 1789.

Dumas (Me Pierre), notaire royal gradué, pour le maire de Pradelles, *L.*, mai 1761.

Dumas (Mr Me Pierre), docteur ès-droits, pour le bailli de Privas, *Aub.*, mai 1646 ; Mr Me Pierre Du Mas, docteur ès-droits, subrogé par M. de la Pimpie pour le bailli de la Voulte, *Aub.*, juill. 1653.

Dumas (Mr Me Pierre), le Sr Dumas, reçu comme consul du Bourg Saint-Andéol avec procuration du comte de Chambonas, propriétaire de l'office de maire de ladite ville, *Aub.*, mai 1725 ; Mr Me Pierre Dumas, avocat, maire commis de la ville du Bourg, *T.*, mai 1726.

Dumas-Foureau, v. : Masfoureau.

Dupont, v. : Pont (du).

Dupont (M. Henri-Louis), officier d'infanterie, pour le premier consul-maire de Largentière, *St-P.*, juin 1786 ; [pour le] premier consul de Largentière, *Aub.*, juin 1787.

Duportal (M. Benoit), avocat au parlement de Paris, baile de Pradelles, *Aub.*, mai 1770.

Duportal de la Bidousse, v. : Portal de la Bidousse.

Dupré (M. Jacques-Louis-François), pour le bailli de Crussol, *St-P.*, juin 1786.

Dupré de Pierremalle (Mr Me Pierre-Antoine), avocat en parlement, bailli de Crussol, *T.*, mai 1777 ; *V. de B.*, mai 1778 ; *P.*, mai 1779 ; *L.*, mai 1780 ; *T.*, mai 1781 ; *Aub.*, mai 1782 ; *An.*, mai 1783 ; *R.*, juin 1784 ; *L.*, mai 1785 ; Dupré de Pierre-Malle, présid. comme subrogé du duc d'Uzès, *St-P.*, juin 1786 ; Dupré de Peyremale, bailli de Crussol, *Aub.*, juin 1787 ; Dupré de Pierremale, *B. S. A.*, juin 1788 ; Dupré de Pierremalle, *T.*, juin 1789.

Dupui (Mre Louis Balthazar), [signe : *Dupui*] Dupuy, prêtre, prieur–curé de Saint-Laurent-des-Bains, grand vicaire de l'Evêque de Viviers, pour le bailli de Viviers, *B. S. A.*, mars 1708 ; Dupui, *An.*, mars 1709 ; *Aub.*, mars 1710 ; *le Ch.*, mars 1711 ; *St-P.*, avr. 1712.

Dupuy (Sr Bernard), consul de Viviers, *V. de B.*, juill. 1647.

Dupuy (Me Louis), notaire royal, consul de Joyeuse, *J.*, mai 1645.

Dupuy (Sr Pierre), docteur et avocat, consul de Viviers, *T.*, mars 1703 ; *B. S. A.*, avr. 1704.

Durand (Sr Jean), second consul de Viviers, *J.*, mai 1658.

Durands (Antoine des), consul de Saint-Agrève, *la V.*, mars 1604.

Durein, v. : Hilaire-Durein.

Duret (M. Charles-Louis), docteur en médecine, premier consul d'Annonay, *L.*, mai 1768 ; *Aub.*, mai 1770.

Durtal, v. : Bouvier de Montmeyran et [Ferrand-Teste] de la Motte.

Duserre, v. : Serre (du).

Duserre (*N.*), signe le procès-verbal de *P.*, mars 1695 et ne figure pas dans la liste de présence.

Duserre (Mr Me Jacques-Simon), Mr Me Jacques Simon Duserre, avocat en parlement de Toulouse, juge général des comtés de Tournon et Albon, pour le bailli de Chalancon, [signe : *Duserre*], *Aub.*, mai 1763 ; Mr Me Duserre, avocat en parlement, juge et maire de Tournon, *T.*, mai 1765 ; *V. de B.*, mai 1766.

Dussargues, S^gr **de Planzoles** (Nob. Jean-Christophe), pour le bailli d'Aubenas, *L.*, mai 1785.

Dussault de Saint-Montan (Nob. Louis-Michel), chevalier de l'ordre militaire de Saint-Louis, lieutenant-colonel d'infanterie, [pour le] bailli d'Annonay, [signe : *Saint-Montan*], *Vo.*, mai 1722.

Dussere (*N.*), signe le procès-verbal de *St-P.*, avr. 1712, et ne figure pas dans la liste de présence.

Dusserre (*N.*), sa signature (en copie) se trouve à la fin du procès-verbal de *V. de B.*, mars 1660, mais il ne figure pas dans la liste de présence. — V. : Serre (Mr Me Jacques du).

Duthor, v. aussi : Tor (du).

Duthor (Mr Me Jean), Duthort, docteur ès-droits, de Pradelles, pour le bailli d'Aps, [signe : *Duthort*], *Viv.*, avr. 1671 ; le même (?) que Sr Jean Duthor, baile de Pradelles, [signe : *Duthor*], *Aub.*, avr. 1686 ; Ducthor, *le Ch.*, mai 1687 ; Duthor, *St-P.*, avr. 1688 ; *Aub.*, fév. 1689 ; *la V.*, fév. 1690 ; *T.*, mars 1691 ; *B. S. A.*, fév. 1692 ; *P.*, mars 1693 ; *J.*, mars 1694.

Duthor (Sr Pierre), [consul de Pradelles], signe le procès-verbal de *V. de B.*, mars 1660, où la liste de présence est incomplète ; Sr Pierre du Thor, consul de Pradelles, *le Ch.*, avr. 1663 ; Sr Pierre Dutor, *la V.*, avr. 1666 ; Sr Pierre du Tor, *Aub.*, juin 1669 ; le même (?) que Pierre Duthor, Sr **de Bargettes**, pour le bailli d'Aps, *An.*, avr. 1673 ; signe : Duthor, au procès-verbal d'*Aub.*, juin 1674, et ne figure pas dans la liste de présence ; Sr Pierre Ducthor, premier consul de Pradelles, *P.* fév. 1681.

Duzilliac, v. : Cornet-Duzilliac.

E

Esbrayat, v. : Exbrayat.

Esclozas (M. Charles-Antoine), gradué, viguier de Chalancon, juge de Gluiras, Rochemure et lieutenant de juge des quatre mandements des Boutières, consul de Chalancon, *An.*, mai 1759 ; viguier de la comté, baronnie et viguerie de Chalancon, *L.*, mai 1761 ; Mr Charles-Antoine Esclozas, consul de Chalancon, *Aub.*, mai 1763 ; viguier de la baronnie de Chalancon, juge de Gluiras et Rochemure, lieutenant de juge des quatre mandements des Boutières, maire de Chalancon, *T.*, mai 1765 ; M. Charles-Antoine Esclozas, premier consul de Chalancon, *P.*, mai 1767.

Esclozas (Mr Me François), gradué et notaire royal, député de Chalancon, *Ve.*, mai 1769.

Esclozas (Mr Me Pierre-Noé-Ange), avocat en parlement, premier consul de Chalancon, *L.*, mai 1768 ; Esclozas, premier consul de Chalancon, *Aub.*, mai 1770 ; avocat en parlement, premier consul de Chalancon, *An.*, mai 1771 ; *Aub.*, mai 1772 ; Esclozas, conseiller du Roi, maire de Chalancon, mai 1773 ; Esclozas, avocat en parlement, maire de Chalancon, *St-P.*, mai 1774 ; *Aub.*, mai 1775 ; Esclozas, premier consul-maire de Chalancon, *L.*, mai 1776 ; maire de Chalancon, *T.*, mai 1777 ; M. Pierre-

Noé-Ange Esclozas **de Chambarlhac**, avocat en parlement, premier consul-maire de Chalancon [signe : *Esclozas*], *V. de B.*, mai 1778 ; *P.*, mai 1779 ; *L.*, mai 1780 ; *T.*, mai 1781 ; *Aub.*, mai 1782 : Mr Me Pierre-Noé-Ange Esclozas de Chambarlhac, avocat en parlement, premier consul-maire de Chalancon. *An.*, mai 1783 ; *R.*, juin 1784 ; Mr Me Pierre-Noé-Ange Esclozas de Chambarlhac, premier consul-maire de Chalancon, *L.*, mai 1785 ; avocat en parlement, premier consul-maire de Chalancon, *St-P.*, juin 1786 ; Mr Me Noé-Ange Esclozas de Chambarlhac, *Aub.*, juin 1787 ; Mr Me Pierre-Noé-Ange, *B. S. A.* juin 1788 ; *T.*, juin 1789.

Esnault (Mre Denis-Louis d'), Mre Denis-Louis d'Hénaut, maire de Largentière, [signe : D'Esnault], *L.*, mai 1761 ; *Aub.*, mai 1763.

Esnault (Sr Louis), pour le maire de Largentière, *T.*, mars 1714.

Espenel (d'), v. : Chambon-Despenel.

Espert (Jean), consul du Bourg Saint-Andéol, *Aub.*, 1613.

Essars (des), v. : Roche des Essars.

Estables, v. : La Bastie, S^r d'Estables (Nob. Claude-Just [de Reynaud] de).

Exbrayat (Mr Me Jean d'), Mr Me Jean de Lesbrayat, juge de la ville de Privas, pour le bailli de Privas, *P.*, janv. ; *V. de B.*, fév. ; d'Esbrayat, mai 1644 ; Mr Me Jean

Esbrayat, docteur ès-droits, juge de la baronnie de Privas, présid. comme subrogé de Ch. de Senneterre, marquis de Châteauneuf, etc., baron de Privas, *Aub.*, mai 1654 ; Mr Me Jean Hesbrayat, juge de Privas, pour le bailli de Privas, *la V.*, juill. 1648 ; [pour le] bailli de Privas, *Viv.*, mars 1649 ; Mr Me Jean Esbrayat, pour le bailli de Privas, *Aub.*, mars 1650 ; avr. 1651 ; *le Ch.*, mars 1651.

Eymar (Mathieu), consul du Cheylard, *T.*, 1605.

Eyrolles, v. : Béchon, Sr d'Eyrolles.

F

Fabre (*N.*) présent à *V. de B.*, janv. 1651.

Fabre (Sr Esprit), Sr Spérit Fabre, consul de Viviers, *J.*, mars 1706.

Fabri (Nob. Jean), pour le consul du Bourg Saint-Andéol, *Aub.*, janv. 1650.

Fabrias, v. : Sauzet de Fabrias.

Fabry, *alias* de **Faure** (Me Andéol), consul du Bourg Saint-Andéol, *Viv.*, mars 1637.

Fabry (Me Jean), consul du Bourg Saint-Andéol, *Viv.*, fév. 1635.

Fages (le Sr Guillaume), consul de Largentière, *B. S. A.*, fév. 1622 ; noble Guillaume de Fages, *B. S. A.*, avr. ; noble Guillaume Fages, oct. 1622.

Fages (Nob. Guillaume de), consul de Largentière, *Aub.*, juill. 1657 ; *B. S. A.*, avr. 1668 ; le même (?) que noble Guillaume de Fages, Sr **de Séveirac**, *Prad.*, mai 1672 ; noble Buillaume de Fages, Sr de Séveyrac, *An.*, avr. 1673 ; *la V.*, mai 1683.

Fages (Nob. Jean-César de), garde du corps du Roi, pour le bailli de Jaujac, *T.*, mai 1731 ; *B. S. A.*, mai 1732 ; ancien garde du Roi, *An.*, mai 1733 ; garde du corps du

Roi, comm. pr., *Vo.*, avr. 1737 ; pour le consul du Cheylard, *T.*, mai 1738 ; bailli de Vogüé, *An.*, mai 1745 ; noble Jean-César de Fages, bailli de Vogüé, *la V.*, mai 1753 ; *V. de B.*, mai 1754 ; mai 1755 ; *L.*, mai 1756 ; *Ve.*, mai 1757 ; *B. S. A.*, mai 1758 ; *An.*, mai 1759 ; Messire Jean-César de Fages, bailli de la baronnie de Vogüé, présid. comme subrogé de Ch.-F.-E. de Vogüé, marquis de Vogüé, etc., baron de Vogüé, *Aub.*, mai 1760 ; bailli de Vogüé, *L.*,mai 1761 ; Jean-Eléazard (*sic*), *St-P.*, mai 1762 ; *Aub.*, mai 1763 ; *L.*, mai 1764 ; *T.*, mai 1765 ; *V. de B.*, mai 1766 ; *P.*, mai 1767 ; *L.*, mai 1768 ; *Ve.*, mai 1769 ; *Aub.*, mai 1770 ; *An.*, mai 1771 ; noble Jean-César de Fages, bailli d'épée de la baronnie de Vogüé, présid. comme subrogé de Ch.-[F.-] E. de Vogüé, marquis de Vogüé, baron de Vogüé, *Aub.*, mai 1772 ; noble Jean-César de Fages, chevalier, bailli de Vogüé, mai 1773 ; *St-P.*, mai 1774 ; *Aub.*, mai 1775 ; *L.*, mai 1776 ; *T.*, mai 1777 ; *V. de B.*, mai 1778 ; *P.*, mai 1779 ; *L.*, mai 1780 ; *T.*, mai 1781 ; *Aub.*, mai 1782 ; *An.*, mai 1783.

Fages, Sʳ **de Bertis** (Nob. Alain de), noble Alain de Fages, Sʳ du Bertis, pour le bailli de Saint-Remèze, *St-P.*, mars 1644 ; le Sʳ de Bertis de Fages, nommé secrétaire-greffier du pays, *Aub.*, juin 1674 ; assiste en cette qualité à toutes les sessions suivantes, jusqu'à celle de *la V.*, fév. 1690, inclusivement ; remplace le syndic, *Aub.*, août 1674 ; *la V.*, avr. 1678 ; entre de nouveau comme greffier, *Vo.*, mars 1701.

Fages, Sʳ **de Bessas** (Nob. Jean de), le Sʳ de Bessas, bailli de Saint-Remèze, *Aub.*, mai 1662 ; noble Jean de Fages, Sʳ de Bessas, *Aub.*, mai 1665 ; *la V.*, avr. 1666 ; noble Jean de Fages, Sʳ du Bessat, *T.*, avr. 1667 ; Sʳ du

Bessas, *B. S. A.*, avr. 1668 ; *Aub.*, juin 1669 ; Sr de Bessas, bailli de Saint-Remèze, comm. pr., *Viv.*, avr. 1671 ; bailli de Saint-Remèze, *Prad.*, mai 1672 ; présid. comme subrogé de F., de Lorraine, comte d'Harcourt, etc., baron et comte de Saint-Remèze, *Aub.*, juin 1674 ; bailli de Saint-Remèze, *le Ch.*, avr. 1675 ; *Sl-P.*, avr. ; *Viv.*, mai 1676 ; *Aub.*, mai 1677 ; *J.*, mars 1682 ; *la V.*, mai 1683 ; *Prad.*, mai 1684 ; *An.*, avr. 1685 ; présid. comme subrogé du baron et comte de Saint-Remèze, *Aub.*, avr. 1686 ; bailli de Saint-Remèze, *le Ch.*, mai 1687 ; *Sl-P.*, avr. 1688 ; *Aub.*, fév. 1689 ; *la V.*, fév. 1690 ; *T.*, mars 1691 ; *B. S. A.*, fév. 1692 ; *P.*, mars 1693 ; *J.*, mars 1694.

Fages de Chaulnes (Nob. Guillaume de), maire alternatif de Largentière, *V. de B.*, mai 1754 ; *L.*, mai 1756 ; noble Guillaume de Fages, seigneur de Chaulnes et de **Joncherettes**, maire alternatif mi-triennal de la ville de Largentière, *B. S. A.*, mai 1758 ; le même (?) que noble Claude de Fages, seigneur de Chaulnes et de Joncherettes, maire alternatif de Largentière, *Aub.*, mai 1760 ; noble Guillaume de Fages de Chaulnes, maire de Largentière, *L.*, mai 1764.

Fages, cos^{gr} **de Chaulnes** (Nob. Jean de), consul de Largentière, *Aub.*, fév. 1689 ; *la V.*, fév. 1690 ; *B. S. A.*, fév. 1692 ; *P.*, mars 1695 ; *Sl M. d'A.*, janv. 1696.

Fages de Chaulnes (Nob. Louis de), maire de Largentière, *T.*, mai 1766.

Fages, S^{gr} **de Concoules** (Mre Louis de), pour le maire de Largentière, *Sl-P.*, mai 1762.

Fages, Sr **de la Combe** (Nob. Antoine de), [signe : *Lacombe Defages*], présid. comme subrogé de F. de Lorraine, comte d'Harcourt, etc., baron et comte de Saint-Remèze, *Viv.*, juill. ; *Aub.*, août 1674 ; pour le bailli de Montlor, fév. 1689 ; comm. pr., *la V.*, fév. 1690 ; consul de Montlor, *T.*, mars 1691 ; pour le bailli de Saint-Remèze, *Aub.*, mars 1710.

Fages, Sr **de la Combe** (Nob. César de), bailli de Saint-Remèze, *P.*, mars 1705 ; *J.*, mars 1706 ; *Ve.*, avr. 1707 ; *B. S. A.*, mars 1708 ; *An.*, mars 1709, présid. comme subrogé de A.-H.-Ch. de Lorraine, prince d'Harcourt, etc., baron et comte de Saint-Remèze, *Aub.*, mars 1710; bailli de Saint-Remèze, *le Ch.*, mars 1711 ; *St-P.*, avr. 1712 ; *Vo.*, mars 1713 ; bailli de Vogüé, *T.*, mars 1714 ; mars 1715 ; *B. S. A.*, avr. 1716 ; *P.*, avr. 1717 ; *J.*, avr. 1718 ; *P.*, mai 1719 ; *V. de B.*, mai 1720 ; *An.*, mai 1721 ; *Vo.*, mai 1722 ; *T.*, mai 1723 ; *St-P.*, mai 1724 ; *Aub.*, mai 1725 ; *T.*, mai 1726 ; *V. de B.*, mai 1727 ; *P.*, mai 1729 ; *J.*, mai 1730 ; *T.*, mai 1731 ; *B. S. A.*, mai 1732 ; *An.*, mai 1733 ; *Vo.*, mai 1734 ; mars 1735 ; *St-P.*, mai 1736 ; *Vo.*, avr. 1737 ; *T.*, mai 1738 ; mai 1739 ; *P.*, mai 1740.

Fages, Sr **de la Térisse** (Nob. Guillaume de), consul de Largentière, *An.*, mars 1697.

Fages de Rochemure (Nob. Jean de), Jean de Fages, âgé de quinze ans, fils de noble Alain de Fages de Bertis, secrétaire et greffier du pays, est reçu en survivance de son père, *Prad.*, mai 1684 ; prête serment, *Aub.*, avr. 1686 ; entre comme secrétaire greffier en survivance, *T.*, mars 1691 et sessions suivantes jusqu'à celle de *St-P.*, mars 1700, inclusivement, et depuis la session de *R.*, fév. 1702 jusqu'à celle du *B. S. A.*, mars 1708, inclusivement ; secrétaire greffier du pays depuis la session d'*An.*, mars 1709, jusqu'à celle de *V. de B.*, mai 1727, inclusivement ; comm. pr., *le Ch.*, mars 1699 ; remplace le syndic dans les sessions de *J.*, avr. 1718 ; *V. de B.*, mai 1720 et *An.*, mai 1721 ; syndic du Vivarais, *P.*, mai 1729 et sessions suivantes jusqu'à celle d'Aubenas, mai 1746, inclusivement. Il est appelé noble Jean de Fages, seigneur de Rochemure et de **Cheylus** depuis la session d'*Aub.*, mai 1725.

Fages, S^{gr} **de Rochemure** (Nob. Jean-Baptiste de), bailli de Joyeuse, [signe : *Rochemeure*] *Aub.*, mai 1763 ; messire Jean-Baptiste de Fages de Rochemure, chevalier, seigneur de Rochemure, **Cheylus, Bertis** et autres places, lieutenant en premier au régiment de Strasbourg du corps royal de l'artillerie, présid. comme subrogé de M.-L. de Rohan-Soubise, gouvernante des Enfants de France, etc., propriétaire du duché de Joyeuse, [signe : *Rochemeure, subrogé*] *L.*, mai 1768 ; Messire Jean-Baptiste de Fages de Cheilus-Rochemeure, seigneur de Rochemeure, Bertis, **Bessas** et autres places, capitaine au régiment de Strasbourg du corps royal de l'artillerie, présid. comme subrogé etc., *L.*, mai 1780 ; Mre Jean-Baptiste de Fages de Rochemeure, chevalier, comte de Rochemeure, capitaine d'artillerie, bailli de Joyeuse, *Aub.*, juin 1787 ; Mre Jean-Baptiste de Fages de Rochemure, chevalier, comte de Rochemure, bailli de Joyeuse, *B. S. A.*, juin 1788.

Fages de Rochemure (Mre Jean-Jacques de), prêtre, docteur en théologie, chanoine de l'église cathédrale de Viviers, vicaire général de l'Evêque de Viviers, vice-gérant de l'officialité, entrant en qualité de bailli de Viviers, [signe: *Rochemeure, vicaire général, Bailli de Viviers*] *L.*, mai

1768 ; chanoine, archidiacre de l'église cathédrale de Viviers, *Aub.*, mai 1773, *St-P.*, mai 1774.

Fages de Rochemure (Nob. Jean-Joseph de), noble Jean-Jacques (*sic*) de Fages, seigneur de Rochemeure, comm. pr. [signe : *Rochemeure, fils, comm. pp.*] *Vo.*, mars 1735 ; noble Jean de Fages, seigneur de Rochemeure, écuyer, pour le bailli de la Gorce, *St-P.*, mai 1736 ; Mre Jean-Joseph de Fages de Rochemure, comm. pr., *Aub.*, mai 1746 ; Mre Jean-Joseph de Fages de Rochemure, comm. pr., *Aub.*,mai 1746 ; Mre Jean-Joseph de Fages, écuyer, seigneur de Rochemure et de **Cheylus**, syndic en survivance et bailli en titre de la Voulte, *la V.*, mai 1753 ; *V. de B.*, mai 1754 ; mai 1756 ; M. de Rochemure, présid. comme subrogé de Ch. de Rohan, prince de Soubise, etc., baron d'Annonay, *L.*, mai 1756 ; syndic en survivance et bailli en titre de la Voulte, *Ve.*, mai 1757 ; *B. S. A.*, mai 1758 ; *An.* mai 1759.

Fages, Sr de Vaumale (Nob. Charles-César de), député de Boulogne, *L.*, mai 1768.

Fages-Vaumale (Mre Jean-Pierre-Louis-François-César de), chevalier, officier au corps royal du Génie, pour le bailli de Vogüé, *T.*, juin 1789.

Fages-Vaumale (Mre Pierre-François-César, baron de), noble Pierre-François-César de Fages, [pour le] maire de Largentière, *T.*, mai 1765 ; Messire Pierre-François-César de Fages, chevalier, baron de Fages-Vaumalle, capitaine de cavalerie, présid. comme subrogé de C.-F.-M.,|de Vogüé, comte de Vogüé, ayant tour de baron à cause de sa baronnie de Vogüé, *R.*, juin 1784 ; messire Pierre-François-César, baron de Fages-Vaumale, capitaine de cavalerie, bailli de Vogüé, *B. S. A.*, juin 1788.

Fargier (M. *N.*), pour le bailli de Vogüé, *Aub.*, mai 1772.

Fargier (Sr Jean-Baptiste), consul de Viviers, *le Ch.*, mars 1699 ; *St-P.*, mars 1700.

Fargier, cos[er] **de Saint-Montan** (M. Hilaire-Guillaume), pour le bailli de Vogüé, *R.*, juin 1784 ; *L.*, mai 1785.

Fau (du), v. : Mirman, Sr du Fau.

Faugeroux, Sr **de Grandbois** (Sr Paul), baile de Pradelles, *Vo.*, mars 1701. V. : Grandbois.

Faure (le S[r]), consul de Viviers, *Aub.*, juill. 1653.

Faure (Sr Alexandre), consul de Tournon, *Aub.*, juin 1669.

Faure (M[r] Me Andéol de), docteur ès-droits, consul du Bourg Saint-Andéol, *le Ch.*, avr. 1663.

Faure (Me Barthélemy du), consul de Viviers, comm. ord., *An.*, janv. 1611 ; consul de Viviers, *B. S. A.*, mars 1616.

Faure (M[r] Me Charles), avocat, premier consul de Viviers, comm. ord., *Aub.*, mars 1698.

Faure (Me Claude), consul de Viviers, *la V.*, sept. 1626 ; *Viv.*, avr. et mai 1627.

Faure (Mr Me Dominique), docteur en médecine, premier consul de Viviers, *le Ch.*, mars 1711.

Faure (Sr Etienne), premier consul de Viviers, *An.*, mai 1733 ; le même (?) que M. Etienne Faure, pour le bailli de Saint-Remèze, *P.*, mai 1744.

Faure (Me François), consul de Tournon, *P.*, avr. 1612.

Faure (Me Gabriel), consul de Tournon, *Viv.*, fév. 1635.

Faure (Mr Me Henri), avocat, consul de Viviers, *Ve.*, avr. 1707.

Faure (Sr Henri), consul de Tournon, *la V.*, mai 1659.

Faure (Me Jacques), consul de Rochemaure, *Viv.*, fév. 1635.

Faure (M. Jacques), bourgeois, premier consul de Viviers, *Aub.*, mai 1760 ; premier consul de Viviers en exercice, *L.*, mai 1761.

Faure (Me Jean) *alias* du Faure, consul du Bourg Saint-Andéol, *Viv.*, déc. 1601 (pour 1602).

Faure (Me Jean), notaire royal, consul de Viviers, comm. ord., *Aps*, juill. 1620 ; le même (?) que Me Jean Faure, consul de Viviers, comm. ord., *B. S. A.*, fév. 1622 ; *T.*, juin et août ; *Viv.*, sept ; *B. S. A.*, oct. ; *Viv.*, nov. ; *T.*, déc. 1627 ; *B. S. A.*, janv. ; *Viv.*, mars ; *B. S. A.*, avr. ; *Viv.*, avr. ; mai ; juin et juill. 1628.

Faure (Me Jean), consul de Tournon, *P.*, janv. 1644.

Faure (Mr Me Jean), conseiller et procureur du Roi, pour le maire de Tournon, *An.*, mars 1697.

Faure (Sr Jean), pour le consul de Chalancon, *V. de B.*, déc. 1656.

Faure (le Sr Jean), docteur ès-droits, consul de Viviers, *P.*, janv. 1619.

Faure (Sr Jean-Pierre), consul d'Annonay, *le Ch.*, avr. 1663.

Faure (Sr Pierre), consul de Pradelles, *Aub.*, juin 1652 ; juill. 1653 ; mai 1662.

Faure de Belin (Sr Joseph), pour le maire de Boulogne, *T.*, mars 1714.

Faure, S^r des Chaberts (Sr Alexandre), [signe : *Deschaberlz*], écuyer, reçu en survivance de la charge de bailli de Crussol, *Aub.*, mars 1710 ; *le Ch.*, mars 1711 ; *St-P.*, avr. 1712 ; noble Alexandre Faure, S^r des Chaberts, bailli de Crussol, *Vo.*, mars 1713 ; *T.*, mars 1714 ; noble Alexandre de Faure, Sr de Chabert, mars 1715 ; noble Alexandre Faure, Sr de Chabert, *B. S. A.*, avr. 1716 ; *P.*, avr. 1717 ; noble Alexandre Faure, S^r des Chaberts, *J.*, avr. 1718 ; *P.*, mai 1719.

Faure des Chaberts (Noble Alexandre), noble Alexandre Faure, S^r des Chaberts, fils, pour le consul de Pradelles, *P.*, mai 1719.

Faure-Donny (Me Jean), consul de Viviers, *Viv.*, août 1628 ; janv. ; fév. ; mars ; notaire royal, consul de Viviers, avr. 1629 ; le même (?) que Me Jean Faure-Donny, pour le consul de Viviers, *B. S. A.*, nov. 1644.

Faure de Fogerolles *alias* Fougerolles(Nob. Charles du), v. : Fogerolles.

Faure La Farge (Me Barthélemy), notaire, consul de Viviers, comm. ord., *Aub.*, juin 1625.

Faure du Port (Me Jean du) du Faur du Port, docteur ès-droits, consul d'Annonay, *Aub.*, déc. 1602 (pour 1603).

Faurie (Sr Pierre), consul d'Annonay, *B. S. A.*, fév. 1692.

Favet, Sr de Rochemoyre (Nob. Simon de), pour le bailli de Brion, *B. S. A.*, mai ; *Bagnols*, oct. 1621.

Faÿ (du), v. : Sanial du Faÿ.

Faÿ, marquis de **Gerlande**, etc., baron de **Boulogne, Privas**, etc. (Mre Charles-César de), présent, *P.*, mai 1740.

Faye du Teron (Me Jean), pour le consul du Cheylard, *T.*, juill. 1642.

Fayn de Rochepierre (Nob. Charles-François de), nommé syndic en survivance de son père François de Paule de Fayn, *B. S. A.*, avr. 1668 ; syndic en survivance, *P.*, fév. 1681 ; entre avec son père, en la même qualité, *J.*, mars 1682 ; *la V.*, mai 1683 ; *Prad.*, mai 1684 ; comm. pr., *An.*, avr. 1685 ; entre seul, comme syndic en survivance, *le Ch.*, mai 1687 ; avec son père, *St-P.*, avr. 1688 ; seul, *Aub.*, fév. 1689 ; avec son père, *la V.*, fév. 1690 ; *T.*, mars 1691 ; *B. S. A.*, fév. 1692 ; seul, *P.*, mars 1693 ; avec son père, *J.*, mars 1694 ; *P.*, mars 1695 ; *St-M. d'A.*, janv. 1696 ; *An.*, mars 1697 ; seul, *Aub.*, mars 1698 ; *le Ch.*, mars 1699 ; avec son père, *St-P.*, mars 1700 ; *Vo.*, mars 1701 ; *R.*, fév. 1702 ; syndic, *T.*, mars 1703 et sessions

suivantes jusqu'à celle de *Vo.*, mars 1713, inclusivement ;
comm. pr., .*T*, mars 1714 ; entre de nouveau comme syndic, *T.*, mars 1715 et sessions suivantes jusqu'à celle de
P., mai 1719 ; *Vo.*, mai 1722 et sessions suivantes jusqu'a celle de *St-P.*, mai 1724, inclusivement.

Fayn de Rochepierre (Nob. François-de-Paule de),
nommé syndic en survivance de son père Olivier de Fayn,
V. de B., juill. 1647 ; entre avec son père, en la même
qualité, *Aub.*, janv. ; entre seul, mars 1650 ; avec son père,
P., mars 1652 ; seul, *Aub.*, juin 1652 et sessions suivantes
(excepté celles de *T.*, juin 1655 ; *V. de B.*, déc. 1656 ;
Aub., juin. ; août 1674 ; *la V.*, avr. 1678 ; *Aub.*, avr.
1686 ; *le Ch.*, mai 1687 ; *Aub.*, fév. 1689 ; *P.*, mars 1693 ;
Aub., mars 1698 ; *le Ch.*, mars 1699) jusqu'à celle de *R.*,
fév. 1702 ; comm. pr. aux sessions de *P.*, fév. 1681 ; *Aub.*,
fév. 1689 ; *P.*, mars 1693 et *Aub.*, mars 1698.

Fayn de Rochepierre (Mre François-Venance de),
docteur de Sorbonne et Société de Navarre, chanoine en
l'église cathédrale de Viviers, vicaire général de l'Evêque
de Viviers, pour le bailli de Viviers ; *T.*, mars 1715 ; docteur de Sorbonne et Société de Navarre, archiprêtre du
vénérable Chapitre de Viviers, *B. S. A.*, avr. 1716 ; *P.*,
avr. 1717.

Fayn, Sr de Rochepierre (Nob. Jean de), syndic du
pays de Vivarais depuis le mois d'octobre 1581, assiste
en cette qualité à toutes les sessions depuis celle de *Viv.*,
nov. 1600 (pour 1601), jusqu'à celle du *B. S. A.*, juin 1617,
inclusivement, et depuis celle du *B. S. A.*, oct. 1618,
jusqu'à celle d'*Aps*, oct. 1620, inclusivement.

Fayn de Rochepierre (Nob. Joseph-Placide de), nommé syndic en survivance de Charles-François de Fayn de Rochepierre, son frère, *J.*, avr. 1718 ; Mre Joseph-Placide de Fayn de Rochepierre, comte de **Saint-Remèze**, seigneur de **Chames, Saint-Julien de Peyrolas** et autres lieux, chevalier de l'ordre militaire de Saint-Louis, présid. comme ayant tour de baron à cause de sa baronnie de Saint-Remèze, *B. S. A.*, mai 1732.

Fayn, Sr de Rochepierre (Nob. Olivier de), pour le bailli de Crussol, *Aub.*, déc. 1602 (pour 1603) ; subrogé du bailli de Crussol, *T.*, fév. 1605 ; du bailli de Largentière, *L.*, janv. 1606 ; pour le bailli d'Annonay, *Viv.*, janv. 1607 ; subrogé de son père, Jean de Fayn, syndic de Vivarais, *J.*, mars 1618 ; *R.*, fév. ; *B. S. A.*, mai 1621 ; nommé syndic en remplacement et sur la demande de son père, et comme ayant exercé déjà la charge huit ans pendant la maladie de Jean de Fayn, *B. S. A.*, mai 1621 ; assiste comme syndic à la plupart des sessions suivantes jusqu'à celle de *P.*, mars 1652, inclusivement.

Fayn [de Rochepierre] (Nob. Tholomé de), consul du Bourg Saint-Andéol, *Aub.*, déc. 1602 (pour 1603).

Fayon (*N* et *N.*), le Sr Fayon, bailli de Privas, *le Ch.*, mai 1663 ; bailli de Boulogne, *Aub.*, juin 1669 ; Mr de Fayon, bailli de Boulogne et Mr de Fayon, bailli de Privas, *le Ch.*, mai 1687. — Il n'a pas été possible d'identifier ces deux personnages. Les procès-verbaux des Etats ne permettent pas de distinguer avec une entière certitude les divers membres de cette famille. M. Raymond de Gigord ne signale pas tous ceux qui entrèrent aux Etats. On peut seulement noter que le Sr Fayon, fils, fut reçu comme bailli de Boulogne et de Privas en 1702 (Ardèche, C. 349, f° 130 v°) ; qu'en 1711, Mr Fayon, bailli de Privas et de Boulogne, étant mort, fut remplacé par Sr Jean-Claude Fayon, son neveu (*Ibidem*, f° 613), et qu'en 1710 Me Jacques Fayon, receveur du grenier à sel du Teil, avait pour fils aîné Sr Jean-Claude Fayon, receveur du grenier à sel de Nîmes (*Ibidem*, f° 586 v°).

Fayon (Mr Me Claude), le Sr Fayon, fils, *alias* Mr Me Claude Fayon, avocat en parlement de Paris, nommé et reçu comme bailli de Boulogne et de Privas, *R.*, fév. 1702 ; bailli de Boulogne, *T.*, mars 1703 ; *B. S. A.*, avr. 1704 ; *J.*, mars 1706 ; *Ve.*, avr. 1707 ; *B. S. A.*, mars 1708 ; *An.*, mars 1709 ; *Aub.*, mars 1710.

Fayon (Mr Me François), avocat en parlement, bailli de Privas, *P.*, mars 1695.

Fayon (Mr Me Jacques), Sr Jacques Fayon, châtelain du lieu de Coux, pour le consul de Boulogne, *Viv.*, avr. 1671 ; le même (?) que Mr Me Jacques Fayon, juge de Privas, pour le bailli de Privas, *P.*, fév. 1681 ; docteur ès-droits, juge de la vicomté de Privas, pour le bailli de Boulogne, *J.*, mars 1682 ; pour le bailli de Privas, *la V.*, mai 1683 ; Mr Me Jacques Fayon, bailli de Boulogne, *Prad.*, mai 1684 ; bailli de Privas, *An.*, avr. 1685 ; M. de Fayon, bailli de Privas, *le Ch.*, mai 1687 ; Mr Me Jacques Fayon, consul de Boulogne ; *St-P.*, avr. 1688 ; avocat, pour le bailli de Privas, *Aub.*, fév. 1689 ; Sr Jacques Fayon, châtelain de Privas, pour le consul de Boulogne,

la V., fév. 1690 ; *T.*, mars 1691 ; *B. S. A.*, fév. 1692 ;
Sr Jacques Fayon, bailli de Privas, *P.*, mars 1693.

Fayon (Mr Me Jean-Claude), avocat en parlement,
bailli de Boulogne, *An.*, avr. 1673 ; *le Ch.*, avr. 1675 ;
le même (?) que Mr Me Claude Fayon, consul de Boulogne,
Aub., mai 1677 ; Mr Me Claude Fayon, docteur ès-droits,
bailli de Boulogne, *la V.*, mars, avr. 1678 ; *T.*, mai 1679 ;
Mr Me Jean-Claude Fayon, avocat au parlement de Paris,
bailli de Boulogne, présid. comme subrogé d'A. de Longueval, marquise de Senneterre, vicomtesse de Privas, etc.,
ayant tour de baron à cause de sa baronnie de Boulogne,
P., fév. 1681 ; bailli de Boulogne, *la V.*, mai 1683 ; M^r M^e
Claude Fayon, *An.*, avr. 1685 ; *Aub.*, avr. 1686 ; *St-P.*,
avr. 1688 ; [il paraît signer le procès-verbal de la session
de *T.*, mars 1691, à laquelle Sr Jacques Fayon, châtelain
de Privas, assiste comme consul de Boulogne. La liste de
présence, complète, ne porte pas son nom, mais à la fin
du procès-verbal se trouvent deux signatures *Fayon*] ;
B. S. A., fév. 1692 ; présid. comme subrogé d'A. de Longueval, marquise de Senneterre, etc., ayant tour de baron
à cause de sa baronnie de Boulogne, et [autre] M^r M^e
Jean-Claude Fayon, bailli de Boulogne, *P.*, mai 1693 ;
bailli de Boulogne, *J.*, mai 1694 ; avocat en parlement
de Paris, présid. comme subrogé d'A. de Longueval, marquise de Senneterre, etc., ayant tour de baron à cause de
sa baronnie et vicomté de Privas, *P.*, mars 1695 ; bailli
de Boulogne, *St-M. d'A,*, janv. 1696 ; *An.*, mars 1697 ;
Aub., mars 1698 ; *St-P.*, mars 1700 ; *Vo.*, mars 1701 ; le
même (?) que Mr Me Jean-Claude Fayon, bailli général
des terres de Boulogne et de Privas, présid. comme subrogé
d'A. de Longueval, marquise de Senneterre, etc., ayant

tour de baron à cause de sa baronnie de Boulogne, *P.*, mars 1705.

Fayon (Sr Jean Claude [IIe]), reçu comme bailli de Privas et Boulogne, *le Ch.*, mars 1711 ; noble Jean-Claude Fayon, bailli de Privas, *Vo.*, mars 1713 ; *P.*, avr. 1717 ; noble Jean-Claude Fayon, S^gr du Clac (**Clap**), de **Verdus** et **Lagarde**, présid. comme subrogé du M^ls de Crussol, seigneur de la baronnie de Privas, *P.*, mai 1719.

Fayon (Sr Jean-Louis), Sr Louis Fayon [pour le] bailli de Boulogne, *P.*, mars 1695 ; le même (?) que Sr Louis Fayon **de Lavalette**, pour le bailli de Boulogne, *P.*, mars 1705 ; Mr Me Jean-Louis Fayon, Sr de la Valette, bailli de Privas, [signe : *Lavalette de Fayon*], *Ve.*, avr. 1707 ; noble Jean-Louis Fayon de Lavalette, capitaine-châtelain de Privas et Boulogne, bailli de Privas, *P.*, mai 1719 ; capitaine-châtelain et juge de la ville de Privas, pour le bailli de Privas, *An.*, mai 1721 ; pour le bailli de Crussol, *Vo.*, mai 1722 ; bailli de Privas, *Aub.*, mai 1725 ; pour le bailli d'Aubenas, *T.*, mai 1726 ; pour le bailli de Privas, *V. de B.*, mai 1727 ; bailli de Privas, *P.*, mai 1729 ; pour le bailli de Privas, *An.*, mai 1733 ; pour le bailli de Saint-Remèze, *Vo.*, mai 1734 ; capitaine-châtelain de Privas, pour le bailli de Privas, mars 1735.

Fayon (Sr Pierre), consul de Boulogne, *J.*, mars 1694.

Fayon de Verdus (Nob. Louis), bailli de Brion, *P.*, mai 1719.

Fede, Sr **de Praclaux** (Sr Antoine), consul de Montlor, [signe : *Praclaux*], *P.*, mai 1719.

Fenoulhet, v. : Gabriac, Sr de Fenoulhet.

Ferrin (Mr Me Jean-André), Ferin, avocat en parlement, lieutenant de bailli de la ville d'Aubenas, pour le consul électif d'Annonay, *Aub.*, mai 1760.

Fermenas, v. : Baratier de Fermenas et Tavernol de Fermenas.

Ferrand-Teste de la Motte, v. : La Motte (Nob. Claude [Teste ?] de).

[**Ferrand-Teste**] **de la Motte** (Nob. Claude, et autre nob. Claude), noble Claude de la Motte, chevalier de l'ordre du Roi [ce titre de chevalier de Saint-Michel ne lui est donné qu'une fois, peut-être par erreur], pour le bailli de Crussol, avec procuration du duc d'Uzès, *J.*, avr. 1633 ; noble Claude de la Motte, bailli de Crussol, *T.*, juill. 1634 ; *Viv.*, fév. 1635 ; *An.*, janv. 1636 ; *Viv.*, mars 1637 ; *B. S. A.*, mars 1638 ; présid. comme subrogé du duc d'Uzès, baron et comte de Crussol, mars ; *B. S. A.*, avr. ; noble Claude Teste, Sr de la Motte, *G. lès V.*, juin ; *B. S. A.*, juill. ; noble Claude de la Motte, *G. lès V.*, oct. ; *B. S. A.*, nov. 1639 ; bailli de Crussol, *Aub.*, fév. 1640 ; *la V.*, janv. 1641 ; *T.*, janv. ; mai ; juill. ; oct. 1642 ; [Claude mourut en 1642 et fut remplacé comme bailli de Crussol par son fils, nommé aussi Claude. — Fl. Benoit d'Entrevaux, *Armorial du Vivarais*, art. Ferrand-Teste. — Le procès-verbal de 1643 n'indique pas ce changement]; *B. S. A.*, fév. 1643; *P.*, janv. ; *B. S. A.*, déc. 1644; *J.*, mai 1545 ; *Aub.*, mai 1646 ; *V. de B.*, juill. 1647 ; *la V.*, juill. 1648 ; *V de B.*, fév. 1649 ; *Aub.*, janv. 1650 ; *le Ch.*, mars 1651 ; présid. comme subrogé du duc d'Uzès, baron de Crussol, *P.*, mars ; noble Claude de la Motte, S^r **de**

Colonges, *Aub.*, juin ; *St-P.*, août ; *G. lès V.*, oct. 1652 ; bailli de Crussol, *Aub.*, juill. 1653 ; *la V.*, juin 1654 ; *T.*, avr. ; [signe : *La Motte-Coulonges*] juin 1655 ; *B. S. A.*, mai ; oct. ; *V. de B.*, déc. 1656 ; *Aub.*, juill. 1657 ; *J.*, mai 1658 ; *la V.*, mai 1659 ; *V. de B.*, mars 1660 ; *Prad.*, mai 1661 ; *Aub.*, mai 1662 ; présid. comme subrogé du duc d'Uzès, baron de Crussol, *St-P.*, avr. 1664 ; noble Claude de Teste, Sᵍʳ de la Motte, baron de **Duretal**, bailli de Crussol, *le Ch.*, avr. 1675 ; noble Claude de la Motte, seigneur et baron de Durtal, présid. comme subrogé du duc d'Uzès, baron de Crussol, *St-P.*, 11 et 14 avr. ; *Viv.*, mai 1676 ; bailli de Crussol, *Aub.*, mai 1677.

[**Ferrand-Teste**] **de la Motte** (Nob. Guillaume), noble Guillaume de la Motte, le fils, pour le bailli de Crussol, à la demande de son père, *G. lès V.*, mars 1639.

[**Ferrand-**] **Teste de la Motte**, baron de **Cornas** (Nob. Jean de), bailli de Crussol, *Aub.*, juin ; *Viv.*, juill. 1674.

Ferratier (Sʳ André), bourgeois, consul du Cheylard, *T.*, mai 1679 ; Sʳ André Ferratier, maire du Cheylard, *J.*, mars 1694 ; *P.*, mars 1695 ; *St-M. d'A.*, janv. 1696 ; *An.*, mars 1697 ; *Aub.*, mars 1698 ; *le Ch.*, mars 1699 ; *St-P.*, mars 1700 ; *Vo.*, mars 1701 ; *R.*, fév. 1702 ; *T.*, mars 1703 ; *B. S. A.*, avr. 1704 ; *P.*, mars 1705 ; *J.*, mars 1706 ; *Ve.*, avr. 1707 ; conseiller du Roi, maire du Cheylard, *Aub.*, mars 1710 ; *le Ch.*, mars 1711 ; *St-P.*, avr. 1712.

Ferratier (Sʳ Antoine), Sʳ Antoine Feratier, consul du Cheylard [signe : *Ferratier*], *P.*, mars 1693.

Ferratier (Mr Me Jean-André), avocat en parlement, maire du Cheylard, *T.*, mai 1743 ; *P.*, mai 1744 ; *An.*, mai 1745 ; *Aub.*, mai 1746 ; bailli et maire du Cheylard, *la V.*, mai 1753 ; bailli du Cheylard, Conseiller du Roi, maire de ladite ville, *V. de B.*, mai 1754 ; avocat en parlement, maire du Cheylard, mai 1755 ; bailli et maire du Cheylard, *L.*, mai 1756 ; conseiller du Roi, maire du Cheylard, *Ve.*, mai 1757 ; avocat en parlement, maire du Cheylard, *B. S. A.*, mai 1758 ; conseiller du Roi, avocat en parlement, maire du Cheylard, *An.*, mai 1759 ; maire du Cheylard, *Aub.*, mai 1760 ; le même (?) que Mr Me André Ferratier, avocat en parlement, maire ancien et alternatif de la ville du Cheylard, *L.*, mai 1761 ; M. André Ferratier, avocat, maire du Cheylard, *St-P.*, mai 1762 ; *Aub.*, mai 1763.

Ferratier (Mr Me Jacques), avocat en parlement, juge de la comté de Brion, pour le maire du Cheylard, *B. S. A.*, mars 1708 ; *An.*, mars 1709 ; docteur et avocat, pour le bailli de Brion, *le Ch.*, mars 1711 ; avocat en parlement, maire du Cheylard, *Vo.*, mars 1713 ; *T.*, mars 1714 ; avocat en parlement, juge de la comté de Brion, pour le maire du Cheylard, *T.*, mars 1715 ; docteur ès droits, maire du Cheylard, *B. S. A.*, avr. 1716 ; *P.*, avr. 1717 ; avocat en parlement, maire du Cheylard, mai 1719 ; *V. de B.*, mai 1720 ; *An.*, mai 1721 ; *Vo.*, mai 1722 ; *T.*, mai 1723 ; *St-P.*, mai 1724 ; *Aub.*, mai 1725 ; *T.*, mai 1726 ; *V. de B.*, mai 1727 ; *P.*, mai 1729 ; *J.*, mai 1730 ; *T.*, mai 1731 ; *B. S. A.*, mai 1732 ; *An.*, mai 1733 ; consul du Cheylard, *Vo.*, mai 1734 ; pour le consul de Chalancon, mars 1735 ; pour le consul de Rochemaure, *St-P.*, mai

1736 ; pour le consul du Cheylard, *Vo.*, avr. 1737 ; tenu pour présent, bien qu'arrêté en chemin par la goutte, *T.*, mai 1739 ; maire du Cheylard, *P.*, mai 1740.

Ferrières, Sʳ de Lastours (Nob. Aimé de), [paraît étranger au Vivarais], présid. comme subrogé du duc de Ventadour, *la V.*, sept. 1626.

Fesquier (M. Paul), consul de Viviers, *St-P.*, mai 1736.

Feuiller (Sʳ Jean), Sʳ Jean Feuillet, deuxième consul de Viviers, [signe : *Feuiller*], *St-P.*, mai 1724 ; M. Jean Feuiller, consul de Viviers, *J.*, mai 1730.

Flame (Mʳ Mᵉ Pierre-Alexis), lieutenant en la juridiction de Crussol, pour le maire de Chalancon, *St-P.*, mars 1700.

Flaugergues (Mʳᵉ Jacques), [signe : *Flaugergues, baily*] chanoine archiprêtre de l'église cathédrale de Viviers, vicaire général de Mgr l'Evêque de Viviers, entrant en qualité de bailli de Viviers, *V. de B.*, mai 1755, *L.*, mai 1756 ; *Ve.*, mai 1757 ; *B. S. A.*, mai 1758 ; *An.*, mai 1759 ; *Aub.*, mai 1760 ; vicaire et official général, *L.*, mai 1761 ; *St-P.*, mai 1762 ; *Aub.*, mai 1763 ; *L.*, mai 1764 ; *T.*, mai 1765 ; *V. de B.*, mai 1766 ; *P.*, mai 1767 ; *Ve.*, mai 1769 ; *Aub.*, mai 1770 ; *An.*, mai 1771 ; de Flaugergues, *Aub.*, mai 1772 ; mai 1775 ; *L.*, mai 1776 ; *T.*, mai 1777 ; chanoine archiprêtre de l'église cathédrale de Viviers, *V. de B.*, mai 1778 ; Mʳᵉ Jacques Flaugergues, chanoine archiprêtre, etc., vicaire général de l'évêché de Viviers, etc., *P.*, mai 1779.

Flaugergues (Nob. Jean-Magloire de), écuyer, premier consul de Viviers, comm. ord. du Roi, *Aub.*, mai 1772 ; messire Jean-Magloire de Flaugergues, S^gr **de Saint-Alban Lesblandier**, écuyer, second député de Viviers, *T.*, mai 1781.

Flossac (Mr Me Pierre-Jean-Joseph [Crouzet] de), avocat en parlement, premier consul-maire de Saint-Agrève, *T.*, juin 1789.

Fogerolles (Nob. Charles [du Faure] de), noble Charles [le nom en blanc], sieur de Feaugeyrolles, pour le bailli de Brion, *Aub.*, juin 1625 ; noble Charles de Feaugeyrolles, subrogé du bailli de Brion, *T.*, juin 1627.

Folacher (Sr Raymond), pour le consul de Tournon, *P.*, mai 1729.

Fons, v. : Michalier de Fons et [Niclot] de Fons.

Fontanès (Mr Me Pierre), maire en titre de la ville de Viviers, comm. ord., *B. S. A.*, mai 1732 ; *An.*, mai 1733 ; consul de Viviers, comm. ord., *Vo.*, mai 1734 ; premier consul de Viviers, comm. ord., mars 1735.

Fontanet, v. : Lombard, dit Barberon.

Fontcroze, v. : Frévol d'Aubignac de Fontcroze.

Fontenay, v. : Pavin-Fontenay.

Fontfreyde, v. : Frévol de Frontfreyde.

Fontgarnaud (Mr Me Claude de), docteur ès-droits, juge général des terres du duc de Ventadour, exerçant la justice au lieu du Cheylard et mandement de Brion, pour le bailli de Brion, *J.*, mai 1608 ; subrogé du bailli de la Voulte, *la V.*, mars 1610 ; pour le bailli de la Voulte, *An.*, janv. 1611 ; pour le bailli d'Annonay, *P.*, avr. 1612 ; pour le bailli de la Voulte, *la V.,* fév. 1614 ; pour le bailli d'Annonay, *B. S. A.*, juin 1617 ; subrogé du bailli d'Annonay, *P.*, janv. 1619 ; *Aps*, juill. 1620 ; *B. S. A.*, nov. 1621.

Forcade (Sr Jean), consul de Tournon, *B. S. A.*, mai ; Fourcade, oct. 1656.

Forel, v. : Fourel.

Forès et Forestz, v. : Fourès.

Forestier, v. : aussi Le Forestier.

Forestier (Mr Me Dominique), bachelier ès-droits, pour le consul de Pradelles, *Vo.*, mai 1722 ; le même (?) que Mr Me Louis-Dominique Forestier, avocat en parlement, maire de Montlor, [signe : *Forestier*] *T.*, mai 1726 ; Mr Me Louis-Dominique Forestier, S^r **des Arcis**, avocat en parlement, maire de Montlor, [signe : *Forestier des Arcis*], *P.*, mai 1729.

Forestier (Sr Dominique), consul de Pradelles, *Prad.*, mai 1661.

Forestier (Mr Me Julien), avocat en parlement, bailli de Montlor, *J.*, 1706 ; le même (?) que le Sr Forestier, lieutenant de baile de Pradelles, à la place du S^r d'Aubignac, baile, tombé malade au Puy en venant à l'assemblée, *Ve.*, avr. 1707 ; le Sr Forestier, maire alternatif et mitriennal de Pradelles, *An.*, mars 1709 ; Mr Me Julien Forestier, docteur ès-droits, maire de Pradelles, *Aub.*, mars 1710 ; *le Ch.*, mars 1711 ; *St-P.*, avr. 1712 ;

T., mars 1714 ; mars 1715 ; *B. S. A.*, mars 1716 ; *P.*, avr. 1717 ; baile de Pradelles, mai 1719 ; pour le bailli d'Aps, *V. de B.*, mai 1720 ; pour le baile de Pradelles, *An.*, mai 1721 ; *Vo.*, mai 1722 ; signe le procès-verbal de *T.*, mai 1723, et ne figure pas dans la liste de présence ; pour le baile de Pradelles, *St-P.*, mai 1724 ; maire de Pradelles, *Aub.*, mai 1725 ; *T.*, mai 1726 ; pour le bailli d'Aubenas, *V. de B.*, mai 1727 ; Mr Me Julien Forestier, S^{gr} **des Aymards**, avocat en parlement, maire commis de la ville de Viviers, comm. ord., *P.*, mai 1729 ; maire de Montlor, *J.*, mai 1730 ; Mr Me Julien Forestier, S^{gr} des Aymards, et **de Villeneuve**, maire et juge du comté de Montlor, pour le bailli de Montlor, *T.*, mars 1731 ; Mr Me Julien Forestier, avocat, S^{gr} des Aymards et de Villeneuve, pour le bailli d'Aubenas, *B. S. A.*, mai 1732 ; Mr Me Julien Forestier, S^{gr} des Aymards, avocat en parlement, *Vo.*, mai 1734 ; mars 1735 ; pour le consul de Montlor, avr. 1737 ; pour le consul de Pradelles, *T.*, mai 1738,

Forestier, Sr **de Lagrange** (Mr Me Charles), maire et consul de Pradelles, *B. S. A.*, mai 1732 ; pour le bailli d'Aubenas, *An.*, mai 1733 ; pour le consul de Montlor, [signe : *Forestier de Lagrange*] *Vo.*, mai 1734 ; pour le consul de Pradelles, mars 1735 ; pour le consul de Montlor, *St-P.*, mai 1736; pour le consul de Pradelles, *Vo.*, avr. 1737 ; pour le baile de la Gorce, *T.*, mai 1738 ; pour le consul de Pradelles, *P.*, mai 1740 ; pour le bailli de la Voulte, *Aub.*, mai 1746 ; pour le maire de Montlor et d'Aubenas, *la V.*, mai 1753 ; pour le bailli de St Remèze, *V. de B.*, mai 1755 ; pour le maire de Pradelles, *Ve.*, mai

1757 ; maire de Pradelles, *B. S. A.*, mai 1758 ; pour le baile de Pradelles, *An.*, mai 1759 ; maire électif de Mont-lor, *Aub.*, mai 1760.

Forestier, Sᵍʳ **de Villeneuve** (M. Louis-Dominique), maire de Pradelles, *Aub.*, mai 1746 ; *la V.*, mai 1753 ; *V. de B.*, mai 1754 ; baile de Pradelles, mai 1755 ; M. Dominique Forestier, Sᵍʳ de Villeneuve, *L.*, mai 1756 ; *Ve.*, mai 1757 ; *B. S. A.*, mai 1758 ; *Aub.*, mai 1760 ; [signe : *Villeneuve*] *L.*, mai 1761 ; M. Dominique de Forestier, Sᵍʳ de Villeneuve, [même signature], *St-P.*, mai 1762 ; [même signature] *Aub.*, mai 1763 ; Mʳᵉ Dominique Forestier, Sᵍʳ de Villeneuve, *L.*, mai 1764 ; Mʳ Dominique Forestier, Sᵍʳ de Villeneuve, [même signature] *T.*, mai 1765 ; *V. de B.*, mai 1766 ; *P.*, mai 1767 ; M. Dominique le Forestier, écuyer, Sᵍʳ de Villeneuve, *Ve.*, mai 1769 ; M. Louis-Dominique Le Forestier de Villeneuve, baile de Pradelles, *An.*, mai 1771.

Forlivio, Sʳ **de Bel** (Nob. Jean-Baptiste de), châtelain d'Aps, *Viv.*, déc. 1600 (pour 1601).

Foron, v. : Coste-Foron.

Foron (M. Guillaume), maire de Tournon, *P.*, mai 1744 ; *An.*, mai 1745.

Fouquet (Mʳ Mᵉ André de), docteur en médecine, consul de Viviers, comm. ord., *T.*, janv. ; juill. ; *B. S. A.*, juill. 1642.

Fouquet (Mʳ Mᵉ Georges), docteur en médecine, premier consul de la ville de Viviers, comm. ord., *An.*, mars 1697 ; premier consul de Viviers, *B. S. A.*, mars 1708.

Four, v. : Pignac de la Tour-et-Four.

Fourel (Mr Me Jean), conseiller du Roi et son procureur au bailliage d'Annonay, premier consul d'Annonay, *P.*, fév. 1681.

Fourel (Mr Me Jean-Armand), Mr Me Jean-Armand Forel, avocat et procureur du Roi au bailliage d'Annonay, pour le baile de la Gorce, [signe : *Fourel*] *An.*, mai 1721.

Fourès (Me Bernardin), Forès et Forestz, consul d'Annonay, *la V.*, fév. 1614.

Fourès (Me Jean), consul d'Annonay, *St-P.*, avr. 1664.

Fournat (Mr Jean), bourgeois d'Annonay, pour le maire de Pradelles, *An.*, mai 1759.

Fournat (M. Louis), ex-consul de la ville d'Annonay, *St-P.*, mai 1762.

Fourneri de Latour (Mr Me Antoine-Guillaume), avocat, second consul de Viviers, *L.*, mai 1785 ; Fourneri de la Tour, Sgr **de la Tour**, second député de Viviers, *B. S. A.*, juin 1788.

Fournier (Mr Me Jean), docteur ès-droits, juge de la baronnie de Boulogne, pour le châtelain de Boulogne, *Aub.*, janv. 1613 ; *T.*, fév. 1615 ; *B. S. A.*, mars 1616 ; docteur ès-droits, juge en la comté de Montlor, pour le bailli de Montlor, *B. S. A.*, juin 1617 ; bailli de Boulogne, *J.*, mars 1618 ; *P.*, janv. 1619 ; *Aps*, juill. 1620 ; *B. S. A.*, mai ; juill. ; *Bagnols*, oct. ; *B. S. A.*, nov. 1621 ; *la V.*, mars 1623 ; *G. lès V.*, juin ; *Viv.*, sept. 1624 ; *T.*, fév. 1625.

Fournier (Sr Zacharie), consul de Tournon, *Prad.*, mai 1661.

Fournier des Combes (Sr Michel), Sr Michel Fournier, Sr de Combes, régent d'Aubenas, *la V.*, mai 1659 ; noble Michel de Fournier, Sr des Combes, pour le bailli de Montlor, *le Ch.*, avr. 1663 ; noble Michel Fournier, régent d'Aubenas, *la V.*, avr. 1666 ; pour le consul de Montlor, *Viv.*, avr. 1671 ; le même (?) que Sr Louis Fournier, Sr des Combes, *T.*, mai 1679 ; Sr Michel Fournier, Sr des Combes, consul de Montlor, *B. S. A.*, mai 1680 ; pour le consul de Montlor, *P.*, fév. 1681.

Frachon (M. Jean-François-Xavier), premier consul d'Annonay, *Ve.*, mai 1769.

Fraisse (du), v. : Bollon du Fraisse.

François (Mr Me François des), docteur en médecine, premier consul d'Annonay, *B. S. A.*, mai 1680.

François (Mr Me Henri des), Mr Me Henri De François, docteur et avocat, maire-commis de la ville de Viviers, comm. ord. du Roi, [signe : *Desfrançois*] *An.*, mars 1709 ; avocat en parlement, pour le maire de Saint-Agrève, *Aub.*, mars 1710 ; [pour le] consul de Montlor, *An.*, mai 1721.

François (Sr Jean), bourgeois, pour le consul d'Annonay, *Aub.*, janv. 1650.

François, Sgr **d'Andance** et autres lieux (Mre Jean-Marie de), conseiller du Roi, juge royal civil et criminel du haut pays de Vivarais, comm. ord. du Roi en l'absence de Mre Joseph-Sébastien de Serre, bailli de Vivarais, arrêté à Viviers par une indisposition, *An.*, mai 1745 ; Mre Jean-Marie des François, seigneur de la baronnie de **Thorenc** et Andance, chevalier de l'ordre de Saint-Lazare, juge et lieutenant général au bailliage de Vivarais, siège royal d'Annonay, comm. ord. du Roi, mai 1759 ; le même (?) que Mre Jean-Marie des François **de Lholme** baron de Thorenc, S^{gr} de Lholme, Andance, **Saint-Désirat, Saint-Etienne de Valoux, Vernosc, Talencieux, Saint-Cyr** et autres places, conseiller du Roi, juge mage lieutenant général en la sénéchaussée du haut Vivarais séante à Annonay, comm. ord. du Roi, *St-P.*, juin 1786 ; Mre Jean Marie **Delholme-Desfrancois**, lieutenant général civil, juge mage en la sénéchaussée du Vivarais séante à Annonay, comm. ord., *T.*, juin 1789.

Francon (Sr Henri), consul de Tournon, *T.*, mai 1743.

Freydier (*N.*), [consul de Rochemaure ?], signe le procès-verbal de *V. de B.*, mars 1660, où la liste de présence est incomplète.

Frévol (Me Jean), Frivol, consul de Pradelles, *Aub.*, déc. 1602 (pour 1603) ; *P.*, avr. 1612 ; janv. 1619.

Frévol d'Aubignac (Nob. *N.* de), noble [prénom en blanc] de Frivol, S^r d'Aubiniac, baile de Pradelles, *P.*, fév. 1681.

Frévol d'Aubignac (Nob. François), [signe : *Daubignac, Daubinhac* et *Daubiniac*] noble François Frivol, baile de Pradelles, *V. de B.*, juill. 1647 ; noble François Frivol, Sr Daubignac, pour le consul de Pradelles, *P.*, mars 1652 ; Sr François Frivol, *B. S. A.*, mai ; noble François Frivol, S^r d'Aubinhas, consul de Pradelles,

oct. 1656 ; Sr François Frivol, *J.*, mars 1658 ; la V., mai
1659 ; noble François Frivol, S^r d'Aubignac, pour le
baile de Pradelles, *St-P.*, avr. 1664 ; noble François Bruel
(*sic*), S^r d'Aubignac, *Aub.*, mai 1665 ; noble François de Frivol, S^r d'Aubignac, baile de Pradelles, *la V.*,
avr. 1666 ; S^r d'Aubiniac, *T.*, avr. 1667 ; S^r d'Aubinhac,
B. S. A., avr. 1668 ; *Aub.*, juin 1669 ; Mr Me François
Frivol, Sr Daubiniac, *Prad.*, mai 1672 ; *An.*, avr. 1673 ;
Mr Me François de Frévol, S^r d'Aubignac, *Aub.*, juin ;
Viv., juill. ; Mr Me François de Frivol, *Aub.*, août 1674 ;
Mr Me François de Frévol, S^r d'Aubignac, *le Ch.*, avr.
1675 ; *St-P.*, avr. 1676 ; Mr Me François de Frivol, S^r
Daubiniac, *Aub.*, mai 1677 ; noble François de Frivol,
S^r d'Aubignac, *T.*, mai 1679 ; *B. S. A.*, mai 1680 ; *J.*,
mars 1682.

Frévol d'Aubignac (Nob. Jean-Louis de), [signe :
D'Aubignac et Daubignac], noble Jean-Louis Frivol,
sieur D'Aubiniac fils, pour le baile de Pradelles, *Vo.*, avr.
1737; noble Jean-Louis d'Aubiniac, pour le consul de
Pradelles, *P.*, mai 1744 ; *An.*, mai 1745 ; noble Jean-
Louis de Frévol, S^r d'Aubiniac, baile de Pradelles, *la V.*,
mai 1753 ; pour le baile de la Gorce, *St-P.*, mai 1762 ;
Aub., mai 1763 ; noble Jean-Louis de Frévol, S^r d'Aubignac, pour le bailli de Saint-Remèze, *L.*, mai 1764 ;
bailli de Saint-Remèze, *T.*, mai 1765 ; *V. de B.*, mai 1766 ;
pour le bailli de Saint-Remèze, *P.*, mai 1767 ; *L.*, mai 1768.

Frévol d'Aubignac (Mr Me Joseph), [signe : *Daubiniac*] Mr Me Joseph Frivol, S^r d'Aubigniac, baile de
Pradelles, *B. S. A*, avr. 1704 ; *P.*, mars 1705 ; *J.*, mars
1706 ; [voir : Forestier (Mr Me Julien), 1707] ; *B. S. A.*,
mars 1708 ; *An.*, mars 1709 ; *Aub.*, mars 1710 ; *le Ch.*,

mars 1711 ; *Vo.*, mars 1713 ; *T.*, mars 1714 ; mars 1715 ;
B. S. A., avr. 1716 ; noble Joseph Frivol, Sʳ d'Aubiniac,
J., avr. 1718 ; *Vo.*, mai 1722 ; *T.*, mai 1723 ; *Aub.*, mai
1725 ; *T.*, mai 1726 ; noble Joseph de Frivol, Sʳ d'Aubiniac, *V. de B.*, mai 1727 ; noble Joseph Frivol, Sʳ d'Aubiniac, *P.*, mai 1729 ; *J.*, mai 1730 ; *T.*, mai 1731 ; *B. S. A.*,
mai 1732 ; *An.*, mai 1733 ; *Vo.*, mai 1734 ; mars 1735 ;
noble Joseph Frivol, Sʳ d'Aubignac, *St-P.*, mai 1736 ;
noble Joseph Frivol, Sʳ d'Aubiniac, *T.*, mai 1738 ; mai
1739 ; *P.*, mai 1740 ; le même (?) que noble Joseph-François de Frévol, Sʳ d'Aubiniac, *T.*, mai 1743 ; noble Joseph
de Frivol, Sʳ d'Aubiniac, *P.*, mai 1744 ; *An.*, mai 1745 ;
noble Joseph de Frévol, Sʳ d'Aubiniac, *Aub.*, mai 1746.

[**Frévol**] **d'Aubignac de Fontcroze** (Mʳᵉ Joseph de),
Mʳᵉ Joseph d'Aubignac de Fontcroze, chevalier de l'ordre
royal et militaire de Saint-Louis, député de Pradelles,
[signe : *le chevalier d'Aubignac*], *L.*, mai 1768.

Frévol, Sʳ **de Chanalettes** (Nob. Michel), noble [pré-
nom et nom en blanc] de Chanalettes, pour le consul de
Pradelles, *V. de B.*, déc. 1656 ; Sʳ Michel Frivol, *Aub.*,
juill. 1657 ; Sʳ Michel Frivol, Sʳ de Chanalettes, pour le
baile de Pradelles, *la V.*, mars 1678.

Frévol, Sʳ **de Fontfreyde** (Nob. Jacques), noble Jacques Frivol, Sʳ de Fontfreyde, baile de Pradelles, *la V.*,
mai 1683 ; noble [prénom en blanc] Frivol, Sʳ de Fontfreyde, *Prad.*, mai 1684 ; noble [prénom en blanc] Frivol
d'Aubignac, Sʳ de Fontfreyde, *An.*, avr. 1685.

Frévol, Sʳ **de Fontfreyde** (Nob. Jean), [signe *de
Fontfreyde*], noble Jean Frivol, Sʳ de Fontfreyde, baile
de Pradelles, *Viv.*, avr. 1671.

Frévol, Sʳ **de la Coste** (Nob. Jean), noble Jean Frivol, Sʳ de la Coste, pour le bailli d'Aps, *T.*, mai 1679.

Frévol de la Coste (Mʳᵉ Jean-Bruno de), chevalier, seigneur dudit lieu et son mandement, lieutenant colonel d'infanterie, commandant pour le Roi dans une partie du Vivarais et du Gévaudan, député de la ville du Puy aux derniers Etats généraux, comm. pr., *R.*, mai 1784.

Frévol de la Coste, Sʳ **de la Chapelle** (Nob. Jean de), [signe : *Lachapelle*], écuyer, premier consul de Pradelles, *Aub.*, mai 1772 ; noble Jean de Frévol, seigneur de la Chapelle, premier consul-maire de Pradelles, *L.*, mai 1776.

[**Frévol de**] **Mézain d'Aubignac** (le Sʳ *N.*,), nommé baile de Pradelles en survivance de son père François de Frévol [ne paraît pas présent], *la V.*, avr. 1666.

Frévol, Sʳ **de Villaret** (Nob. Jean-François), noble Jean François Frivol, Sʳ de Villaret, pour le consul de Pradelles, *P.*, mai 1729.

Freydier (Mᵉ Antoine), Mᵉ Antoine Fraydier, notaire royal gradué, pour le consul de Tournon, [signe : *Freydier*] *Vo.*, mai 1722 ; le même (?) que M. Freydier, notaire de Vallon, pour le maire de Joyeuse, *B. S. A.*, mai 1732.

Frivol, v. : **Frévol**.

G

[**Gabriac-Barjac** (?)], Sʳ **du Sault** (*N*. de), le Sʳ
du Sault, du Bourg Saint-Andéol, présid. comme subrogé
du duc de Ventadour, *B. S. A.*, nov. 1621.

Gabriac, Sʳ **de Fenoulhet** (Nob. Jean de), commandant pour le service du Roi au lieu de Florensac, présid.
comme subrogé du duc d'Uzès, *G. lès V.*, juin 1624.

Gache (Sʳ André-François), maire de Joyeuse, *V. de B.*,
mai 1720 ; *An.*, mai 1721 ; *T.*, mai 1726 ; *V. de B.*, mai
1727 ; Mʳ François Gache, *J.*, mai 1730.

Gache (Mʳ Mᵉ François), juge mage du duché de Joyeuse
pour le bailli de Joyeuse, *J.*, mars 1694 ; maire de Joyeuse,
P., mars 1695 ; juge mage et maire de Joyeuse, *Sl-M. d'A.*,
janv. 1696 ; *An.*, mars 1697 ; *Aub.*, mars 1698 ; *le Ch.*,
mars 1699 ; *Sl-P.*, mars 1700 ; *Vo.*, mars 1701 ; *R.*, fév.
1702 ; *T.*, mars 1703 ; *B. S. A.*, avr. 1704 ; *P.*, mars 1705 ;
J., mars 1706 ; *Ve.*, avr. 1707 ; *B. S. A.*, mars 1708 ;
An., mars 1709 ; *Aub.*, mars 1710 ; maire de Joyeuse,
le Ch., mars 1711 ; *Sl-P.*, avr. 1712 ; *Vo.*, mars 1713 ; *T.*,
mars 1714.

Gache (Sʳ François) notaire royal, consul de Joyeuse,
P., mars; juin; *Sl-P.*, mai 1662

Gacou (Mr Me François-Marie, avocat en parlement, premier consul-maire d'Annonay, *Aub.*, juin 1787 ; Gacon (*sic*), *B. S. A.*, juin 1788 ; Gacou, *T.*, juin 1789.

Gaignat, v. : aussi Ganhat.

Gaignat (Me Esprit), notaire royal, consul du Bourg Saint-Andéol, *T.*, avr. 1667.

Gailho (Sr Pierre), consul du Cheylard, *An.*, avr. 1685.

Gaillard (Me Jacques), consul du Bourg Saint-Andéol, *B. S. A.*, déc. 1644 ; *J.*, mai 1645.

Gaillard (Sr Jacques), consul du Bourg Saint-Andéol, *P.*, fév. 1681.

Galimard, v. : Chalabrueisse de Galimard de Monteilz.

Gallier (Me François-Benoit de), Me François-Benoit Dagalier, consul de Tournon, *la V.*, mai 1623 ; Me François Degallier, consul de Tournon, *la V.*, mai 1623 ; *G. lès V.*, juin 1624 ; *T.*, fév. 1625.

Ganhat, v. aussi : Gaignat.

Ganhat (Me Jean), notaire royal, consul du Bourg Saint-Andéol, *An.*, janv. 1611.

Garcin (M. Antoine), M. Antoine Guercin, premier consul de la ville et cité de Viviers, comm. ord., [signe : *Garcin, com^{re} ord^{re}*] *Aub.*, fév. 1689.

Garcin (Mr Me Jean-Antoine), consul de Viviers, *V. de B.*, mai 1727.

Garcin (M. Joseph), second consul de Viviers, *T.*, mai 1743.

Garel (Jean), consul de Pradelles, *L.*, janv. 1606.

Garin (*N.*), signe le procès-verbal de *la V.*, avr. 1666, où la liste de présence ne porte pas les noms des consuls de Tournon, Joyeuse et Chalancon.

Garnier (Me Etienne), notaire royal, consul de Privas, *Aub.*, janv. 1613.

Garnier (Me Jacques), notaire, consul de Privas, *L.*, janv. 1606 ; *Viv.*, janv. 1607 ; *J.*, mars 1618.

Garnier (Me Jean), consul de Privas, *An.*, janv. 1611,

Garnier (Me Pierre), notaire royal, consul de Privas. *Aps.*, juill. 1620.

Garnier des Hières (M. Claude), de Vernoux, avocat en parlement, seigneur **de Preaux**, pour le maire de Joyeuse, *Vc.*, mai 1757.

Garnier Labareyre (Mr Me Jacques), gradué, lieutenant en la justice de la baronnie de Chalancon, la Tourrette et Vernoux, pour le baile de la Gorce, [signe : *Labareyre*], *J.*, mai 1731.

Gascon (Me Gaspard), consul de Joyeuse, *T.*, juill. 1634.

Gascon (Me Guillaume), consul de Joyeuse, *B. S. A.*, mars 1616.

Gascon (Me Jean), consul de Joyeuse, *Aps*, juill. 1620.

Gascon (Sr Louis), consul de Joyeuse, *T.*, avr. 1667.

Gasque (Mr Me Jean-Antoine), avocat en parlement, député de Joyeuse, *Aub.*, mai 1772 ; Mr Me Jean Antoine Gasques [la liste de présence portait d'abord **Gasques**

de Combes et a été corrigée], avocat en parlement, pour le bailli de Joyeuse [signe : *Gasque*], *St-P.*, mai 1774.

Gasque (Mr Me Pierre de), avocat en parlement, premier consul-maire de Joyeuse, *T.*, juin 1789.

Gasque de Combes (Mr Me Louis-Annet), docteur en médecine de la Faculté de Montpellier, député de Joyeuse, *An.*, mai 1771 ; [paraît présent comme consul de Joyeuse, *L.*, 1776 : le nom du consul est en blanc dans la liste de présence et on trouve à la fin du procès-verbal la signature : *Decombes*] ; Me [prénom en blanc] Decombes, premier consul-maire de Joyeuse, *alias* Mr de Combes, médecin et premier consul de Joyeuse, *T.*, mai 1777 ; M. Louis-Annet Gasque de Combes, docteur en médecine, premier consul-maire de Joyeuse [signe : *Decombes*], *V. de B.*, mai 1778 ; M. Louis-Annet Gasque Decombes, docteur en médecine, premier consul-maire de Joyeuse, *L.*, mai 1780 ; Mr Louis-Annet Gasque Decombes, docteur en médecine de la faculté de Montpellier, *T.*, mai 1781 ; Mr Louis-Annet Gasque Descombes, *Aub.*, mai 1782.

Gast (du), v. : Angerès du Gua.

Gaste, v. : Magnin de Gaste.

Gaucherand ([Jean] de), Sr (prénom en blanc) Gaucheran, juge de Vals, pour le bailli de Montlor [signe : de Gaucherand], *J.*, mars 1694.

Gaude (Sr Guillaume), régent d'Aubenas, *St-P.*, avr. 1664.

Gaultier (Sr N.), pour le consul d'Annonay, *P.*, janv. 1644 ; pour le bailli d'Annonay, *Prad.*, mai 1661.

Gaultier (Me Pierre-André), docteur ès-droits, consul d'Annonay, *G. lès V.*, juin ; *Viv.*, sept. 1624 : *T.*, fév. ; *Aub.*, juin 1625.

Gautier (Mr Me André), bailli (*sic*) d'Annonay, *V. de B.*, fév. 1649 ; consul d'Annonay, *Viv.*, mars 1649.

Gautier (Mr Me Antoine), juge au bailliage d'Annonay, pour le bailli d'Annonay, *An.*, avr. 1673.

Gautier (Nob. Christophe de), [signe : *Gaulier*] pour le bailli de Privas, *An.*, mars 1709 ; le même (?) que Christophe Gautier, écuyer, pour le baile de la Gorce, *An.*, mai 1733.

Gautier (Sr Jean-Baptiste), consul de Viviers, *An.*, mars 1697 ; le même (?) *J.*, avr. 1718.

Gautier (M. Joseph), deuxième consul de Viviers, *P.*, mai 1744 ; *la V.*, mai 1753.

Gautier (Mr Me Mazille), docteur ès-droits, envoyé de la ville d'Annonay pour tenir la place de consul, *J.*, avr. 1633.

Gautier (Mr Me Pierre), procureur du Roi au bailliage d'Annonay, consul d'Annonay, *Aub.*, mai 1646.

Gauze (Me Jacques), consul de Pradelles, *T.*, avr. 1655.

Gébelin (le Sr Jean), pour le consul de Chalancon, *P.*, avr. 1612.

Gébelin (Mr Me Jean), consul de Pradelles, *T.*, mai 1679 ; Sr Jean Gebellin, *le Ch.*, mai 1687.

Genas (le S^r de), alias le Sr Dagenas, pour le bailli de Tournon, *Bagnols*, oct. 1621.

Génestelle, v. : Ucel de Craux.

Geoffre (Mr Me *N.*), Joffre, juge général de la comté de la Voulte, pour le bailli de la Voulte, *Prad.*, mai 1672. [v. : Geoffre (Mr Me François-Hercule)].

Geoffre (Sr Jean-Annet), Joffre, écuyer, pour le bailli de Boulogne, *la V.*, fév. 1690 ; Sr Jean-Annet de Geofre, écuyer, sieur **du Rocher**, bailli de la Voulte, [signe : *Geofre*], *B. S. A.*, fév. 1692 ; S^r [ce mot rayé] Jean-Annet de Geofre, écuyer, Sr de Rocher, *P.*, mars 1693.

Geoffre (Mr Me François-Hercule), Joffre, juge général des terres du duc de Ventadour, pour le bailli de Tournon [signe : *Geofre*], *Aub.*, juin 1674. [V. : Geoffre (Mr Me *N.*)]

Géraud (Me Pierre), notaire royal, consul de Pradelles, *B. S. A.*, mai 1680.

Gévaudan (*N.*), signe le procès-verbal de *T.*, mai 1679 et ne figure pas dans la liste de présence.

Geys, v. : Biosse de Geys, Guyon de Geys de Pampelonne et Guyon de Pampelonne.

Gibert (Sr François), second consul de Viviers, *Aub.*, mai 1665 ; *Viv.*, avr. 1671.

Gigord (Nob. Etienne de), capitaine au régiment de Normandie, bailli de Saint-Remèze, *An.*, mai 1771.

Gigord (Me Raymond), consul de Joyeuse, *J.*, mars 1618.

Gigord, S^{gr} **de la Rochette** et **Charaïs** (Nob. Raymond de), noble (prénom en blanc) Gigord, juge mage du duché de Joyeuse, pour le bailli de Joyeuse, *St-P.*, avr. 1664 ; noble Raymond de Gigord, S^{gr} de la Rochette et Charaïs, juge mage du duché de Joyeuse, pour le consul de Joyeuse, *Aub.*, mai 1665 ; noble Raymond de Gigord, juge mage du duché de Joyeuse, pour le bailli de Joyeuse, *Aub.*, juin 1674 ; noble Raymond de Gigord, docteur ès-droits, juge mage du duché de Joyeuse, *B. S. A.*, mai 1680 ; *J.*, mars 1682.

Ginestous, Sr **du Bruget** (Nob. Annet de), présid. comme subrogé du baron de Brion, *Viv.*, avr. 1638 ; janv. ; *B. S. A.*, fév. 1639 ; bailli de Joyeuse, déc. 1644 ; présid. comme subrogé de la duchesse de Guise et de Joyeuse, *J.*, mai ; juill. 1645 ; bailli de Joyeuse, *Aub.*, mai 1646 ; *V. de B.*, fév. 1647 ; *la V.*, juill. 1648 ; nob. Anné de Ginestoux, Sr **de Vernon**, *V. de B.*, fév. 1649 ; *Aub.*, janv. ; oct. 1650 ; *V. de B.*, janv. ; *le Ch.*, mars ; *Aub.*, avr. 1651 ; *P.*, mars ; *Aub.*, juin ; *St-P.*, août ; *G. lès V.*, oct. 1652 ; *Aub.*, juill. 1653 ; *la V.*, juin 1654 ; *T.*, avr. ; juin 1655 ; *B. S. A.*, mai ; oct. 1656 ; *Aub.*, juill. 1657 ; noble Annet de Ginestoux, seigneur de **Castanet, Bouziges, le Pieble**, coseigneur de Vernon, gentilhomme ordinaire de la chambre du Roi, sénéchal et gouverneur de la ville et duché de Joyeuse, présid. comme subrogé de J. de Lorraine, duc et baron de Joyeuse, *J.*, mai 1658 ; noble Annet de Ginestoux, Sr de Castanet, bailli de Joyeuse, *la V.*, mai 1659 ; le Sr de Vernon, *V. de B.*, mars 1660 ; noble Annet de Ginestoux,

Prad., mai 1661 ; noble Annet de Ginestoux, Sr de Castanet, *Aub.*, mai 1662 ; noble Annet de Ginestoux, S^r de
Vernon, *le Ch.*, avr. 1663 ; noble Annet de Ginestoux,
Aub., mai 1665 ; *la V.*, avr. 1666 ; noble Annet de Ginestoux, Sr de Vernon, *T.*, avr. 1667 ; *B. S. A.*, avr. 1668 ;
Aub., juin 1669 ; noble Annet de Ginestoux, S^gr de Vernon
et Castanet, *Viv.*, avr. 1671 ; le Sr de Vernon, *Prad.*,
mai 1672.

Ginestous, Sr **de Castanet** (Nob. François de), pour
le bailli de Joyeuse, *J.*, mars 1618.

Ginestous, M^ls **de la Tourrette** (Just-Henri de), le
seigneur marquis de la Tourrette, père du marquis de
Durfort [ce dernier acquéreur de la baronnie de Chalancon],
est invité à assister aux Etats, étant « fort esclairé », et
pouvant « donner des bons sentimens dans l'occurrence
des affaires », *Prad.*, mai 1672.

Ginestous, Sr **de Vernon** (Nob.Guillaume de), noble
Guillaume de Ginestoux, S^gr de Vernon, sénéchal et
bailli de Joyeuse, *le Ch.*, avr. 1675 ; bailli de Joyeuse,
St-P., avr. 1676 ; *Aub.*, mai 1677 ; *la V.*, mars ; avr.
1678 ; *T.*, mai 1679 ; *P.*, fév. 1681 ; Messire Guillaume
de Ginestoux, seigneur de Vernon, **Castanet, le Piebvre**,
bailli, sénéchal et gouverneur de la ville et duché de
Joyeuse, préside comme subrogé de M. de Lorraine, duchesse de Guise, etc., ayant tour de baron à cause de sa
baronnie et duché de Joyeuse, *J.*, mars 1682.

Ginestous, Sr **de Vernon** (Nob. Jacques de), bailli
de Joyeuse, *An.*, janv. 1611 ; *P.*, avr. 1612 ; *Aub.*, janv.
1613 ; *T.*, fév. 1615 ; *B. S. A.*, mars 1616 ; juin 1717 ;

bailli et sénéchal au duché de Joyeuse, présid. comme subrogé de « Madame la Princesse de Guise », *J.*, mars 1618 ; bailli de Joyeuse, *P.*, janv. 1619 ; *Aps*, juill. 1620 ; *Bagnols*, oct. ; *B. S. A.*, nov. 1621 ; fév. ; avr. ; oct. 1622 ; *la V.*, mars ; mai 1623 ; sept. 1626 ; *T.*, juin 1627 ; *Viv.*, août 1628 ; noble Jacques de Ginestous **de la Bastide**, seigneur de Vernon, janv. ; fév. ; mars ; avr. 1629 ; déc. 1631 ; présid. comme subrogé de « Madame la Duchesse de Guise », *J.*, avr. 1633 ; bailli de Joyeuse [signe : *De la bastide Vernon*], *T.*, juill. 1634 ; *Viv.*, fév. 1635 ; mars 1637 ; *V. de B.*, fév. ; *B. S. A.*, mars ; *Viv.*, avr. ; *B. S. A.*, juill. 1638 ; *Viv.*, janv. ; *B. S. A.*, fév. ; *G. lès V.*, mars ; *B. S. A.*, avr. ; bailli du duché de Joyeuse, *G. lès V.*, juin ; *B. S. A.*, juill. ; nov. 1639 ; bailli de Joyeuse, *Aub.*, fév. 1640 ; *la V.*, janv. 1641 ; *T.*, juill. 1642 ; *B. S. A.*, fév. 1643 [noble Annet de Ginestous, Sr du Bruget, fils de Jacques, sera reçu comme bailli de Joyeuse en l'absence de son père] ; *P.*, janv. 1644 ; *J.*, mai 1645.

Ginhoux (Sr Antoine), consul de Boulogne, *P.*, fév. 1681.

Giral, v. : Girard.

Girard (Me Andéol, *alias* André) Mr André Girard, consul du Bourg Saint-Andéol, *T.*, janv. ; mars ; juill., oct. 1642 ; Sr Andéol Girard, consul du Bourg Saint-Andéol, *B. S. A.*, mai ; oct. ; *V. de B.*, déc. 1656.

Girard (Mr Andéol), pour le consul du Bourg Saint-Andéol, *Vo.*, mai 1734.

Girard (Me Jean), Me Jean Giral (*sic*), consul de Joyeuse, *Viv.*, fév. 1735.

Girard (M. Joseph-Nicolas), avocat en parlement, habitant du Bourg Saint-Andéol, pour le baile de Pradelles, *B. S. A.*, juin 1788.

Girard (Mr Me Nicolas), avocat en parlement, pour le maire du Bourg, *B. S. A.*, avr. 1716 ; Mr Me Nicolas Girard, avocat en parlement, juge général des terres de l'Evêché de Viviers, maire du Bourg, *P.*, mai 1729 ; *J.*, mai 1730 ; comm. pr., *T.*, mai 1731 ; juge et maire du Bourg Saint-Andéol, *B. S. A.*, mai 1732 ; *St-P.*, mai 1736 ; *Vo.*, avr. 1737 ; *T.*, mai 1738 ; mai 1739 ; *P.*, mai 1740 ; *T.*, mai 1743 ; *P.*, mai 1744.

Giraud (*N.*), consul de Viviers, comm. ord., *Aub.*, avr. 1686. [V. le suivant].

Giraud (Sr André), consul de Viviers, comm. ord., *St-P.*, 11 et 14 avr. 1676 ; le même (?) appelé Sr Honoré Giraud, *Viv.*, mai 1676 ; Sr André Giraud, *J.*, mars 1682 ; *Aub.*, avr. 1686.

Giraud (Me Antoine), consul de Viviers, *Aub.*, fév. 1640 ; consul de Viviers, comm. ord., *la V.*, juill. 1648 ; *Viv.*, mars 1649 ; le même (?) que Sr Antoine Giraud, bourgeois de la ville de Viviers, premier consul de ladite ville, comm. ord., *St-P.*, avr. 1664.

Giraud (Mr Me Jean), docteur ès-droits, premier consul de Viviers, comm. ord., *An.*, avr. 1673 ; *Aub.*, juin 1674.

Giraud (M. Mathieu), consul du Bourg Saint-Andéol, *Aub.*, mai 1773 ; mai 1775.

Giraud (Sr Pierre), consul de Pradelles, *Prad.*, mai 1672.

Giraud, Sr **de Chirols** (Nob. Paul de), pour le consul de Largentière, *An.*, mai 1745.

Giry (Claude), consul de Viviers, comm. ord., *Viv.*, déc. 1600 (pour 1601).

Gontard (Me François), Me François Goudal, consul du Bourg Saint-Andéol [signe : *F. Gontard*], *la V.*, juill. 1648.

Gontard (Me Jean), consul de Tournon, *B. S. A.*, mars 1616.

Gontier (Mr Me Jacques), avocat en parlement, pour le consul de Boulogne, *J.*, mai 1730 ; avocat en parlement, consul de Pradelles, *L.*, mai 1756.

Gors (de), v. aussi : Degors.

Gors, (Aymar de), consul du Bourg Saint-Andéol, *T.*, févr. 1605.

Goudard (Mr F.), M. Goudar, lieutenant de maire d'Albi, comm. ord. [Sans doute étranger au pays ; cependant sa signature : *F. Goudar, com^{re} ppal* (Ardèche, C.351, f° 410 v°), paraît la même que celle de François Goudard, directeur de la manufacture d'Aubenas, qui se trouve dans la même registre (f° 338 v°) à la date de 1738], *T.*, mai 1739.

Gourdan, v. : Vogüé de Gourdan.

Gourdan (Jean), consul d'Annonay, *G. lès V.*, juin 1639 ; Me Jean Gourdan, pour le consul d'Annonay, *Aub.*, fév. 1640.

Gourdan (Mr Me Louis), docteur ès-droits, consul d'Annonay, *B. S. A.*, avr, 1668 ; premier consul d'Annonay, *la V.*, mars ; avr. 1678 ; Mr Me Louis Gourdan, avocat en parlement, consul d'Annonay, *St-P.*, avr. 1688 ; *Aub.*, fév. 1689.

Goys, Sr **du Cluzel** (Nob. Jean de), régent d'Aubenas, *B. S. A.*, mai 1621.

Graffand (Sr François), bourgeois, pour le maire du Bourg, *T.*, mars 1714.

Grail (*N.* du), signe *Dugrail*, à la fin du procès-verbal d'*An.*, janv. 1636. Entre peut-être comme consul de Saint-Agrève.

Grailh (Jean), consul de Saint-Agrève, *L.*, janv. 1606.

Grandbois (le S^r), baile de Pradelles, *le Ch.*, mars 1699 ; *St-P.*, mars 1700. V. : Faugeroux de Grandbois.

Grange (Me *N.*), consul du Cheylard, *la V.*, janv. 1641.

Grange (Mr Me André), docteur ès-droits. consul du Cheylard, *J.*, avr. 1718 ; juge de la Chaise, Talaron et Saint-Martial, docteur ès-droits, pour le bailli de Brion, *T.*, mai 1723.

Grange (Sr Jean), premier consul de Tournon, *P.*, mars 1693.

Grange (M. Jean-Louis-Venance), consul électif de Tournon, *L.*, mai 1761.

Grange (Sr Louis), pour le maire du Bourg, *T.*, mars 1715.

Granier (Sr Jean-François), premier consul du Bourg Saint-Andéol, *Aub.*, fév. 1689 ; Grenier, consul du Bourg Saint-Andéol [signe : *Granier*,] *Vo.*, mars 1722.

Granjon (Me Balthazar), pour le châtelain de Boulogne, *B. S. A.*, juin 1617.

Granjon (Me Pierre), consul de Saint-Agrève, *B. S. A.*, juin 1617 ; *J.*, mars 1618 ; *P.*, janv. 1619 ; châtelain et consul de Saint-Agrève, *Aps*, juill. 1620 ; châtelain de Saint-Agrève, pour le consul, *B. S. A.*, mai ; juill. ; *Bagnols*, oct. ; *B. S. A.*, nov. 1621; fév. ; oct. 1622; pour le consul de Saint-Agrève, *la V.*, mars 1623 ; consul de Saint-Agrève, *T.*, juin 1627.

Granoux, v. : La Pimpie (Artus-Gilbert de).

Granval, v. : [Mollier de] Granval.

Gras, v. : Serre de Saint-Marcel et Serre-Saunier.

Grassier (M. Jean-Baptiste). M. Jean-Baptiste Gratier, pour le consul d'Annonay [signe : *Grassier*], *Vo.*, avr. 1737.

Grésan, v. : Merle (Mre Joseph-François de).

Grille, v. : Rochemore de Grille.

Grimoard, v. : Roure.

Grolée, S^gr **de Burzet** et **Montbreton** (Mre Antoine de), comm. pr., *B. S. A.*, mai 1621 ; fév. 1622.

Gros (Mr Me François), avocat, maire de Montlor, *T.*, mai 1765 ; premier consul de Montlor, *P.*, mai 1767 ; maire de la ville d'Aubenas, député de Montlor, *Aub.*, mai 1770 ; avocat en parlement, député de Montlor, *An.*, mai 1771 ; avocat en parlement, maire de la ville d'Aubenas, député de Montlor, *Aub.*, mai 1772 ; avocat en parlement, député de Montlor, *St-P.*, mai 1774 ; avocat et maire député de Montlor, *Aub.*, mai 1775 ; avocat en parlement, pour le baile de la Gorce, *L.*, mai 1776 ; avocat, maire de Montlor, *T.*, mai 1777.

Gros (Sr Melchior), régent d'Aubenas, *B. S. A.*, mai ; oct. ; *V. de B.*, déc. 1656 ; *le Ch.*, avr. 1663.

Grusse, v. : Androl de Grusse.

Gua (du), v. : Angerès du Gua.

Guerin (Mr Me Claude), docteur ès-droits, consul d'Annonay, *Aub.*, juill. 1657 ; Mr Me Claude Guerin, docteur ès-droits, avocat au bailliage de Vivarais, siège royal d'Annonay, premier consul d'Annonay, *le Ch.*, avr. 1675 ; Mr Me Claude Guerin, consul d'Annonay, *St-P.*, avr. 1676 ; avocat en parlement, consul ancien d'Annonay, *An.*, avr. 1685.

Guérin (Jean), consul de Rochemaure, *J.*, mai 1608.

Guerin (Me Louis), pour le consul d'Annonay, *la V.*, juill. 1648.

Guerin (Mr Me Michel), avocat en parlement, premier consul d'Annonay, *T.*, mars 1691 ; pour le maire de Boulogne, *An.*, mars 1697 ; vibailli d'Annonay, mars 1709 ; mai 1721.

Guilhon (Sr Jean), Sr Jean Guillon, consul de Pradelles [signe : *Guilhon*], *Prad.*, mai 1684 ; [même signature], *P.*, mars 1693.

Guilhon (Sr Louis), premier consul du Bourg Saint-Andéol, *An.*, avril 1685.

Guilhon (Me Marsal), docteur ès-droits, consul de Pradelles, *T.*, fév. 1609.

· **Guilhon**, S^gr **de Champfagot** (Mr Me Louis), ancien avocat du Roi au bailliage de Villeneuve de Berc, bailli de Jaujac, *V. de B.*, mai 1720 ; Mr Me Louis Guilhon, *An.*, mai 1721 ; *T.*, mai 1723 ; Mr Me Louis Guilhon, S^gr de Champfagot, *Aub.*, mai 1725 ; *T.*, mai 1726 ; *V. de B.*, mai 1727 ; *J.*, mai 1730. [Champfagot, anciennement Champfelgos].

Guillon (Me Guillaume), consul de Pradelles, *Viv.*, mars 1649.

Guillon (Me Pierre), consul de Pradelles, *Aub.*, janv. 1650.

Guyon de Geys de Pampelonne (le chevalier de), M. le chevalier de Pampelonne [Jacques-Joseph de Guyon de Geis de Pampelonne — Communication de M. le baron de Pampelonne], major du régiment provincial d'Anduze, pour le bailli de Tournon, *L.*, mai 1780.

Guyon de Geys, S^{gr} **de Pampelonne** (Nob. Antoine de), [signe : *Pampellonne*] pour le bailli d'Aubenas, *Vo.*, avr. 1737 ; pour le consul de Largentière, *T.*, mai 1738 ; Mre Antoine de Guyon, S^{gr} de Pampelonne, pour le consul de Tournon, *P.*, mai 1740 ; Mre Antoine de Guyon de Geys, S^{gr} de Pampelonne, pour le bailli de Montlor, *T.*, mai 1743 ; M^r M^e (*sic*) Antoine de Guyon de Geys, S^{gr} de Pampelonne et **de Miraval**, bailli de Vogüé, *P.*, mai 1744 ; Mre Antoine etc., pour le bailli de Saint-Remèze, *An.*, mai 1745 ; Mre Antoine de Guyon de Geys, S^{gr} de Pampelonne, pour le bailli de Vogüé, *Aub.*, mai 1746 ; Mre Antoine de Guyon, S^{gr} de Pampelonne, pour le bailli de la Voulte, *la V.*, mai 1753 ; *V. de B.*, mai 1754 ; mai 1755 ; [pour le] bailli de la Voulte, *L.*, mai 1756 ; pour le bailli de la Voulte, *Ve.*, mai 1757 ; *B. S. A.*, mai 1758 ; *An..* mai 1759 ; *Aub.*, mai 1760 ; *L.*, mai 1761 ; [pour le] bailli de la Voulte, *St-P.*, mai 1762.

Guyon, S^{gr} **de Pampelonne** (Nob. Guillaume de), bailli de Privas, *Aps*, juill. 1620 : *B. S. A.*, fév. 1622 ; noble Guillaume de Guyon, dit **de Geys**, S^{gr} de Pampelonne, bailli de Privas, *la V.*, sept. 1626.

H

Haond (Sr Jean-Pierre), premier consul de la communauté et de Coucouron et Montlor, *L.*, mai 1785 ; *St-P.*, juin 1786 ; Haon, *Aub.*, juin 1787 ; Haond, *B. S. A.*, juin 1788, *T.*, juin 1789.

Harcourt, v. : Crouile d'Harcourt.

Hargenvillier, v. aussi : Argenvillier.

Hargenvillier (*N.*), signe le procès-verbal, peut-être comme second consul de Viviers, à *V. de B.*, mars 1660.

Hautefort, Vte **de Cheylane**, S^gr et Bon **de Lestrange, Boulogne**, etc., (René d'), Dauthefort, baron de tour, présid., *Viv.*, janv. 1607 ; *T. S. A.*, mars 1617.

Hautefort, Bon **de Lestrange** (Nob. Gabriel d'), Aultefort, pour le bailli de Privas, *Viv.*, août 1628.

[**Hautefort**] **de Montbrun de Lestrange** (*N.* d'), comm. pr., *Aps*, juill. 1620.

Hauteville v. aussi Auteville et Rioufol d'Auteville.

Hauteville (Jean), consul du Cheylard, *Viv.*, déc. 1600 (pour 1601).

Hautvillar (Nob. Annct du), pour le bailli de Chalancon, *Aub.*, janv. 1613 ; [pour le] bailli de Chalancon, *Bagnols*, oct. 1621 ; *B. S. A.*, janv. 1622 ; *la V.*, mars ; mai

1623 ; *G. lès V.*, juin 1624 ; *T.*, fév. 1625 ; pourvu de l'office de bailli de Chalancon en remplacement de feu noble Joseph du Hautvillar, son père, *la V.*, sept. 1626 ; *T.*, juin ; août ; *Viv.*, sept. ; noble Anné du Hautvillar, seigneur dudit lieu et de **la Motte Chassiers**, bailli de Chalancon, présid. comme subrogé de Mgr de Tournon, *B. S. A.*, oct. ; bailli de Chalancon, *T.*, oct. ; déc. 1627 ; *B. S. A.*, janv. 1628.

Hautvillar (Nob. Claude du), noble Claude du Hautvillar, sieur dudit lieu, bailli de Chalancon, *Viv.*, déc. 1600 (pour 1601) ; *Aub.*, déc. 1602 (pour 1603); *T.*, fév. 1605 ; *B. S. A.*, juin 1617.

Hautvillar (Nob. Joseph du), noble Joseph du Hautvillar, sieur dudit lieu, à la place de noble Claude du Hautvillar, son père, bailli de Chalancon, *Viv.*, janv. 1607 ; bailli de Chalancon, *T.*, fév. 1609 ; le même (?) noble [prénom en blanc] du Haultvillar, bailli de Chalancon, fév. 1615 ; noble Joseph du Hautvillar, sieur dudit lieu, bailli de Chalancon, *P.*, janv. 1619 ; *B. S. A.*, mai 1621 ; avr. 1622.

Hébrard (*N.*), signe le procès-verbal de *V. de B.*, mars 1660 ; entre peut-être comme consul de Largentière.

Hébrard (Sr Antoine), premier consul de la ville de Viviers, *Sl-P.*, avr. 1712.

Hébrard (Me Guillaume), pour le consul de Largentière, *An.*, janv. 1636 ; *T.*, janv. ; mars ; avr. ; juill. ; oct. 1642 ; le même (?) que Sr Guillaume Hébrard, *T.*, avr. ;

juin 1655 ; *B. S. A.*, mai ; consul de Largentière, oct. 1656 : pour le consul de Largentière, *Prad.*, mai 1661 ; *Viv.*, avr. 1671 ; mai 1676.

Hébrard (Me Jean), consul de Largentière, *T.*, fév. 1609 ; le même (?) que Me Jean Hébrard, choisi en 1622 pour remplacer le baile de la Gorce [Jean Sabatier], obligé de partir avant la fin de la session, *B. S. A.*, fév. 1622.

Hébrard (Sr Noël), Sr Noé Hébrard, notaire royal, premier consul de Viviers, comm. ord., *Aub.*, mai 1665 ; juin 1669 ; *le Ch.*, avr. 1675 ; consul de Viviers, *St-P.*, avr. 1676.

Hermet (Me Jean), notaire royal, lieutenant au fait de la justice du lieu d'Aps, pour le châtelain d'Aps, *T.*, fév. 1605 ; *L.*, janv. 1606 ; *Viv.*, janv. 1607.

Hières (des), v. : Garnier des Hières.

Hières *ou* **Yères** (Me Jean des), consul de Tournon, *L.*, janv. 1606.

Hilaire-Durein (Mre Jean Baptiste d'), pour le bailli de Chalancon, *L.*, mai 1768 ; Mre Jean Baptiste d'Hilaire du Rhin, ancien capitaine d'infanterie, député de la ville de Tournon [signe : (*le chevalier*) *D'hilaire Durein*], mai 1780.

Hilaire de Jovyac (Nob. Jacques d'), [signe : *Jovyac*] le sieur de Jouviac, bailli de la Voulte, *J.*, mars 1694 ; noble Jacques d'Illaire, seigneur de Joviac, *P.*, mars 1695 ; *St-M. d'A.*, janv. 1696 ; appelé au service et réputé présent. *An.*, mars 1697 ; écrit pour excuser son retard (sa signature ne figure pas à la fin du procès-verbal), *Aub.*, mars

1698 ; bailli de la Voulte, *St-P.*, mars 1700 ; *Vo.*, mars 1701 ; présid. comme subrogé du duc de Ventadour, baron et comte de la Voulte, et comm. pr., *R.*, fév. 1702 ; bailli de la Voulte, *B. S. A.*, avr. 1704 ; *P.*, mars 1705 ; *J.*, mars 1706 ; *Ve.*, avr. 1707 ; *B. S. A.*, mars 1708 ; *An.*, mars 1709 ; noble Jacques d'Hilaire, seigneur de Jovyac et **des Plans**, colonel d'infanterie, *Aub.*, mai 1710 ; *le Ch.*, mars 1711 ; comm. pr. *St-P.*, avr. 1712; bailli de la Voulte, *Vo.*, mars 1713.

Hurard de la Gayère (M. Muraud - *sic* -), [signe : *La Gayère*], écuyer, conseiller du Roi et maire alternatif de Tournon, *Aub.*, mai 1746.

I

Imbert (Sr Claude) deuxième consul de Viviers, *la V.*, juin 1654.

Imbert (Jacques), consul de Rochemaure, *T.*, janv. ; juill. 1642.

Intras (d'), v. : Cluzel d'Intras.

J

Jessé (Mr Me Jean-Baptiste), premier consul de Tournon, *Aub.*, fév. 1689 ; *la V.*, fév. 1690.

Jeune de Chambeson (Mr Me François), [signe : *Chambeson*], juge royal de Villeneuve de Berc, pour le maire de Largentière, *T.*, mars 1703 ; Mr Me François Jeune, Sr de Chambeson, avocat en parlement, pour le maire du Bourg Saint-Andéol, *B. S. A.*, avr. 1704 ; *P.*, mars 1705 ; *J.*, mars 1706 ; juge royal de Villeneuve de Berc, pour le maire du Bourg, *Ve.*, avr. 1707 ; *B. S. A.*, mars 1708.

Jeune de Chambeson (Nob. François), noble François Lejeune de Chambeson, aide major d'infanterie, pour le maire de Saint-Agrève, *V. de B.*, mai 1754 ; noble François Lejeune de Chambeson, pour le bailli de Boulogne, mai 1755.

Jeune de Chambeson, Sr de Barry (Mr Me François), [signe : *de barry*], le Sr de Barry de Chambeson, bailli d'Aps, *Ve.*, avr. 1707 ; Mr Me François Jeune de Chambeson, Sr de Barry, *B. S. A.*, mars 1708 ; *An.*, mars 1709 ; Mr Me François Jeune, Sr de Barry, *Aub.*, mars 1710 ; *le Ch.*, mars 1711 ; *St-P.*, avr. 1712 ; *Vo.*, mars 1713 ; *T.*, mars 1714 ; Me François Jeune, Sgr de Barry, *B. S. A.*, avr. 1716 ; *P.*, avr. 1717 ; mai 1719 ; présid. comme

subrogé de J. de Montagut de Beaune, etc., baron et comte
d'Aps, *V.* de *B.*, mai 1720 ; bailli d'Aps, *An.*, mai 1721 ;
Vo., mai 1722 ; *St-P.*, mai 1724 ; *V. de B.*, mai 1727 ;
P., mai 1729.

Jeune, Sr **de la Roche** (Sr Antoine-Philippe), Sr Antoine
Philippe Lejeune, Sr de la Roche, ancien lieutenant d'infanterie au Régiment-Dauphin, pour le bailli d'Aps, *J.*,
avr. 1718 ; noble Antoine-Philippe Jeune, Sr de la Roche,
bailli de Chalancon, [signe : *Laroche*] *V. de B.*, mai 1720.

Joffre (Me Antoine), Joffres, consul de Viviers, *G. lès
V.*, mars 1639 ; le même (?) que Sr Antoine Joffre. second
consul de Viviers, *T.*, avr. ; juin 1655 ; *B. S. A.*, mai ;
oct. ; *V. de B.*, déc. 1656.

Johannis (Mr Me Daniel), docteur ès-droits, pour le
bailli d'Annonay, *B. S. A.*, mai 1621 ; fév. ; le même,
bailli de Saint-Pol [-Trois-Châteaux,] avr. 1622.

Johannis (Nob. Isaac), subrogé du bailli de la Voulte,
B. S. A., fév. 1622.

Jonchères, v. : Pont (du) et Sauzet.

Joncherettes, v. : Fages de Chaulnes.

Jossaud (Sr Antoine), consul d'Annonay, *T.*, avr. ;
juin 1655 ; le même (?) que Sr Antoine Jossaud, auditeur
des comptes au pays de Vivarais, consul d'Annonay,
Prad., mai 1684.

Jossaud (Mᵉ Jean), Jaussau, consul d'Annonay, *la V.*, janv. 1641.

Josserand (Claude), bourgeois, consul de Tournon, *T.*, fév. 1605.

Jossouin (Sʳ Jean), Jaussouin, consul de Largentière, *J.*, mars 1682 ; le même (?) que Sʳ Jean-Baptiste Jaussoin, consul de Largentière, *Aub.*, mars 1698.

Jossouin de Planzolles (M. Roch de), Garde du Corps de S. M. ,pour le maire de Pradelles, *Aub.*, mai 1760 ; le même (?) que noble Jean-Roch de Jossouin, Gendarme de la Garde ordinaire du Roi, seigneur **de Valgorge**, député de Largentière, *Ve.*, mai 1769 ; noble Jean-Roch de Jossouin, ancien Garde du Corps, seigneur de Valgorge, **Loubares[ses]**, **Laugères** et autres lieux, pour le bailli d'Aubenas, *An.*, mai 1771 ; noble Jean-Roch de Jossouin, ancien Garde du Corps du Roi, Sᵍʳ de Valgorge, *Aub.*, mai 1772 ; mai 1773 ; *St-P.*, mai 1774 ; noble Jean-Roch de Jossouin de Valgorge, ancien Garde du Corps du Roi, Sᵍʳ de Valgorge, bailli d'Aubenas, *Aub.*, mai 1775 ; *L.*, mai 1776 ; noble Jean-Roch Jossouin de Valgorge, *T.*, mai 1777 ; *V. de B.*, mai 1778 ; *P.*, mai 1779 ; *L.*, mai 1780 ; *T.*, mai 1781 ; *Aub.*, mai 1782 ; *An.*, mai 1783 ; *R.*, juin 1784 ; noble Roch de Jossouin de Valgorge, seigneur de Valgorge, Laugère, **Mallet, Notre-Dame de Laboulie, Saint-Martin**, Loubaresses et autres lieux, présid. comme subrogé de C.-F.-M. de Vogüé, etc., baron d'Aubenas, *L.*, mai 1785 ; noble Jean Roch de Jossouin

de Valgorge, seigneur de Valgorge, Laugère, Mallet, La-
boule et autres lieux, bailli d'Aubenas, *St-P.*, juin 1786 ;
Aub., juin 1787 ; *B. S. A.*, juin 1788 ; *T.*, juin 1789.

Jossouin, Sʳ **de Tourrette** (Mʳ Mᵉ Balthazar), [signe :
Jossouin], avocat en parlement, juge de Largentière,
bailli d'Aubenas, *T.*, mai 1738 ; mai 1739 ; *P.*, mai 1740 ;
T., mai 1743 ; *P.*, mai 1744 ; *An.*, mai 1745 ; *Aub.*, mai
1746 ; Mʳ Mᵉ Barthélemy (*sic*) Jossouin, Sʳ de Tourrette,
avocat en parlement, seigneur de **Planzolles**, coseigneur
de **Saint-André Lachamp**, *la V.*, mai 1753 ; M. Balthazar de Jossouin, Sʳ des Tourrettes, avocat en parlement, seigneur de Planzolles et coseigneur de Saint-
André-Lachamp, *V. de B.*, mai 1754 ; mai 1755 ; Mʳ Mᵉ
Balthazar de Jossouin, Sʳ des Tourrettes, Sᵍʳ de Planzolles, *L.*, mai 1756 ; *Ve.*, mai 1757 ; *B. S. A.*, mai 1758 ;
An., mai 1759 ; *Aub.*, mai 1760 : M. Balthazar de Jossouin
de Tourrette, seigneur de Planzolles, avocat en parlement,
juge de la baronnie de Largentière, bailli d'Aubenas,
présid. comme subrogé de C.-F.-E. de Vogüé, etc., baron
d'Aubenas, *L.*, mai 1761 ; M. de Jossouin des Tourrettes,
seigneur de Planzolles, bailli d'Aubenas, *St-P.*, mai 1762 ;
Aub., mai 1762 ; mai 1763 ; *L.*, mai 1764 ; M. Balthazar de Jossouin, Sᵍʳ de Planzolles, *T.*, mai 1765 ;
V. de B., mai 1766 ; *P.*, mai 1767 ; *L.*, mai 1768 ; *Ve.*,
mai 1769 ; *Aub.*, mai 1770.

Jossouin, Sʳ **de Tourrette** (Mʳ Mᵉ Jean), avocat,
consul de Largentière, *B. S. A.*, avr. 1716 ; *P.*, avr. 1717.

Jouanenc (M. Jacques), notaire royal de Vernoux,
pour le maire de Chalancon, *Ve.*, mai 1757.

Joubert (Nob. Louis-François de), maire du Bourg Saint-Andéol, *Sl-P.*, avr. 1712 ; pour le maire du Bourg, *Vo.*, mars 1713.

Jourdan (Me Jean), consul de Viviers, *Viv.*, janv. 1607.

Jovyac, v. : Hilaire de Jovyac.

[**Julien**] **de Vinezac** (Mathieu de), M. le chevalier de Vinezac, comm. pr., *V. de B.*, mai 1778.

Jullien, Sr **du Fraisse**. (Nob. Jacques), Jullian, bailli de Privas, *B. S. A.*, mars 1616.

Jurus (Mr Me Annet), docteur et avocat, viguier de la baronnie de Chalancon, *la V.*, mai 1683 ; maire perpétuel et viguier de la baronnie de Chalancon, *J.*, mars 1694 ; avocat, consul de Chalancon, *P.*, mars 1695 ; viguier et maire de Chalancon, *Sl M. d'A.*, janv. 1696 ; de Jeurus, *An.*, mars 1697 ; de Jurus, *Aub.*, mars 1698 ; *le Ch.*, mars 1699 ; viguier de la baronnie de Chalancon, pour le bailli de Chalancon, *Sl-P.*, mars 1700 ; maire de Chalancon, *Vo.*, mars 1701 ; pour le bailli de Chalancon, *R.*, fév. 1702 ; maire de Chalancon, *T.*, mars 1703 ; viguier général de la baronnie de Chalancon, pour le bailli de Chalancon, *B. S. A.*, avr. 1704 ; maire de Chalancon, *P.*, mars 1705 ; *J.*, mars 1706 ; viguier et maire de Chalancon, *Ve.*, avr. 1707 ; Mr Me Annet Jurus, *B. S. A.*, mars 1708 ; *An.*, mars 1709.

Justet, Sgr **de Sardiges** (Nob. Scipion de), capitaine d'infanterie, pour le consul de Viviers, [signe : *Sardiges*], *T.*, mai 1739.

L

Labareyre, v. : Garnier Labareyre.

La Bastide, v. : Bompar de la Bastide ; Ginestous, Sr de Vernon (Nob. Jacques de), et Pellier de Sampzon de la Bastide.

La Bastide (Nob. Annet de), pour le bailli de Joyeuse, J., avr. 1633,

La Bastide, S^{gr} **de Molangière** (Nob. Jacques de), subrogé du bailli de Brion, *J.*, avr. 1633 ; noble Jacques de la Bastide, S^{gr} de Molengère, subrogé de M. de la Motte-Brion, pour le bailli de Brion [signe : *Molangière*], *T.*, juill. 1634 ; noble [prénom et nom en blanc], subrogé du Sr de la Motte, chevalier de l'ordre du Roi, baron de Vachères, bailli de Brion [signe : *Molangière*], *Viv.*, mars 1637 ; *B. S. A.*, mars 1638.

La Bastie, S^r **d'Estables** (Nob. Claude-Just [**de Reynaud**] de), [signe : *Labastie d'Estables*], bailli de Tournon, *An.*, avr. 1673 ; *Viv.*, juill. 1674 ; *le Ch.*, avr. 1675 ; *St-P.*, avr. 1676 ; *Aub.*, mai 1777 ; *la V.*, mars ; avr. 1678 ; présid. comme subrogé de H. de Lévis-Ventadour, baron et comte de Tournon, *T.*, mai 1679 ; noble Claude-Just Renaud de la Bastie, S^r d'Estables, bailli de Tournon, *B. S. A.*, mai 1680 ; noble Just de la Bastie, S^{gr} d'Estables, *P.*, fév. 1681 ; noble Claude-Just Renaud de la Bastie, S^gr d'Estables, *J.*, mars 1682 ; *la V.*, mai 1683 ; *Prad.*, mai 1684 ; noble Claude-Just Reynaud de la Bastie, S^gr d'Estables, *An.*, avr. 1685 ; *Aub.*, avr. 1686 ; Renaud de la Bastie, S^gr d'Estables, *le Ch.*, mai 1687 ; *St-P.*, avr. 1688 ; *Aub.*, fév. 1689 ; *la V.*, fév. 1690 ; présid. comme subrogé de L.-C. de Lévis Ventadour, baron et comte de Tournon, *T.*, mars 1691 ; le même (?) pour le consul de Tournon, *B. S. A.*, fév. 1692 ; bailli de Tournon, *P.*, mars 1693.

La Baulme (Nob. Antoine-Joseph de), Chevalier de la Beaume, pour le bailli d'Aps, [signe : *Labaulme*] *J.*, mai 1730 ; noble Antoine-Joseph de la Baume, maire de Chalancon, *L.*, mai 1756.

La Baume, v. : Rochier du Prat et Serre de Saint-Marcel.

Labaume (Mr Me Paul-Antoine), avocat, second député de Viviers, *L.*, mai 1780 ; Labeaume, avocat au parlement de Paris, *Aub.*, mai 1782 ; *An.*, mai 1783 ; de Labaume, avocat au parlement de Paris, *St-P.*, juin 1786 ; de la Baume, *Aub.*, juin 1787.

Labaume (Me Etienne), Labaulme et La Baulme, consul de Viviers, *B. S. A.*, juin 1617 ; consul de Viviers, comm. ord., *J.*, mars 1618.

Labaume, Bon **de Bonlieu** (Nob. Joseph de), pour le bailli de Brion, *J.*, avr. 1718.

La Baume de Suze, Cte **d'Aps**, etc. (Mre Georges de), présid., *Aps*, juill. 1620 ; présent, *B. S. A.*, mai 1621.

La Baume de Suze, Evêque et Cte de **Viviers**, etc.
(Mgr Louis de), présid., [comme baron de Largentière]
Viv., avr. ; mai 1627 ; août 1628 ; avr. 1629 ; présid.,
déc. 1631 ; *J.*, avr. 1633 ; *B. S. A.*, juill. 1642 ; présid.
comme baron de Largentière, fév. ; sept. 1643 ; janv. ;
présent, nov. ; déc. 1644 ; comm. pr. *Aub.*, mai 1646 ;
la V., juin 1654 ; présid. comme baron de Largentière,
B. S. A., mai ; oct. 1656 ; avr. 1668 ; présent, *T.*, mai
1679 ; présid. comme baron de Largentière, *B. S. A.*,
mai 1680.

La Baume de Suze (Mre Louis-François de), comte
de Suze, etc., etc., préside à la place de l'Evêque de Viviers, son oncle, indisposé, *B. S. A.*, 7 mai 1680.

La Baume, Sr **de Vallon** (Nob. Jean de), bailli de
Joyeuse, *Viv.*, déc. 1600 (pour 1601) ; déc. 1601 (pour
1602) ; *Aub.*, déc. 1602 (pour 1603) ; *la V.*, mars 1604 ;
T., fév. 1605 ; *L.*, janv. 1606 ; *Viv.*, janv. 1607 ; présid.
comme subrogé du Cardinal de Joyeuse, baron de tour,
J., mai 1608 ; bailli de Joyeuse, *la V.*, mars 1610.

La Bessée, v. : Chapellon de la Bessée.

La Bidousse, v. : Portal de la Bidousse (du).

Laborie (Me Claude), La Borye, consul du Cheylard,
P., fév. 1681 ; La Borie, [signe : *Laborie*], *Aub.*, avr.
1686 ; fév. 1689 ; Sr Claude la Borie, notaire, *T.*, mars
1691.

Laboulle, v. : Jossouin de Planzolles.

La Caumette, v. : Brüeys de la Caumette.

La Chabannerie, v. : Barjac (Mre Claude de).

La Chadenède, v. : Sabatier de la Chadenède.

La Champ, v. : Maillan de la Champ et Meynier de Lachampt.

Lachamp (Me Jacques), consul de Rochemaure, *Viv.*, mars 1649 ; Sr Jacques Lachamp, *la V.*, juin 1654.

Lachamp (Sr Pierre), consul de Rochemaure, *V. de B.*, juill. 1647.

La Chapelle, v. : Frévol de la Coste de la Chapelle, Salomon de la Chapelle, et Vogüé (Nob. Georges de).

La Charrière, v. : Ladreyt de la Charrière.

La Chaux, v. : Pont de la Chaux (Du).

Lachava, v. : Sanial-Lachava.

La Chava (Mr Me Etienne de), juge général des terres dépendantes du Comté de Crussol, pour le bailli de Crussol, [signe : **Dumazel**] *St-P.*, avr. 1688.

Lachave (Me Jacques), consul de Rochemaure, *V. de B.*, fév. 1649.

Lachave (Sr Paul), consul de Rochemaure, *P.*, mars 1693.

Lacombe (*N.*), signe le procès-verbal d'*Aub.*, avr. 1686 ; la liste de présence, incomplète, ne donne pas les noms des consuls d'Annonay, Tournon et Rochemaure.

Lacombe (Mr Michel), écuyer, pour le maire de Montlor, *An.*, mai 1745.

Lacombe (Mᵉ Pierre), consul de Rochemaure, *J.*, mai 1658.

Lacombe d'Aulueyre (Sʳ Jean de), sieur Jean de Lacombe d'Olières, pour le maire de Boulogne, [signe : *Daulueyre*] *P.*, mars 1705 ; le même (prénom en blanc), *Ve.*, avr. 1707 ; Mʳ Mᵉ Jean d'Aulière, avocat, pour le maire de Boulogne, *An.*, mars 1709.

La Condemyne (le Sʳ Guillaume de), consul de Tournon, *la V.*, sept. 1626.

La Coste, v. : Frévol de la Coste.

Lacoste (Nob. Louis-Antoine de), chevalier de l'ordre royal et militaire de Saint-Louis, premier consul du Bourg Saint-Andéol, *L.*, mai 1768.

Lacourt (Mᵉ Pierre), consul du Bourg Saint-Andéol, *T.*, fév. 1609.

La Court (Sʳ Pierre), pour le consul de Saint-Agrève, *Aub.*, juill. 1653.

Lacourt (Sʳ Pierre), le Sʳ Lacourt, consul de Saint-Agrève, *la V.*, fév. 1690 ; Sʳ Pierre La Cour, [signe : *Lacourt*], *B. S. A.*, fév. 1692.

La Croix, v. : Vincent de la Croix.

La Croix (Mᵉ Antoine de), consul d'Annonay, *B. S. A.*, nov. 1644.

Ladernade, v. : Drivet de Ladernade.

Ladreyt (Mᵉ Jean), notaire royal, consul de Privas, *Aub.*, déc. 1602 (pour 1603).

Ladreyt de la Charrière (M. Alexandre), M. Alexandre Ladreyt La Charrière, nommé pour le bailli de Tournon, *Aub.*, mai 1760 ; M. Alexandre Ladreyt de la Charrière, conseiller du Roi, maire de Privas et Boulogne, [signe : *Ladreil*], *Aub.*, mai 1773 ; M. Alexandre Ladreit de la Charrière, maire de Boulogne, [signe : *Ladreicl* ?], *St-P.*, mai 1774 ; M. Alexandre Ladreyt, S^{gr} de la Charrière, maire de Boulogne, *Aub.*, mai 1775 ; premier consul-maire de Boulogne, *L.*, mai 1776 ; Mr Me Alexandre Ladreyt, S^{gr} de la Charrière, pour le premier consul-maire de Largentière, *P.*, mai 1779.

Ladreyt de la Charrière (Mr René), maire de Boulogne et Privas, *An.*, mai 1745 ; *Aub.*, mai 1746.

Ladvenu, v. : Lavenu.

La Faye (Mr Me Jean de), juge d'Aubenas, pour le bailli de Montlor, *Viv.*, fév. 1635 ; Mr Me Jean de la Faye, juge de la baronnie d'Aubenas, pour le bailli de Mont-lor, *An.*, janv. 1636.

La Faye (Divers personnages appelés : Mr Me Louis de) [Il y a eu à Aubenas, à la fin du XVIe siècle et au commencement du XVIIe, quatre Louis de la Faye. — Antoine *de Faya* vivant en 1551 et mort avant 1559, laissa de son mariage avec noble Marguerite Sanglier sept enfants, parmi lesquels : François de la Faye, licen-cié, avocat en la Cour de Villeneuve de Berg, marié avant 1575 à D^{lle} Jeanne Sabatier, dite Camuson, de Burzet, et *Louis*, baile d'Ucel et de Vogüé, qui épousa Marguerite de Colombier et était mort au mois d'octobre 1599. Louis, bailé d'Ucel, eut un fils appelé *Louis* de la Faye de Lan-touset, docteur ès-droits, vi-bailli de Montlor, qui épousa

en premières noces Magdeleine Fournier, et, en secondes
noces, le 12 mars 1628, Louise de Lavenu de Mézeyrac ;
il prit le titre de Sr de Mézeyrac à l'assemblée tenue à
Viviers le 24 mars 1628, douze jours après son mariage ;
il testa six mois plus tard, le 17 septembre, et mourut à
la fin du même mois de cette année 1628. — François,
fils aîné d'Antoine *de Faya* fut père d'un troisième
Louis, docteur ès-droits, juge de Boulogne, Antraïgues
et Burzet, vivant en 1613, qui fut peut-être le père de
noble *Louis* de la Faye, conseiller du Roi, juge général
de la comté de Montlor, marié le 11 octobre 1623 à D^{lle}
Jeanne de Tourton de Mortesaigne et mort avant 1659.
M. Léopold Cuchet, dans son *Vieil Aubenas* (Aubenas,
impr. Habauzit, 1922, 8º, pp. 92 et 104) cite un Louis de
la Faye, docteur ès-droits, régent d'Aubenas en 1611,
mort le 6 octobre de la même année]. — Mr Me Louis de la
Faye, docteur ès-droits, régent d'Aubenas, *Viv.*, nov.
1600 (pour 1601) ; *B. S. A.*, juin 1617 ; le même (?) que
Me Louis de la Faye, docteur ès-droits, vi-bailli et subrogé
du bailli de Montlor, *Aps*, juill. 1620 ; le Sr Louis de la
Faye-**Lantouset**, docteur ès-droits, vi-bailli de Montlor,
R., fév. ; Mr Me Louis de la Faye, docteur ès-droits, vi-
bailli de Montlor, *B. S. A.*, mai ; juill. ; *Bagnols*, oct. ;
B. S. A., nov. 1621 ; Me Louis de la Faye, docteur ès-droits,
vi-bailli de Montlor, *alias* le Sr Lantouset, *B. S. A.*, fév.
1622 ; Mr Me Louis de la Faye, docteur ès-droits, vi-bailli
de Montlor, *la V.*, mars ; mai 1623 ; le Sr de la Faye-Lan-
touset, bailli de Montlor, *G. lès V.*, juin ; Mr Me Louis de
la Faye, docteur ès-droits, vi-bailli de Montlor, *Viv.*, sept.
1624 ; *T.*, fév. ; Mr Me Louis de la Faye-Lanthouzet,
vi-bailli de Montlor, juge en la comté de Montlor et baronnie d'Aubenas, présid. comme subrogé du Colonel

d'Ornano, baron et comte de Montlor, *Aub.*, juin ; août ;
V. de B., oct. ; Mr Me Louis de la Faye de Lantouset,
B. S. A., oct. 1625 ; *Aub.*, janv. ; Mr Me Louis de la Faye,
Viv., fév. ; 1er avr. ; 20 et 28 juin ; *Aub.*, août ; vi-bailli
de Montlor, *la V.*, sept. 1626 ; *Viv.*, avr. ; mai ; *T.*, juin ;
Viv., sept. ; *B. S. A.*, oct. ; *T.*, oct. ; nov. ; *Viv.*, nov. ;
T., déc. 1627 ; *B. S. A.*, janv. ; Mr Me Louis de la Faye,
S^r de **Mézeyrac**, docteur ès-droits, juge en la comté de
et baronnie de Montlor, vi-bailli de Montlor, *Viv.*, mars ;
B. S. A., avr. ; mai 1628 ; Mr Me Louis de la Faye, doc-
teur ès-droits, juge général de la baronnie d'Aubenas,
entrant à la place du bailli de Montlor, *J.*, avr. 1633 ;
le Sr de la Faye, entrant en l'assemblée pour le bailli de
Montlor, *T.*, juill. 1634 ; [pour 1635 et 1636 les procès-
verbaux portent, peut-être par erreur : Jean de la Faye] ;
Mr Me Louis de la Faye, juge en la baronnie d'Aubenas,
entrant en la présente assemblée pour le bailli de
Montlor, *Viv.*, mars et octobre 1637 ; *V. de B.*, février ;
B. S. A.. mars ; *Viv.*, avril ; *B. S. A.*, juillet 1638 ;
Viv., janvier ; *B. S. A.*, février ; *G. lès V.*, *Viv.*, mars ;
B. S. A., avr. ; *G. lès V.*, juin ; *B. S. A.*, juill. ; *G. lès V.*,
oct. 1639 ; noble Louis de la Faye, juge d'Aubenas, présid.
comme subrogé de la comtesse de Montlor et comm. pr.,
Aub., fév. ; sept. ; *Viv.*, sept. 1640 ; le Sr de la Faye, pour
le bailli de Montlor, *la V.*, janv. ; Mr Me Louis de la Faye,
mai 1641 ; *B. S. A.*, fév. 1643 ; bailli de Montlor, *P.*,
janv. ; pour le bailli de Montlor, *V. de B.*, fév. ; mai ;
B. S. A., nov. ; déc. 1644 ; bailli de Montlor, *J.*, mai ;
pour le bailli de Montlor, juill. 1645 ; *Aub.*, janv. ; bailli
de Montlor, mars ; pour le bailli de Montlor, oct. 1650 ;
le Ch., mars 1651 ; *P.*, mars ; *Aub.*, juin ; *St-P.*, août ;
G. lès V., oct. 1652 ; noble Louis de la Faye, juge général

des terres de la comté de Montlor et baronnie d'Aubenas, subrogé de F. de Lorraine, comte de Rieux et de Montlor et comm. pr., *Aub.*, juill. 1653 ; pour le bailli de Montlor, *la V.*, juin 1654.

La Fayolle, v. : Sennovert de la Fayolle.

La Faÿsse (Mᵉ Jean), notaire royal, régent d'Aubenas, *P.*, avr. 1612.

Lafont, v. : [Massot] de Lafont.

Lafont, signe le procès-verbal de *T.*, juill. 1634, et ne figure pas dans la liste de présence ; il pourrait être le consul de Pradelles ou celui de Saint-Agrève, non dénommés dans la liste. Voir ci-dessous.

Lafont (Antoine), consul de Saint-Agrève, *J.*, avr. 1633.

La Font (Mᵉ Gaspard), consul de Joyeuse, *V. de B.*, fév. ; Mᵉ Gaspard de la Font, *Viv.*, mars 1649 ; Sʳ Gaspard La Font, pour le consul de Joyeuse, *B. S. A.*, mai 1656.

La Font (Mᵉ Jacques de), notaire royal, consul de Joyeuse, *J.*, mai 1608.

Lafont (Sʳ Jean-Gaspard de), consul de Joyeuse, *Aub.*, janv. ; mars 1650 ; *V. de B.*, janv. 1651.

La Font (Mᵉ Pierre), notaire royal, consul de Saint-Agrève, *Aub.*, déc. 1602 (pour 1603).

La Forest, v. : Barthélemy de la Forest.

La Garde, v. : Fayon (Sr Jean-Claude), Payan de Lagarde et Sauzéa de Lagarde.

La Garde (Pierre), consul de Joyeuse, *Aub.*, janv. 1603.

La Garde, S^gr **de Chambonas** (Mre Antoine de), comm. pr., *Aub.*, juin 1625.

La Garde de Chambonas (Mre Charles-Antoine de), vicaire général de l'Evêque de Viviers, pour le bailli de Viviers, *la V.*, mai 1659 ; Mre Antoine de la Garde de Chambonnas, [signe : *l'abbé de Chambonnas*] *Aub.*, mai 1662 ; Mre Charles-Antoine de la Garde de Chambonnas, *le Ch.*, avr. 1663 ; *St-P.*, avr. 1664 ; *T.*, avr. 1667 ; *B. S. A.*, avr. 1668 ; Mgr Charles-Antoine de la Garde de Chambonas, évêque et comte de Lodève, nommé par S. M. à l'Evêché de Viviers et à l'abbaye commendataire de Mazan, prince de Donzère et Châteauneuf du Rhône, baron de Largentière, seigneur spirituel et temporel de la ville du Bourg Saint-Andéol, Villeneuve de Berc et autres places, Conseiller du Roi en tous ses conseils, vicaire général de l'évêché de Viviers, le siège vacant, présid. comme baron de Largentière et comm. pr., [signe: C. A. *de Chambonas, évé(que) de Lodève, n(ommé) évé(que) de Viviers, comm(issai)re p(rinci)pal*] *B. S. A.*. fév. 1692.

La Garde, abbé **de Chambonas** (Mre Jean-Scipion de), vicaire général de l'Evêque de Viviers, pour le bailli de Viviers, [signe : *l'abbé de Chambonas*], *J.*, mars 1682 ; comm. pr., *T.*, mars 1691 ; Mre Jean-Scipion de la Garde de Chambonas, archidiacre en l'église cathédrale de Nîmes, comm. pr., *St-M. d'A.*, janv. 1696.

La Garde, S^{gr} **de Montjeu** (Nob. Jean-Jacques de), noble Jean-Jacques de la Garde, S^{gr} de Montjus, conseiller du Roi, maire perpétuel de la ville des Vans, capitaine dans le régiment de Chambonas, comm. pr., *P.*, mars 1695.

La Garde-Pariol, v. : Payan de Lagarde (Sr Denis de).

Lagardette (Mr Me Jean-Pierre), avocat en parlement, premier consul-maire du Cheylard, *L.*, mai 1776 ; *T.*, mai 1777.

La Gayère, v. : Hurard de la Gayère.

Lagie, v. : Barjac (Mre Claude de).

La Ginestière, v. : Colombier de la Ginestière.

La Gorce, v. : Merle (Mre Joseph-François de).

La Grandcour, v. : Solignac de la Grandcour.

Lagrange, v. : Forestier de Lagrange.

Lagrange (*N.*), de Tournon, pour le consul de Chalancon, *Viv.*, 20 juin 1626.

Lagrange (Me Alexandre de), Delagrange, consul de Tournon, *la V.*, juill. 1648.

Lagrange (Me Andéol de), consul de Tournon, *Viv.*, mars 1637.

Lagrange (Sr Bernard de), consul de Tournon, *T.*, juin 1627.

Lagrange (Me Claude de), docteur ès-droits et avocat au Grand Conseil, envoyé par M. de Tournon pour tenir rang de bailli de Tournon, *B. S. A.*, juin 1617 ; M^r M^e

Claude de la Grange, docteur ès-droits, consul de Tournon, *P.*, janv. 1619 ; subrogé du bailli de Tournon, *B. S. A.*, mai 1621 ; le même (?) que Mr Me Claude Lagrange, docteur ès-droits, pour le consul de Saint-Agrève, *la V.*, janv. 1641 ; Mr Me Claude de Lagrange, *T.*, janv. ; mars ; Delagrange, avr. ; de Lagrange, juill. ; Delagrange, oct. 1642 ; *B. S. A.*, fév. 1643 ; Me Claude Delagrange, consul de Tournon, *Viv.*, mars 1649.

La Grange (Mr Me Claude de), pour le bailli de Tournon, *St-P.*, mars 1700 ; Mr Me Claude Delagrange, juge de la ville de Tournon, pour le bailli de Tournon, *le Ch.*, mars 1711 ; juge général du comté de Tournon, pour le maire de Chalancon, *T.*, mars 1714 ; mars 1715 ; pour le bailli de la Voulte, mai 1746 ; le même (?) que Mr de la Grange, envoyé de Tournon, comm. pr., *B. S. A.*, mai 1732 ; M. Claude de Lagrange, pour le bailli de Tournon, *T.*, mai 1739.

Lagrange (Mr Me Louis de), Mr Me Lagrange, juge de Tournon, [pour le] bailli de Tournon, *T.*, mars 1703 ; Mr Me Louis de Lagrange, juge général des terres de la maison de Tournon, pour le bailli de Tournon, *B. S. A.*, avr. 1704.

Lagrange (Me Pierre), consul de Saint-Agrève, *la V.*, sept. 1626.

Lahondès (Mr Me Michel de), avocat, pour le consul de Pradelles, *J.*, avr. 1718.

Lajard (M. Charles), avocat en parlement, pour le baile de Pradelles, *T.*, juin 1789.

La Lombardière, v. : Barou de la Lombardière.

La Madelene, v. : Tholozan de la Madelene.

La Mastre, v. : Tournon de Meyres (Nob. Christophe-François de).

Lambert (Me Jean), juge en la baronnie d'Aps, pour le châtelain d'Aps, *la V.*, mars 1610 ; *An.*, janv. 1611.

Lambert (Me Pierre), consul d'Annonay, *P.*, janv. 1619.

Lambras, v. : Chalendar de Lambras.

La Magdeleine, v. : Tholosan de la Madelene.

La Molière, v. : Vachier de la Molière.

La Monnerie, v. : Bardon.

La Motte, v. : Bayle de la Motte-Brion ; Bénéfice de la Motte ; [Chalendar] de la Motte ; [Ferrand-Teste] de la Motte.

La Motte (Nob. Claude [Teste ?] de), docteur ès-droits, juge général aux terres de Mgr l'Evêque de Viviers, pour le bailli de Crussol, *Viv.*, janv. 1607 ; le même (?) que noble [prénom en blanc], Sr de la Motte, juge général ès-terres de Mgr l'Evêque de Viviers, tenant lieu et rang de bailli de Largentière, *alias* le Sr de **la Motte-Bezousse**, *J.*, mars 1618.

La Motte-Brion, v. : Bayle de la Motte-Brion.

La Motte-Chassiers, v.: Hautvillard (Nob. Annet du)

Lamy (Sr Antoine), consul de Saint-Agrève, *le Ch.*, avr. 1663.

Lande, v. : Bellidentis de Lende.

Laniel (Me Antoine), consul de Viviers, *Aub.*, mai 1646 ; le même (?) que Sr Antoine Laniel, premier consul de la Ville de viviers, comm. ord., *la V.*, avr. 1666 ; le même (?) que Sr Antoine Laniel, premier consul de Viviers, comm. ord., *le Ch.*, mars 1699 ; comm. ord. du Roi, *St-P.*, mars 1700.

Laniel (Me François), Lanyel, consul de Viviers, comm. ord., *T.*, fév. 1605 ; le même (?) que Me François Laniel, docteur ès-droits, consul de Viviers, comm. ord., *la V.*, mars 1610 ; *Aub.*, janv. 1613.

Lantouset, v. : La Faye (Divers personnages appelés : Mr Me Louis de).

La Pimpie (*N.* de), signe le procès-verbal de *Prad.*, mai 1672, et ne figure pas dans la liste de présence.

La Pimpie (Mr Me François de), pour le bailli de la Voulte, *Aub.*, oct. 1650.

La Pimpie (Mr Me Jean de), docteur ès-droits, juge général des terres du duc de Ventadour, tenant la place du bailli de la Voulte, absent, *la V.*, mars 1623 ; pour le bailli d'Annonay, *Aub.*, juin ; août 1625 ; pour le bailli de la Voulte, *Viv.*, août 1628 ; [pour le bailli de la Voulte], déc. 1631 ; pour le bailli de Boulogne, *J.*, avr. 1633 ; pour le bailli de la Voulte, *Viv.*, fév. 1635 ; le même (?) que M^r M^e [prénom en blanc] de la Pimpie, juge des terres de Mgr de Ventadour, *Aub.*, fév. 1640 ; Mr Me Jean de la

Pimpie, juge général des terres de Mgr le duc de Ventadour, pour le bailli de la Voulte, *la V.*, janv. ; mai ; nov. 1641.

La Pimpie (Mr Me Pierre de), juge général du comté de la Voulte, pour le bailli de la Voulte, *la V.*, juin 1654 ; pour le bailli de Privas et prête serment comme bailli de Chalancon, *T.*, avr. 1655 ; bailli de Chalancon, *B. S. A.*, mai 1656 ; bailli de Privas, *Aub.*, juill. 1657 ; bailli de Chalancon, *J.*, mai 1658 ; *V. de B.*, mars 1660.

La Pimpie [Sr **de Granoux**] (Nob. Hercule de), noble [prénom en blanc] de la Pimpie, pour le bailli de Chalancon, [signe : *Granoux*], *la V.*, mars ; noble Hercule de la Pimpie, Sr de Granoux, avr. 1678.

La Pimpie, Sr **de Granoux et de Saint-Lager** (Nob. François-Annet de), bailli de Chalancon en remplacement de son père, pour être admis lorsqu'il aura acquis l'âge et les capacités nécessaires, *Prad.*, mai 1661 ; noble François-Anné de la Pimpie, bailli de Chalancon, *Aub.*, juin ; *Viv.*, sept. 1674 ; *St-P.*, avr. 1676 ; Sgr de Saint-Lager, *B. S. A.*, mai 1680 ; *J.*, mars 1682 ; noble François-Annet de la Pimpie, Sgr de Granoux et Saint-Lager, bailli de Chalancon, présid. comme subrogé du Mis de la Tourrette, baron de Chalancon, *la V.*, mai 1683 ; bailli de Chalancon, *Prad.*, mai 1664 ; *Aub.*, avr. 1686 ; *St-P.*, avr. 1688.

La Pimpie, Sgr **de Saint-Lager et Granoux** (Nob. Artus-Gilbert de), bailli de Chalancon, présid. comme subrogé de M. de Montmorency, duchesse de Ventadour, etc., ayant tour de baron à cause de sa baronnie de Chalancon, *la V.*, mai 1659.

La Pimpie, Sr de Saint-Michel (Nob. *N.* de) Nob. [Jean-Jacques, d'après M. Raymond de Gigord, *La Noblesse... de Villeneuve de Berg...*] de la Pimpie, pour le bailli de la Voulte, [signe : *Saint-Michel*] la *V.*, avr. 1666.

La Porte (Me Geoffre de), consul de Tournon, *J.*, mai 1608.

La Poyade, v. : Savignac de la Poyade.

La Ramière, v. : Magnin de Gaste.

La Réal, v. : Larréal.

Largentière, v. : Beaumont, Mis de Brison (François de), La Baume de Suze, évêque et Cte de Viviers (Mgr Louis de), L'Hostel (Mre Jean de) et Ratabon (Mgr Martin de).

Largier (Nob. Jean de), consul de Largentière, *la V.*, juill. 1648 ; *V. de B.*, fév. ; *Viv.*, mars 1649.

Largier, Sr de Ville (Nob. César de), bailli de la Voulte, *J.*, avr. 1633 ; *T.*, juill. 1634 ; *An.*, janv. 1636 ; *Viv.*, mars 1637 ; *B. S. A.*, mars 1638 ; *G. lès V.*, mars 1639 ; noble César de Largier, bailli de la Voulte, présid. comme subrogé du duc de Ventadour, baron et comte de la Voulte, *la V.*, janv. ; mai 1641 ; bailli de la Voulte, *T.*, janv. ; mars ; avr. ; juill. ; oct. 1642 ; *P.*, janv. 1644 ; *J.*, janv. 1645 ; *Aub.*, mai 1646 ; *V. de B.*, juill. 1647 ; *la V.*, juill. 1648 ; *V. de B.*, fév. 1649 ; *Aub.*, janv. 1650 ; *P.*, mars 1652 ; présid. comme subrogé de la duchesse douairière de Ventadour, baronne et comtesse de la Voulte.

Larnas, v. : Demontel, S^{gr} de Bours et Larnas et Merle (Mre Joseph-François de).

La Rivière, v. : Rancou de la Rivière.

La Rivoire de Chadenac, Mis **de la Tourrette**, etc., etc. (Mre Just-Antoine de), présid. comme baron de tour à cause de sa baronnie de Chalancon, *Ve.*, avr. 1707 ; présent, comme baron, *T.*, mars 1714 ; mai 1723 ; présid. comme baron de tour à cause de sa baronnie de Chalancon, *T.*, mai 1731 ; présent, comme baron, *St-P.*, mai 1736 ; présid. comme baron de tour à cause de sa baronnie de la Tourrette, *T.*, mai 1743.

La Rivoire, Mis **de la Tourrette et Chalancon** (Mre Just-Antoine de), Messire Just-Antoine de la Rivoire, chevalier, marquis et baron de la Tourrette et Chalancon, seigneur de Saint-Fortunat, etc., etc., présent, à la droite du président, *T.*, mai 1777.

La Roche, v. : Jeune, Sr de la Roche.

La Rochette, v. : Gigord de la Rochette et Serre de la Rochette (du).

La Roque (Nob. Jean de), baile de Pradelles, *P.*, mars 1695.

La Roque, Sr **de Montbès** (Nob. Antoine de), pour le bailli d'Aps, [signe : *Delaroque*] *P.*, mars 1693 ; Sr de Montbet, pour le baile de Pradelles, *An.*, mars 1697.

La Rouvyère (Sr Guillaume de), consul de Largentière. *B. S. A.*, mars 1616.

Larque, v. : Maurin de Larque.

Larréal (Me Vital de), consul de Tournon, *An.*, janv. 1636.

Larzelier et **Larzallier**, v. : Soubeyran de Larzelier.

Las Courts (Sr Jean), second consul de Viviers, *T.*, avr. 1667.

La Selve (Mr Me Benoit de), docteur ès-droits, pour le bailli de Boulogne, *An.*, fév. 1636. [Originaire de la Gorce, habitant Cruas.]

La Selve (Me Esprit), consul de Viviers, *J.*, avr. 1633.

La Suchère, v. : Prés de la Suchère (Des).

La Térisse, v. : Fages de la Térisse.

La Tour, v. : Delatour, Fourneri de Latour et Pignac de la Tour-et-Four.

La Tour (Sr Jean de), Delatour, premier consul de Joyeuse, *St-P.*, mai 1724 ; Sr Jean de la Tour, [signe : *Delatour*], *Aub.*, mai 1725.

La Tour (Mr Me Thomas-Honoré de), Mr Me Honoré de la Tour, consul de Joyeuse, *B. S. A.*, oct. ; *V. de B.*, déc. 1656 ; Mr Me Thomas de la Tour, licencié ès-lois, *Prad.*, mai 1661 ; Mr Me Thomas-Honoré de la Tour, avocat en parlement, premier consul de Joyeuse, *le Ch.*, mai 1687 ; *St-P.*, avr. 1688 ; juge régent au duché de Joyeuse, consul dudit Joyeuse, *Aub.*, fév. 1689 ; juge régent au duché de Joyeuse, premier consul de Joyeuse, [signe : *Delatour*] *la V.*, fév. 1690.

La Tour de Saint-Vidal, Mis **de Choizinet**, Bon **de Jaujac**, etc., (Mre Christophe de), présid. comme baron de Jaujac, *V. de B.*, mai 1727.

La Tourrette, v. : Ginestous de la Tourrette, La Rivoire de Chadenac et La Rivoire de la Tourrette.

Laugères, v. : Jossouin de Planzolles.

Laulanhier, v. : Rivière (Mr Me Jean *et autre* Mr Me Jean — ,père et fils).

Laumy (?))Me Gilles), consul de Saint-Agrève, *B. S. A.*, mars 1616.

Laureille de Ribes (M. Jean-Antoine), pour le baile de la Gorce, *P.*, mai 1779.

Laurens (Me Antoine), docteur ès-droits, consul d'Annonay, *T.*, fév. 1615.

Laurens (Sr Antoine), consul du Cheylard, *Aub.*, mai 1662 ; juin 1669 ; Sr Antoine Laurens, maître apothicaire, *B. S. A.*, fév. 1692.

Laurens (Sr Claude), consul du Cheylard, *le Ch.*, avr. 1663 ; *Viv.*, avr. 1671.

Laurens (Nob. Jacques), consul du Cheylard, *J.*, mai 1645 ; *Aub.*, mai 1646 ; *la V.*, juill. 1648 ; noble Jacques de Laurens, *V. de B.*, fév. 1649 ; Sr Jacques de Laurens, *St-P.*, août 1652.

Laurens (Mathieu), consul du Cheylard, *G. lès V.*, juin 1624 ; le même (?) que Sr Mathieu Laurens, consul du Cheylard, *la V.*, mai 1659.

La Valette, v. : Fayon (Sr Louis) et Ode de la Valette

La Varenne, v. : Audoyer de la Varenne.

Lavenu (*ou* Ladvenu), Sr **de Mézeyrac** (Louis), régent d'Aubenas, *Viv.*, déc. 1601 (pour 1602) ; pour le châtelain de Boulogne, *P.*, avr. 1612 ; régent d'Aubenas, *T.*, fév. 1615.

Lavigne (Sr Jean-Benoit), marchand, premier consul de Tournon, pour le maire de Tournon, *le Ch.*, mars 1711.

Laville (Me Paul de), consul de Privas, *la V.*, mars 1604 ; *T.*, fév. 1605.

La Volpillière, v. : [Monteil] de Bavas de la Volpillière.

Léaurat, v. : Léorat (Mondon).

Le Blanc (Nob. Georges-Honoré), écuyer, Gendarme de la Garde ordinaire du Roi, pour le bailli de Tournon, *T.*, mai 1738. [V. : Blanc, de Rochemaure.]

Le Blanc de Maisonseule (Mr Me Jean-Joseph), Mr Me Jean-Joseph Leblanc, avocat en parlement, premier consul-maire de Pradelles, *An.*, mai 1783 ; Mr Me Joseph Le Blanc, avocat en parlement, seigneur de Maisonseule, *R.*, juin 1784.

Le Bornhe (Sr François), Bornie, consul du Bourg Saint-Andéol, *la V.*, mai 1659.

Le Forestier, v. aussi : Forestier.

Le Forestier de Mésairac (M. Jean-François), M. Jean-François de Forestier de **Villeneuve**, baile de Pradelles, [signe : *Le Forestier de Mesairac*], *L.*, mai 1768 ; noble Jean-François Le Forestier de Villeneuve-Meseyrac, maire de Pradelles, *V. de B.*, mai 1778.

Le Forestier de Villeneuve, S^{gr} **de Méseirac** (M. Louis Dominique), pour le baile de Pradelles, [signe : *Le Forestier de Villeneuve*], *Aub.*, mai 1772 ; mai 1773 ; *St-P.*, mai 1774 ; *Aub.*, mai 1775 ; *L.*, mai 1776 ; le même (?) que M. Dominique de Forestier de Villeneuve, S^{gr} de Mézeirac, pour le baile de Pradelles [signe : *Villeneuve*], pour le baile de Pradelles, *T.*, mai 1777. Voir : Forestier, S^{gr} de Villeneuve.

Lejeune de Chambeson, v. : Jeune de Chambeson.

Le Maistre (Mr Me Antoine), docteur ès-droits, fils du greffier Etienne Le Maistre, nommé greffier, en remplacement de son père, *G. lès V.*, juin ; chargé, avec son père, de suppléer le syndic Olivier de Fayn de Rochepierre absent, *Viv.*, sept. 1624 ; *T.*, fév. 1625 ; renommé greffier à chacune des sessions suivantes bien qu'institué greffier à vie dans la session de *J.*, avr. 1633 ; remplace le syndic, *Aub.*, avr. 1651 ; *T.*, juin 1655 et *V. de B.*, déc. 1656 ; assiste comme greffier à toutes les sessions jusqu'à celle de *Prad.*, mai 1672 (à l'exception de la session de *Viv.*, avr. 1671). Mort vers la fin de 1672. Il avait donné sa démission à *la V.*, mai 1659, avait proposé son successeur et les Etats lui avaient voté une gratification de 6000 livres, mais il resta en charge jusqu'à sa mort.

Le Maistre (Etienne), greffier et secrétaire des Etats particuliers de Vivarais [depuis 1586, environ], paraît assister à toutes les sessions, depuis celle de *Viv.*, nov. 1600 (pour 1601), jusqu'à celle de *Viv.*, sept. 1624 ; subrogé du syndic, *B. S. A.*, nov. 1621 et probablement janv. 1622 ; chargé avec son fils de suppléer le syndic absent, *Viv.*, sept. 1624 ; *T.*, fév. 1625.

Le Monteil, v. : Chalabrueisse de Galimard du Monteil.

Le More (Me Claude), licencié ès-droits, juge de Saint-Agrève, pour le consul dudit lieu, *T.*, fév. 1605 ; *J.*, mai 1608 ; châtelain de Saint-Agrève, pour le consul de Saint-Agrève, *T.*, fév. 1609 ; *la V.*, mars 1610 ; *An.*, janv. 1611 ; licencié ès-droits, consul de Saint-Agrève, *Aub.*, janv. 1613 ; juge de Saint-Agrève, pour le consul de Saint-Agrève, *T.*, fév. 1615.

Le More de Pignieu (Nob. Barthélemy), [signe : *Pignieu, B(ailli)*], Lemore de Pigneux, bailli d'Annonay *T.*, mai 1738 ; mai 1739 ; *P.*, mai 1740 ; *T.*, mai 1743 *P.*, mai 1744 ; présid. comme subrogé du prince de Rohan-Soubise, baron et marquis d'Annonay, *An.*, mai 1745 ; bailli d'Annonay, *Aub.*, mai 1746; *la V.*, mai 1753; *V. de B.* mai 1754 ; mai 1755 ; *L.*, mai 1756 ; *Ve.*, mai 1757 ; *B. S. A.*, mai 1758 ; bailli d'épée et gouverneur de la ville et marquisat d'Annonay, présid. comme subrogé du prince de Rohan-Soubise, baron et marquis d'Annonay, *An.*, mai 1759 ; bailli d'Annonay, *Aub.*, mai 1760 ; *L.*, mai 1761 ; *St-P.*, mai 1762 ; *Aub.*, mai 1763 ; *L.*, mai 1764 ; *T.*, mai 1765 ; *V. de B.*, mai 1766 ; *P.*, mai 1767 ; *L.*, mai 1768 ; *Ve.*, mai 1769 ; *Aub.*, mai 1770 ; noble Barthélemy Lemore, Sr de Pignieu, baillif d'épée et gouverneur de la ville et marquisat d'Annonay, présid. cimme subrogé du prince de Rohan-Soubise, baron d'Annonay, *An.*, mai 1771.

Le More de Pignieu (Nob. Jean-Jacques-Barthélemy), [signe : *Pignieu*]. Mre Jean-Jacques-Barthélemy Lemore de Pignieu, pour le maire de Joyeuse, *An.*, mai 1769 ; Lemore, Sr de Pignieu, pour le bailli d'Annonay, *An.*, mai 1771; *Aub.*, mai 1772 ; mai 1773 ; *St-P.*, mai 1774 ; bailli d'Annonay, *L.*, mai 1776 ; noble Jean-Jacques Lemore, Sr de Pignieu, *T.*, mai 1777 ; noble Jean-Jacques-Barthélemy Lemore, Sr de Pignieu, *P.*, mai 1779; *L.*, mai 1780; *T.*, mai 1781 ; messire Jean-Jacques-Barthélemy de Lemore de Pignieu, chevalier, bailli d'épée et gouverneur de la ville et baronnie d'Annonay, présid. comme subrogé de Ch. de Rohan, prince de Soubise, baron d'Annonay, *An.*, mai 1783 ; bailli d'épée et gouverneur de la ville et baronnie d'Annonay, *R.*, juin 1784 ; *L.*, mai 1785 ; *Sl-P.*, juin 1786 ; *T.*, juin 1789.

Lende, v. : Bellidentis de Lende.

Léorat (Me André), notaire, consul d'Annonay, *L.*, janv. 1606.

Léorat (Me Claude), docteur ès-droits, consul d'Annonay *An.*, janv. 1611.

Léorat (Me Etienne), envoyé par délibération consulaire pour le consul d'Annonay, *Viv.*, fév. 1607.

Léorat (Mondon), Léaurat, consul d'Annonay, *G. lès V.*, oct. ; *B. S. A.*, nov. 1639.

Léotal (Me Georges), consul de Tournon, *la V.*, mars 1610.

Le Pesne, v. : Modène le Pesne.

Le Pieble, et le Piebvre, v. : Ginestous de Vernon (Nob. Annet de).

Lermet (Sr Joseph), premier consul de Tournon, pour le maire de Tournon, *Sl-P.*, avr. 1712 ; *Vo.*, mars 1713 ; *T.*, mars 1714.

Lers, v. : Chaudru (Sr Antoine).

Les Armes, v. : Armes (des).

Lesblandier, v. : Flaugergues de Saint-Alban-Lesblandier.

Lesbrayat, v. : Exbrayat.

Le Seigle, v. aussi : Seigle.

Le Seigle (Sr Claude), Segle, consul d'Annonay, [signe : *Le Seigle*], *V. de B.*, juill. 1647.

Le Seigle (Nob. François), [signe : *Le Seigle*], Seigle, lieutenant de bailli en la ville et baronnie d'Annonay, subrogé par le duc de Ventadour à la place du bailli d'Annonay, *Viv.*, mai ; août 1628 ; avr. 1629 ; *T.*, juill. 1634 ; lieutenant du bailli d'Aubenas (*sic*), *Viv.*, fév. 1635 ; lieutenant de bailli d'Annonay, *An.*, janv. 1636 ; lieutenant de bailli en la ville et marquisat d'Annonay, subrogé par Mgr de Ventadour à la place du bailli de ladite ville, *Viv.*, mars 1637 ; *B. S. A.*, mars 1638 ; vi-bailli d'Annonay, *G. lès V.*, mars 1639 ; lieutenant de bailli en la ville et baronnie d'Annonay, *la V.*, janv. 1641 ; juill. 1648 ; présid. comme subrogé du duc de Ventadour, baron de tour à cause de sa baronnie d'Annonay, *V. de B.*, fév. ; bailli d'Annonay, *Viv.*, mars 1649.

Le Seq, Sr **de Boivert** (Nob. Charles), [signe : *Desboisverds*], noble Charles le Seq, écuyer, Sr de Boivert, bailli de Saint-Remèze, *St-P.*, mars 1700 ; *Vo.*, mars 1701 ; *R.*, fév. 1702 ; *T.*, mars 1703.

Lespinasse, v. : Pichot de Lespinasse.

Lespinasse (Me Louis), notaire royal, consul du Bourg Saint-Andéol, *P.*, mai 1719 ; *V. de B.*, mai 1720 ; pour le consul de Largentière, *An.*, mai 1721 ; pour le consul de la ville du Bourg, *V. de B.*, mai 1727.

Lestrange, v. : Hautefort, Vte de Cheylane, etc. (René d'), [Hautefort] de Montbrun de Lestrange et Senneterre (Henri de).

Lévis, duc **de Ventadour** (Anne de), présid. comme baron de tour à cause de sa baronnie d'Annonay, *la V.*, mars 1610 ; *B. S. A.*, mai ; *Bagnols*, oct. 1621 ; présid. comme baron et comte de Brion, *la V.*, mai 1623.

Lholme, v. : François, S^gr d'Andance (Mre J.-M. de).

Lhomme, v. : Delhomme et Lhoulme (de).

Lhosme (Sr Mathieu dc), bourgeois, premier consul de Tournon, *Aub.*, mai 1677.

L'Hostel, v. : Payan de la Garde.

L'Hostel (Mr Me Guillaume de), archidiacre de la cathédrale et vicaire général, *la V.*, fév. 1614 ; *T.*, fév. 1615 ; *B. S. A.*, mars 1616 ; juin 1617 ; *J.*, mars 1618 ; *P.*, janv. 1619 ; *Aps.*, juill. 1620.

L'Hostel (Nob. Jean de), consul de Viviers, comm. ord., *Aub.*, fév. 1640.

L'Hostel (Mre Jean de), évêque et comte de **Viviers**, prince de Donzère et Châteauneuf, présid. comme baron de tour à cause de sa baronnie de **Largentière**, *B. S. A.*, mars 1616.

L'Hostel (Mr Me Noël de), Mr Me Noé de l'Hostel, docteur ès-droits, premier consul de Viviers, comm. ord., [signe : *Delhostel, comm^{re} ord^{re}*], *la V.*, mai 1683 ; Mr Me Noé de Lostel, avocat, consul de Viviers, *P.*, mars 1705.

Lhoulme (Me François de), Me François Delhomme, consul de Tournon, *Aub.*, fév. ; Me François Delhoume, *Aub.* et *Viv.*, sept. 1640 ; Me François de Lhoulme, pour le consul de Chalancon, *la V.*, janv. ; Me François Delhoulme, mai ; nov. 1641.

Ligonnès, v. : Pont de Saint-Romain (du).

Limet ou Lunet (Sr Jean), consul de Joyeuse, *le Ch.*, mars 1651.

Lisle (de), v. : Revel de Lisle.

Lissignol (M. François-Joseph), député de Montlor, *Ve.*, mai 1769.

Liviers, v. : Darnoux de Liviers et [Mars] de Liviers.

Loche (le S^r de), consul de Tournon, *le Ch.*, mars 1651.

Lombard (M. *N.*), premier consul d'Annonay, *An.*, mai 1771 ; *Aub.*, mai 1772.

Lombard (Mr Me François), avocat en parlement, pour le maire de Montlor, *An.*, mai 1733 ; vice-bailli d'Annonay, pour le bailli d'Annonay, mai 1745 ; le même (?) que M. François Lombard, ancien capitoul de la ville de Toulouse, écuyer, pour le bailli d'Annonay, mai 1759.

Lombard (Sr Gilbert), consul d'Annonay, *J.*, mai 1658

Lombard (M. Marc-André), député d'Annonay, *Aub.*, mai 1773.

Lombard dit **Barberon**, Sʳ **de Fontanet** (Nob. Jean), Conseiller et Secrétaire du Roi et de ses finances, consul d'Annonay, *le Ch.*, mars 1651.

Loreille (Nob. Louis de), Laureille, docteur ès-droits, fils de noble Jean Loreille, docteur ès-droits et bailli de la comté d'Aps, pourvu de l'office de bailli d'Aps en survivance, prête serment, *T.*, avr. 1655.

Loreille de Chapoulier (Mᵉ Jean), Mᵉ Jean Loreilhe, pour le consul de Viviers, *la V.*, mars 1604 ; châtelain d'Aps par lettres du baron d'Aps du 30 juin 1607, *J.*, mai 1608 ; Mᵉ Jean Loreille, Sʳ de Chapoulias, *T.*, fév. 1609 ; Mᵉ Jean Loreille, Sʳ de Chappolyé, *Aub.*, janv. 1613 ; *la V.*, fév. 1614 ; Sʳ Jean Loreille, capitaine et châtelain d'Aps, *T.*, fév. 1615 ; le Sʳ Jean Loreille, châtelain d'Aps, *B. S. A.*, mars 1616 ; juin 1617 ; le Sʳ Jean Loreille, tenant lieu et rang de bailli d'Aps, comme officier y exerçant la justice, *P.*, janv. 1619 ; bailli d'Aps, *Aps.*, juill. 1620 ; Mʳ Mᵉ Jean Loreille, bailli d'Aps, présid. comme subrogé du bailli et comte d'Aps, *R.*, fév. ; le Sʳ Jean Loreille, bailli d'Aps, *B. S. A.*, mai ; juill. 1621 ; janv. ; noble Jean Loreille, Sʳ de Chappoulyé, fév. ; avr. ; oct. 1622 ; noble Jean Loreille, Sʳ de Chappolyé, *la V.*, mars ; noble Jean Loreille, mai 1623 ; noble Jean Loreille, Sʳ de Chappolié, sept. 1626.

Loreille de Chapoulier (Nob. Jean) [Il est difficile de distinguer ce personnage de son père. On peut cependant présumer que le second Jean Loreille est entré aux Etats à partir de 1624, car au mois d'avril 1664, le Sr Hargenvillier ayant été nommé bailli d'Aps, les Etats, sur la demande du syndic, accordèrent 330 livres, pour ses bons services, au Sr Loreille, qui avait exercé la charge de bailli d'Aps pendant quarante ans]. — Le sieur Jean Loreille, lieutenant général des officiers des terres de l'Evêché de Viviers, pour le bailli de Largentière, *la V.*, mars 1623 ; noble Jean Loreille, docteur ès-droits, de Viviers, pourvu de la charge de bailli d'Aps en survivance et en l'absence d'autre noble Jean Loreille, son père, *G. lès V.*, juin ; noble Jean Loreille, bailli d'Aps, *Viv.*, sept. 1624 ; noble Jean Loreille, Sr de Chappolié, bailli d'Aps, *Aub.*, juin ; août ; *V. de B.*, oct. ; *B. S. A.*, oct. 1625 ; *Viv.*, fév. ; 1 et 14 avr. ; mai ; 20 et 28 juin ; Mr Me Jean Loreille, docteur ès-droits, subrogé du consul de Viviers, comm. ord., noble Jean Loreille, Sr de Chapoulier, bailli d'Aps, *Viv.*, avr. ; mai ; *T.*, juin ; août ; *Viv.*, sept. ; *B. S. A.*, oct. ; *Viv.*, nov. ; *T.*, déc. 1627 ; noble Jean Loreille, Sr de Chapoulier et de **Bourdellet**, *B. S. A.*, janv. ; *Viv.*, mars ; *B. S. A.*, avr. ; *Viv.*, mai ; juin ; juill. ; noble Jean Loreille, Sr de Chappolié, août 1628 ; noble Jean Loreille, Sr du Chappolié et Bourdellet, janv. ; fév. ; mars ; avr. 1629 ; noble Jean Loreille, Sr de Chappolié, déc. 1631 ; *T.*, juill. 1634 ; Sr de Chapolyé, présid. comme subrogé du baron et comte d'Aps, *Viv.*, fév. 1635 ; bailli d'Aps, *An.*, janv. 1636 ; *Viv.*, mars ; oct. ; *B. S. A.*, oct. 1637 ; *G. lès V.*, *Viv.*, mars 1639 ; *Aub.*, fév. ; *Aub.*, *Viv.*, sept. 1640 ; *la V.*, janv. 1641 ; *T.*, janv. ; noble Jean Loreille, juill. 1642 ; noble Jean Loreille, Sr de Chappoulié, *B. S. A.*, janv. ; noble Jean de Loreille, fév. ; sept. 1643 ; janv. ; noble Jean Loreille, *la V.*, juill. 1648 ; noble Jean Loreille,

Sr de Chappoulier, *Aub.*, janv. ; mars ; oct. 1650 ; *V. de B.*, janv. ; *le Ch.*, mars ; *Aub.*, avr. 1651 ; *P.*, mars ; *Aub.*, juin ; *St-P.*, août ; *G. lès V.*, oct. 1652 ; *Aub.*, juill. 1653 ; noble Jean Laureille, Sr de Chappoulier, *la V.*, juin 1654 ; noble Jean Laureille, *T.*, avr. ; noble Jean Loreille, Sr de Chappoulier, juin 1655 ; *B. S. A.*, mai ; *V. de B.*, déc. 1656 ; *Aub.*, juill. 1657 ; noble Jean de Loreille, *J.*, mai 1658 ; noble Jean Loreille, *la V.*, mai 1659 ; *V. de B.*, mars 1660 ; noble Jean de Loreille, *Prad.*, mai 1661 ; noble Jean Loreille, Sr de Chapoulier, *Aub.*, mai 1662 ; noble Jean Loreille, *le Ch.*, avr. 1663.

Lorraine, Cte **de Rieux** (François de), Très haut et très puissant prince François de Lorraine, comte de Rieux et de Montlor, marquis de Maubec, baron d'Aubenas et autres places, présid. comme baron et comte de Montlor, *Aub.*, juill. 1653.

Loubaresses, v. : Jossouin de Planzolles.

Luc (*N.*), de Tournon, appelé extraordinairement, *Viv.*, déc. 1601 (pour 1602).

Luc (Mr Me Jean de), docteur ès-droits, juge en la baronnie de Tournon, pour le bailli de Tournon, *B. S. A.*, mai 1621 ; subrogé du bailli de Tournon, avr. ; oct. 1622 ; noble Jean de Luc, docteur ès-droits, juge en la baronnie de Tournon, subrogé du bailli de Tournon, *Viv.*, août 1628 ; noble Jean de Luc, secrétaire du Roi, juge de Tournon, pour le bailli de Tournon, avr. 1629 ; noble Jean de Luc, juge général des terres de Mgr de Tournon, conseiller et secrétaire du Roi, pour le bailli de Tournon, *Viv.*, mars ; conseiller et secrétaire du Roi, Maison, Couronne de France, pour le bailli de Tournon, oct. 1637 ; pour le consul de Chalancon, *V. de B.*, fév. ; le Sr de Luc, pour le consul de Chalancon, *B. S. A.*, mars ; juill. 1638 ; le Sr Jean de Luc, pour le bailli de Tournon, *G. lès V.*, *Viv.*, mars ; noble Jean de Luc, conseiller du Roi, Maison, Couronne de France, *B. S. A.*, avr. ; juge général des terres de Mgr de Tournon, *G. lès V.* ; *B. S. A.*, juill., *G. lès V.* ; oct. ; *B. S. A.*, ncv. 1639 ; noble Jean de Luc, juge général des terres de Mgr de Tournon, conseiller et secrétaire du Roi, Maison et Couronne de France, *Aub.*, fév. 1640 ; *la V.*, janv. 1641 ; présid. comme subrogé du baron et comte de Tournon, *T.*, janv. ; mars, juill., oct. 1642 ; pour le bailli de Tournon, *B. S. A.*, fév. 1643 ; *P.*, janv. 1644.

Luc (Nob. Méraud), subrogé du bailli de Tournon, *P.*, janv. 1619 ; pour le bailli de Crussol, *la V.*, mars 1623 ; subrogé du bailli de Tournon, *Aub.*, juin ; août ; *V. de B.*, oct. ; *B. S. A.*, oct. 1625 ; *Viv.*, fév. ; 20, 28 juin ; noble Méraud de Luc, subrogé du bailli de Crussol, *la V.*, sept. 1626 ; subrogé du bailli de Tournon, *T.*, août 1627 ; *Viv.*, mai 1628 ; noble Méraud de Luc, conseiller du Roi, commissaire des guerres en la province de Dauphiné, procureur de Mgr de Tournon, pour le bailli de Tournon, *An.*, janv. 1636 ; pour le consul de Chalancon, *Viv.*, mars 1637 ; le Sr Méraud de Luc [frère de Jean de Luc], pour le bailli de Chalancon, *G. lès V.*, mars 1639 ; *la V.*, janv. ; pour le bailli de Tournon, mai 1641 ; commissaire ordinaire des guerres, *T.*, janv. mars ; présid. comme subrogé

de M. de Tournon, avr. ; pour le bailli de Tournon, juill. ;
oct. 1642 ; pour le bailli de Chalancon, *B. S. A.*, fév. 1643.

Luchadou, v. : Bénistan de Beaupré.

Lunet ou Limet (Sr Jean), consul de Joyeuse, *le Ch.*,
mars 1651.

M

Madier (Mr Me Andéol), comm. pr., *T.*, mars 1715.

Madier (M. Joseph), consul de Tournon, *T.*, mai 1739.

Madier de Méas (M. Charles), premier consul du Bourg Saint-Andéol, *An.*, mai 1771.

Madier de Montjau, S^{gr} **de Montjau et de Méas** (Mr Me Noël-Joseph), avocat en parlement, premier consul du Bourg Saint-Andéol, *Aub.*, juin 1787 ; *B. S. A.*, juin 1788.

Magnin, *alias* Magnini, Sr **de Chamays** *alias* Chamyé (Nob. Paul), bailli de Largentière, *Viv.*, nov. 1600 (pour 1601) ; déc. ; *Aub.*, déc. 1602 (pour 1603) ; *la V.*, mars 1604 ; *T.*, fév. 1605 ; présid. comme subrogé de l'Evêque de Viviers, baron de Largentière, *L.*, janv. 1606 ; bailli de Largentière, *Viv.*, janv. 1607 ; *J.*, mai 1608 ; *la V.*, mars 1610.

Magnin, Sr **de Gaste** (Nob. Esprit), noble Spérit Magnin, Sr de Gaste, pour le bailli de Largentière, *Aub.*, avr. 1686 ; *le Ch.*, mai 1687.

Ma[g]nin, Sr **de Gaste**, S^{gr} **de la Ramière** (Nob. Paul-Antoine de), comm. pr., *le Ch.*, mai 1687.

Maillan de la Champ (Nob. Claude de), noble Claude de Malhan, Sr de la Champ, pour le bailli de Boulogne, avec procuration du Mis de Châteauneuf, S^gr de Boulogne, *T.*, janv. 1642 ; pour le bailli de Boulogne, *P.*, janv. ; *V. de B.*, fév. ; mai ; *B. S. A.*, nov. ; 14, 19 déc. 1644.

Maisonseule, v. : Le Blanc, S^gr de Maisonseule.

Malet, v. : Mouraret de Malet.

Malet (Jacques), consul de Rochemaure, *la V.*, mars 1604.

Maleval, v. : Surville de Maleval.

Malgontier (M. *N.*), ex-consul d'Annonay, député de la Communauté, *V. de B.*, mai 1766.

Malhan, v. : Maillan.

Malincor (Me Claude), consul de Rochemaure, *An.*, janv. 1636.

Malincour (Sr François), consul de Rochemaure, *Aub.*, juill. 1653.

Mallet, v. : Jossouin de Planzolles, Malet et Mouraret de Malet.

Malrive, v. : Peyret de Malrive.

Marcel (Me Antoine), consul de Viviers, comm. ord., *la V.*, mars 1623.

Marcel (Mr Me Félix), docteur ès-droits, juge en la comté de Crussol, pour le bailli de Crussol, *T.*, juin 1627.

Marcet (Nob. Jacques), Mr Me Marset, juge de la Voulte, pour le bailli de Chalancon, *St-P.*, avr. 1664 ; noble Jacques Marcet, pour le bailli de Chalancon, *la V.*, avr. 1666.

Marchat (Sr Jean), second consul de Viviers, *Aub.*, juin 1669 ; *An.*, avr. 1685 ; *T.*, mars 1691.

Marchat (Sr Louis), second consul de Viviers, *Vo.*, mai 1722 ; *T.*, mai 1723.

Marcillac, v. : Perrotin de Marsillac.

Marcland (Me André), consul d'Annonay, *T.*, juin ; oct. ; nov. ; déc. 1627 ; *Viv.*, mai ; août 1628 ; mars ; avr. 1629.

Marcon (Sr Etienne), consul de Boulogne, *T.*, mai 1726 ; Sr Etienne Malcons, ancien officier d'infanterie, pour le consul de Boulogne, [signe : *Marcon*], *P.*, mai 1729 ; Marcon, *T.*, mai 1731 ; Marcons, *B. S. A.*, mai 1732.

Marcon (Sr Jacques), consul de Boulogne, *Aub.*, avr. 1686 ; fév. 1689 ; *P.*, mars 1693.

Marron (Sr Pierre), second consul de Viviers, *Aub.*, mai 1677.

[**Mars**] **de Liviers** (*N.* de), bailli de Privas, *An.*, janv. 1636.

Mars de Liviers (Nob. François de), pour le bailli de Privas, *Viv.*, avr. 1671.

Marset, v.: Marcet.

Marsillac, v. : Perrotin de Marsillac.

Marthoret (M. *N.*), Marthouret, premier consul d'Annonay, [signe : *Marthoret*] *P.*, mai 1767.

Marthoret (Me Pierre), Martouret, pour le bailli d'Annonay, [signe : *Marthoret*], *An.*, mai 1733.

Martin d'Amont (Mr Me Joseph), docteur ès-droits, premier consul de Tournon, *la V.*, mars 1678.

Martinent, v. : Mazade de Martinent.

Masfoureau (Nob. Jean-Baptiste), écuyer, Sgr dudit lieu, bailli de Montlor, *Aub.*, mai 1662 [Ce Jean-Baptiste Masfoureau et Jean de Masfoureau de la Chièze, qui suit, se rattacheraient peut-être à une famille Dumas, vivaroise, v. : l'*Armonial du Vivarais* de M. Fl. Benoit d'Entrevaux.]

Masfoureau de la Chièze (Nob. Jean de), bailli de Montlaur en survivance, *Aub.*, mai 1662.

Mashugon, v. : Romieu de Masigon.

Masigon, v. : Romieu de Masigon.

Massieu (Mre André de), chevalier de Saint-Louis, commandant au fort de Beauregard, pour le bailli de Crussol, *St-P.*, mai 1762.

Massis (Sr François), [De la famille Massis, du Teil, depuis Massis-Cuchet et Cuchet]. pour le consul de Boulogne, *V. de B.*, mai 1720.

[**Massot de**] **Lafont** (M. François de), capitaine d'infanterie, pour le maire de Pradelles, *L.*, mai 1764.

Maucuer (Sr Esprit), consul du Bourg Saint-Andéol, *la V.*, fév. 1690.

Maucuer [**de Mélinas**] (M. Paul-Louis), premier consul du Bourg Saint-Andéol, [signe : *Maucuer de Mélinas*]. *Aub.*, mai 1770.

Maurin (*N.*) signe le procès-verbal d'*Aub.*, avr. 1686 ; la liste de présence, incomplète, ne donne pas les noms des consuls d'Annonay, Tournon et Rochemaure ; *N.* Maurin, consul de Montlor, *Aub.*, avr. 1686.

Maurin (Mr Me Hilaire), docteur ès-droits, juge de Vals, pour le consul de Montlor, *Aub.*, mai 1677 ; pour le bailli de Saint-Remèze, *la V.*, mars ; avr. 1678 ; juge de la ville d'Aubenas, consul de Montlor, *An.*, mai 1685 ; juge d'Aubenas et de Vals, pour le bailli de Saint-Remèze, *Aub.*, avr. 1686 ; juge d'Aubenas et de Montlor, pour le bailli de Montlor, *P.*, mars 1693.

Maurin (Sr Jean), consul de Joyeuse, *Prad.*, mai 1684 ; *An.*, avr. 1685 ; *Aub.*, avr. 1686.

Maurin (Me Jean-Jacques), Morin, bachelier ès-droits, pour le premier consul-maire de Boulogne, *R.*, juin 1784.

Maurin (Sr Louis), lieutenant général de bailli d'Aubenas, *Aub.*, juin 1669 ; le même (?) que Sr Louis Maurin, notaire royal, pour le consul de Montlor, *An.*, avr. 1673 ; *Aub.*, juin 1674 ; Sr Louis Maurin, pour le bailli de Saint-Remèze, *Viv.*, juill. ; *Aub.*, août 1674 ; lieutenant de juge en la ville d'Aubenas, pour le consul de Montlor, *le Ch.*, avr. 1675 ; lieutenant général de bailli en la comté de Montlor, *St-P.*, avr. ; *Viv.*, mai 1676 ; lieutenant général au bailliage de Montlor, pour le bailli de Montlor, *Aub.*, mai 1677 ; *L.*, janv. ; consul de Montlor, *la V.*, mars ; avr .1678 ; premier consul de Montlor, *J.*, mars 1682 ; consul de Montlor, *la V.*, mai 1683 ; *Prad.*, mai 1684 ; *Aub.*, avr. 1686 ; *le Ch.*, mai 1687 ; *St-P.*, avr. 1688 ; *Aub.*, fév. 1689 ; *B. S. A.*, fév. 1692 ; *P.*, mars 1693.

Maurin (Sr Pierre), régent d'Aubenas, *Aub.*, mai 1665.

Maurin (Timothée), consul de Privas, *J.*, mai 1608.

Maurin, Sr de Larque (Mr Me Claude), juge royal du Bas-Vivarais, comm. ord., *P.*, avr. 1612 ; *Aub.*, janv. 1613 ; *B. S. A.*, mars 1616 ; *J.*, mars 1618 ; noble Claude Maurin, conseiller du Roi, juge du Bas-Vivarais, *Aps.*, juill. 1620 ; *B. S. A.*, mai 1621 ; fév. ; avr. 1622.

Maurin Portanier, v. : Portanier (Maurin).

Mayssac, v. : Meyssat.

[**Mazade**] **de Martinent** (Mre Roch), grand vicaire et official de l'Evêque de Viviers, [signe : *Martinent, g. v. et ballif de Viviers*], *le Ch.*, mars 1699.

Mazel (du), v. : La Chava.

Mazet (Me Antoine), consul de Tournon, *Aub.*, janv. 1613.

Méan (M. Jean-Jacques), avocat en parlement, pour le baile de Pradelles, *Aub.*, mai 1782.

Méas, v. : Madier et Madier de Montjau.

Mège (Mr Me Jacques), bachelier ès-droits, pour le consul de Largentière, *P.*, mai 1729.

Mège (Sr Pierre), premier consul de Tournon, *la V.*, mai 1683 ; notaire royal, pour le consul de Tournon, *Prad.*, mai 1684.

Melchion (Mre Gabriel), prêtre, chanoine et sacristain de l'église cathédrale de Viviers, vicaire et official général de l'Evêque de Viviers, pour le bailli de Viviers, *P.*, mai 1719 ; *V. de B.*, mai 1720 ; *An.*, mai 1721 ; *Vo.*, mai 1722 ; *T.*, mai 1723 ; *St-P.*, mai 1724 ; *Aub.*, mai 1725 ; *T.*, mai 1726 ; *V. de B.*, mai 1727 ; *P.*, mai 1729 ; *J.*, mai 1730 ; *T.*, mai 1731 ; *B. S. A.*, mai 1732 ; *An.*, mai 1733 ; prêche une mission à Borée, mais l'assemblée, « instruite du fruit que fait M. Melchion dans les missions où l'occupe Mgr l'Evêque de Viviers, a délibéré de le tenir pour présent », *Vo.*, mai 1734 ; (présent), mai 1735 ; *St-P.*, mai 1736 ; *Vo.*, avr. 1737 ; tenu pour présent, bien qu'en mission à Antraïgues avec l'Evêque de Viviers, *T.*, mai 1738 ; tenu pour présent, bien que ne pouvant quitter le diocèse de Viviers, *T.*, mai 1739 ; (présent), *P.*, mai 1740 ; *T.*, mai 1743 ; *P.*, mai 1744 ; *An.*, mai 1745 ; *Aub.*, mai 1746.

Melet (Me François), pour le consul de Viviers, *T.*, fév. 1605.

Mélinas , v. : Maucuer de Mélinas.

Mercier (Me Paul), consul de Chalancon, *la V.*, mars 1610.

Mercoyrol, Sr **de Baumevallier** (Nob. Jean-Baptiste de), [signe : *Baumavallier*, et, en 1705, *Saint-Pons*], pour le bailli d'Aps, *le Ch.*, mars 1699 ; bailli d'Aps, *St-P.*, mars 1700 ; *Vo.*, mars 1701 ; *R.*, fév. 1702 ; *T.*, mars 1703 ; *B. S. A.*, avr. 1704 ; *P.*, mars 1705.

Mercoyrol, Sr **de Beaulieu** (Nob. Esprit de), comm. pr., *Aub.*, juin 1669 ; premier consul de Viviers, comm. ord., *Viv.*, avr. 1671.

Mercoyrol, S^{gr} **de Saint-Pons** (Mre Jacques de), chanoine et précenteur en l'église cathédrale de Viviers, pour le bailli de Viviers, par procuration, le siège vacant, du vénérable Chapitre de Viviers, *Vo.*, mars 1713.

Mercrio (?) (Me Guillaume du), consul de Pradelles, *B. S. A.*, mars 1616.

Méric (Sr Jean) premier consul de Largentière, *P.*, févr. 1681.

Merin (Georges), consul de Viviers, *Viv.*, déc. 1631.

Merin (Me Jean), consul de Viviers, *la V.*, juill. 1648 ; *Viv.*, mars 1649 ; Sr Jean Merin, *Aub.*, juill. 1657.

Merle (Me Jean), consul de Pradelles, *la V.*, juill. 1648.

Merle (Mre Joseph-François de), des barons de **la Gorce**, chevalier, S^{gr} de **Combiés, Rieu, Gresan** et autres lieux en la ville et paroisse de Barjac et de celle de « **Bours-à-Larnas** » en Vivarais, chevalier de l'ordre royal et militaire de Saint-Louis, envoyé de la noblesse pour la baronnie de Barjac aux derniers Etats généraux, comm. pr., *St-P.*, juin 1786.

Merle (Sr Pierre), premier consul de Pradelles, *la V.*, mai 1683 ; *Aub.*, fév. 1689.

Merle (Sr Vincent), consul de Pradelles, *Aub.*, avr. 1686.

Merlet (Me Jacques), consul de Joyeuse, *Vin.*, déc. 1600 (pour 1601).

Merlet (Mr Me Noël de), Mr Me Noé de Merlet, juge régent au duché de Joyeuse, consul de Joyeuse, *B. S. A.*, mai 1680 ; *P.*, fév. 1681.

Merlet (Mr Me Théodore-Annet de), avocat, pour le consul de Joyeuse, *T.*, mars 1691 ; *B. S. A.*, fév. 1692 ; *P.*, mars 1693 ; docteur ès-droits, *J.*, mars 1694 ; docteur et avocat, pour le consul de Largentière, *le Ch.*, mars 1699.

Merolot (Sr Simon), consul de Tournon, *J.*, mai 1658.

Meunier (Mr Me Antoine), Munier, avocat en parlement, bailli de Jaujac, [signe : *Meunier*] *Vo.*, mai 1722.

Mesairac, v. : Mézeyrac.

Meynier de Lachampt (Sr Louis), pour le maire de Joyeuse, [signe : *Meynier de Lachampt*] *T.*, mai 1731 ; Sr Louis La Champ-Maynier, ancien officier d'infanterie, pour le consul de Tournon, [signe : *Lachampt*] *Vo.*, mars 1735 ; pour le consul du Cheylard, *St-P.*, mai 1736 ; M. Louis Meynier de Lachamp, pour le baile de la Gorce, [même signature], *T.*, mai 1739.

Meyres, v. : Tournon de Meyres.

Meyssat (Mr Me Jean-Baptiste), avocat en parlement, pour le maire du Bourg, *An.*, mai 1733.

Meyssat (Mr Me Jean-Pierre *et autre* Mr Me Jean-Pierre) avocat en parlement, consul d'Annonay, *Vo.*, mars 1735 ; Meissat, [signe : *Meyssat*] *St-P.*, mai 1736 ; Meyssat, conseiller du Roi, pour le consul d'Annonay, *T.*, mai 1738 ;

avocat en parlement, maire d'Annonay, mai 1743 ; *P.*, mai 1744 ; Meyssac, *An.*, mai 1745 ; Meyssat, *Aub.*, mai 1746 ; *la V.*, mai 1753 ; Mr Me Jean-Pierre Meyssat, avocat en parlement, maire d'Annonay et Mr Jean-Pierre Meyssac, avocat en parlement, pour le bailli de Saint-Remèze, *V. de B.*, mai 1754 ; Mr Me Jean-Pierre Mayssac, conseiller du Roi, avocat en parlement et maire d'Annonay, comm. pr. et Mr Me Jean-Pierre Mayssac, avocat en parlement, pour le maire d'Annonay, mai 1755 ; Mr Me Jean-Pierre Meyssat, avocat en parlement, maire d'Annonay, *L.*, mai 1756 ; conseiller du Roi, maire d'Annonay, *Ve.*, mai 1757 ; Meyssac, avocat en parlement, maire d'Annonay, et M. Jean-Pierre Meyssac, fils, avocat en parlement, pour le bailli de Saint-Remèze, *An.*, mai 1759 ; *L.*, mai 1761 ; M. Meyssat, maire ancien et mi-triennal d'Annonay, *Aub.*, mai 1763 ; Maissac, maire ancien et député de la communauté d'Annonay, *L.*, mai 1764 ; *T.*, mai 1765.

Mézeyrac, Mésairac, v. : La Faye (Divers personnages appelés : Mr Me Louis de), Lavenu de Mézeyrac et Le Forestier de Mésairac.

Mical (Mr Me André), docteur ès-droits, consul d'Annonay, *Prad.*, mai 1661.

Michalier, Sr **de Fons** (Nob. Jean), régent d'Aubenas, *T.*, fév. 1605.

Mieucens (M. Charles-Louis), Miossens, bachelier ès-droits, pour le premier consul-maire de Boulogne. *V. de B.*, mai 1778.

Mieucens (Me Gaspard), pour le consul de Boulogne,
An., avr. 1673 ; Me Gaspard Mieucens, chirurgien, *le Ch.*,
avr. 1675 ; Sr Gaspard Mieucens, consul de Boulogne,
St-P., avr. 1676 ; *Aub.*, mai 1677 ; *la V.*, mars ; avr. 1678 ;
T., mai 1679 ; *B. S. A.*, mai 1680 ; *la V.*, mai 1683 ; *Prad.*,
mai 1684.

Mieucens-Sainte, v. aussi : Sainte.

Mieucens de Sainte (M. Paul-Louis), M. Paul-Louis
Sainte, notaire gradué de Privas, pour le bailli de Boulogne, *L.*, mai 1764 ; M. Paul-Louis Sainte, notaire gradué,
bailli de Boulogne, *T.*, mai 1765 ; M. Paul Sainte, *V. de B.*,
mai 1766 ; le même (?) que M. Paul-Louis Mieucens de
Sainte, avocat, bailli de Boulogne, présid. comme subrogé
de F. de Fay, Mis de la Tour-Maubourg, etc., Bon de Boulogne, [signe : *Sainte*], *P.*, mai 1767 ; M. Paul-Louis Mieucens-Sainte, avocat, bailli de Boulogne, *L.*, mai 1768 ;
M. Paul-Louis Mieucent de Sainte, *Ve.*, mai 1769 ; Mieucens-Sainte, *Aub.*, mai 1770 ; *An.*, mai 1771 ; *Aub.*, mai
1772 ; mai 1773 ; Miousinte (*sic*), *St-P.*, mai 1774 ; Miossens-Sainte, avocat en parlement, capitaine châtelain
de la vicomté de Privas, bailli de Boulogne, *Aub.*, mai 1775 ;
Mr Me Paul-Louis Miossens-Sainte, avocat en parlement,
capitaine châtelain de la ville et vicomté de Privas, bailli
de Boulogne, *L.*, mai 1776 ; *V. de B.*, mai 1778 ; M. Paul-
Louis Miossens de Sainte, avocat en parlement, bailli
d'épée de la baronnie de Boulogne, présid. comme subrogé
de M.-C.-C. de Fay, Mis de la Tour-Maubourg, etc., fils de
F. de Fay, Cte de Maubourg, etc., baron de Boulogne,
P., mai 1779 ; bailli de Boulogne, *L.*, mai 1780.

Mieucens-Sainte (Mr Me Simon-Pierre), [signe : *Sainte*], avocat en parlement, pour le maire de Joyeuse, *P.*, mai 1729 ; Sr Simon Sainte, avocat en parlement, pour le maire de Rochemaure, *B. S. A.*, mai 1732 ; Mr Me Simon-Pierre Mieucens-Sainte, avocat en parlement, pour le maire de Joyeuse, *An.*, mai 1733 ; Sainte, pour le consul de Joyeuse, *Vo.*, mai 1734 ; mars 1735 ; Mieucens-Sainte, avocat en parlement, pour le consul de Largentière, *St-P.*, mai 1736 ; *Vo.*, avr. 1737 ; pour le consul de Pradelles, *T.*, mai 1739 ; pour le maire de Rochemaure, *P.*, mai 1740 ; Sainte, pour le consul de Largentière, *T.*, mai 1743 ; Mieucens-Sainte, *P.*, mai 1744.

Millet (Mr Me Vidal), consul de Pradelles, *St-P.*, mars 1700.

Mirabel (Mr Me Etienne-Toussaint de), écuyer, ancien Gendarme de la Garde ordinaire du Roi, premier consulmaire du Cheylard, *An.*, mai 1783 ; *R.*, juin 1784 ; *L.*, mai 1785 ; *St-P.*, juin 1786.

Miraval, v. : Brian de Miraval et Guyon de Geys de Pampelonne.

Mirman, Sr **du Fau** et **Agusac** (Nob. Justin de), procureur du duc d'Uzès, pour le bailli de Crussol, *Viv.*, août 1628 ; Aguzac, janv. ; fév. ; Mirmand, Sr du Fau et Aguzac, subrogé du bailli de Crussol, mars ; pour le bailli de Crussol, avr. 1629 ; procureur de M. le Comte de Saint-Remèze, pour le bailli de Saint-Remèze, *T.*, juill. 1634 ; *Viv.*, fév. 1635.

Modène (Guillaume-Louis de Raymond de), v. : Montlor.

Modène le Pesne *alias* le Peyne (Nob. Guillaume de), bailli de Montlor, *Aub.*, déc. 1602 (pour 1603) ; noble Guillaume de Modène, *la V.*, mars 1604 ; *T.*, fév. 1605 ; le même (?) appelé noble Louis de Modène, *J.*, mai 1608 ; noble Guillaume de Modène, *T.*, fév. 1609 ; *la V.*, mars 1610 ; *An.*, janv. 1611 ; noble Guillaume de Modène, S^r de **Bleynet**, *P.*, avr. 1612 ; noble Guillaume de Modène, *Aub.*, janv. 1613 ; noble Guillaume de Modène, Sr de Bleynet, *la V.*, fév. 1614 ; noble Guillaume de Modène, Sr du Bleynet, *T.*, fév. 1615 ; *B. S. A.*, mars 1616.

Molangières, v. : La Bastide de Molenchères.

Molin (du), v. : Aymars, Sr du Molin (Des).

[**Mollier**] **de Granval** (Nob. Claude-François), pour le premier consul de Largentière, *Aub.*, mai 1725.

Monerb (?) (Mre Jacques de), chevalier, S^gr de **Saint-Cyr, Romény** et autres places, bailli de Montlor, *St-P.*, avr. 1664.

Monge (Mre Guillaume), prêtre, docteur en sainte théologie, grand vicaire et official général de l'Evêché de Viviers, pour le bailli de Viviers, *le Ch.*, mai 1687 ; *St-P.*, avr. 1688 ; *Aub.*, fév. 1689.

Monnier (Sr Y.), S^r [prénom en blanc] Monnier, pour le consul du Cheylard, [signe : *Y. Monnier*], *Prad.*, mai 1664.

Monnier, *alias* Moynier (Mr Me François), vicaire général de l'Evêque de Viviers, *Viv.*, déc. 1600 (pour 1601) ; déc. 1601 (pour 1602) ; *Aub.*, déc. 1602 (pour 1603) ; *la V.*, mars 1604 ; chanoine et précenteur de la Cathé-drale, *T.*, fév. 1605 ; *L.*, janv. 1606 ; professeur ès-droits, vicaire général, *Viv.*, janv. 1607 ; *J.*, mai 1608 ; *T.*, fév. 1609 ; *la V.*, mars 1610 ; *An.*, janv. 1611 ; *P.*, avr. 1612 ; *Aub.*, janv. 1613.

Montagut, Mis **de Bouzols** (Mre Henri-Antoine de), le marquis de Bouzols, fils de Joachim de Montagut, Vte de Beaume, baron de tour et président, est prié d'assister aux Etats et prend place à côté de son père, *Prad.*, mai 1672 ; mai 1684 ; Mre Henri-Antoine de Montagut, Vte **de Beaune**, Mis de Bouzols, Cte **d'Aps**, etc., présid. comme baron et comte d'Aps, *Sl-M. d'A.*, janv. 1696 ; *B. S. A.*, mars 1708.

Montagut-Fromigières de Beaune (Mre Joachim de), Mre Joachim de Montagut-Frémigières (*sic*) de Beaune, vicomte de Beaune, etc., etc., présid. comme baron et comte d'Aps, *Prad.*, mai 1672 ; présent, *T.*, mai 1679 ; Mre Joachim de Montagut de Beaune-Bouzols, Vte de Beaune, etc., etc., présid. comme baron et comte d'Aps, *Prad.*, mai 1684.

Montargues, v. : Bénéfice de Montargues.

Montbel (Mr Me François), pour le consul de Largentière, *J.*, mai 1658.

Montbel (Sr Henry), consul de Largentière, *Aub.* juin 1674.

Montbel, Sr **du Cros** (Nob. Pierre de), envoyé pour le bailli de Brion, *An.*, janv. 1611.

Montbès, v. : La Roque de Montbès.

Montboucher, v. : Bézangier de Montboucher.

Montbrison, v. : Bernard de Montbrison.

Montbrun, v. : [Hautefort] de Montbrun de Lestrange (*N.* d').

Montchal de Bontemps (Antoine de), Antoine de Montchal, écuyer, Sr de Bontemps, subrogé du bailli d'Annonay, *Viv.*, déc. 1600 (pour 1601).

Montcoupier, v. : Soubeyran de Saint-Prix (Nob. Claude de).

Monteil, v. : Chalabrueisse de Galimard du Monteil.

[**Monteil**] **de Bavas**, Sr **de la Volpillière** (Nob. Christophe de), pour le bailli d'Aps, [signe : *la Volpillière*] *B. S. A.*, avr. 1668.

Monteils (Mr Me Jacques de), [signe : *Monteils, Demonteil, Demontelz et Demonteilz*], Montel, docteur ès-droits, pour le baile de la Gorce, *Prad.*, mai 1672 ; le Sr Demonteil, baile de la Gorce, *An.*, avr. 1673 ; Mr Me Jacques Demonteils, docteur ès-droits, *Aub.*, juin ; *Viv.*, juill. 1674 ; de Montelz, *le Ch.*, avr. 1675 ; de Monteilz, *St-P.*, 11 avr. ; Demonteils, 14 avr. ; de Montelz, *Viv.*, mai 1676 ; *Aub.*,. mai 1677 ; *la. V.*, mars 1678 ; de Monteilz, *T.*, mai 1679 ; *B. S. A.*, mai 1680 ; *P.*, fév. 1681 ; de Montelz, *J.*, mars 1682 ; de Monteilz, juge de Barjac, *Aub.*, avr. 1686.

Monteilz, v. : Chalabrueisse de Galimard de Monteilz.

Monteilz (Me Paul de), consul de Privas, *T.*, fév. 1609 ; *la V.*, mars 1610.

Montels (Mr Me Charles-Louis de), juge commis de la ville de Privas, pour le bailli de Privas, *An.*, avr. 1673 ; Mr Me Charles-Louis de Monteilz, juge de Boulogne, pour le bailli de Boulogne, [signe : *Demontel*] *Aub.*, fév. 1689.

Montelz (*N.* de), le Sr de Montelz, nommé greffier sur la proposition d'Antoine Le Maistre, *la V.*, mai 1659, ne paraît pas avoir exercé sa charge.

Montjau, v. : Madier de Montjau de Méas.

Montlor, v. aussi : Ornano et Vogüé.

Montlor (Guillaume-Louis de Raymond de Modène, Mis de Maubec, Cte de), Mgr le Mis de Maubec, Cte de Montlor, baron de tour, présid. *Aub.*, déc. 1602 (pour 1603).

Montmeyran ,v. : Bouvier de Montmeyran.

Montmorency (Henri II., duc de), présent à *Viv.*, 22 juin 1628.

Montrond, v. : Chevalier de Montrond.

Morin, v. : Maurin (Me Jean-Jacques).

Mortesagnes alias Mortesaigne, v. : Boutavin de Mortesagnes et Tourton de Mortesaigne.

Motte (Sr Claude), premier consul de Joyeuse, *J.*, mars 1682 ; *la V.*, mai 1683.

Moulin (du), v. : Aymars du Moulin (des).

Moulins, v. : Rocher de Sanilhac.

Mounens-et-Cluac, v. : Soubeyran (Mre Jean-Antoine-Marie de).

Mouraret, Sr **de Belvèze** (Nob. Jean de), pour le consul de Chalancon, *J.*, avr. 1718.

Mouraret, Sr **de Malet** (Nob. Antoine-Ignace de), consul de Largentière, [signe : *A. de Malet*] *B. S. A.*, mai 1732.

Mouraret, Sr **de Malet** (Me Jean), consul de Largentière, [signe : *Mallet*], *Viv.*, déc. 1631.

Moynier, v. : Monnier.

Moze, v. aussi : Brunel de Moze.

Moze (M. Jean-Pierre), avocat, pour le bailli de Boulogne, *T.*, mai 1781 ; bailli de Boulogne, *Aub.*, mai 1782 ; *An.*, mai 1783 ; *R.*, juin 1784 ; *L.*, mai 1785 ; *St-P.*, juin 1786 ; *Aub.*, juin 1787 ; *B. S. A.*, juin 1788 ; *T.*, juin 1789.

Mure (de), v. : Demeure.

N

Nadal (Sr Charles), consul de Rochemaure, *J.*, mars 1694.

Nadal (Sr Christol), consul de Rochemaure, *Aub.*, janv. 1650.

Nadal (Jacques), consul de Rochemaure, *Viv.*, janv. 1607.

Naves, v. : Barthélemy de Laforest (M. François-Guillaume).

Névissas, v. : Renouard de Névissas.

[**Niclot**] **de Fons** (Henri de), Henri de Fontz, régent d'Aubenas, *Viv.*, mars 1637.

Nicol (Me Jean), consul du Bourg Saint-Andéol, *P.*, avr. 1612.

Nicol (Sr Simon), consul du Bourg Saint-Andéol, *Aub.*, juill. 1657.

Nicolas (Mr Me Jean), pour le bailli de Boulogne, *Aub.*, mai 1646 ; [pour le] bailli de Privas, *V. de B.*, fév. 1649.

Nicolas (Mre Jean-Pierre), docteur en théologie, supérieur du Séminaire de Viviers, et vicaire général de Mgr l'Evêque de Viviers, entrant comme bailli de Viviers, *la V.*, mai 1753 ; *V. de B.*, mai 1754.

Nicolas (Sr Louis), consul de Joyeuse, *Aub.*, juill. 1657.

Nicolo *alias* Nicollo (Pons), consul de Viviers, *Aps.*, juill. 1620 ; *R.*, fév. 1621.

Noalhes (Me Charles de), Me Charles de Noailhes, notaire royal, consul de Viviers, comm. ord., *G. lès V.*, juin 1624 ; le même (?) signe : *Denoailhes*, [d'après le copie des signatures], au procès-verbal de *Viv.*, fév. 1635; probablement comme consul de Viviers, comm. ord. ; le même (?) M^e (prénom en blanc) de Noalhes, consul de Viviers, comm. ord., *Viv.*, mars 1637.

Noalhes (Mr Me Claude), Noailles, docteur ès-droits, consul de Viviers, *V. de B.*, fév. 1649.

Noalhes (Sr Jacques de), Noailles, premier consul de Viviers, comm. ord., *Aub.*, janv. 1650 ; *V. de B.*, janv. 1651.

Noalhes (Mr Me Jacques de), [signe : *Denoalhes*], Noailles, avocat, premier consul de Viviers, comm. ord., *le Ch.*, mai 1687 ; *St-P.*, avr. 1688 ; le même (?) que Mr Me Jacques de Noailhes, docteur et avocat, premier consul de la ville de Viviers, comm. ord. du Roi, *J.*, avr. 1717.

Noalhes (Me Jean de), docteur ès-droits, consul de Viviers, *L.*, janv. 1606 ; *P.*, avr. 1612 ; *Aub.*, janv. 1613 ; *la V.*, fév. 1614 ; *T.*, fév. 1615 ; consul de Viviers, comm. ord., *B. S. A.*, mars 1616 ; juge en la comté d'*Aps*, pour le bailli d'Aps, *Bagnols*, oct. ; *B. S. A.*, nov. 1621.

Noalhes (Mr Me Noël de), Noailles, docteur ès-droits, premier consul de Viviers, comm. ord., [signe : *Denoalhes, consul, com^{re} ord^{re}*], *B. S. A.*, mai 1680 ; Mr Me Noé de

Noalhes, avocat, premier consul de Viviers, comm. ord.,
[signe : *Denoalhes, com^{re}*], *la V*., fév. 1690.

Nonières (les), v. : Soubeyran (Mre Jean-Antoine-
Marie de).

Notre-Dame de Laboulle, v. : Jossouin de Planzolles.

O

Odde de Bonniot, v. : Bonyot.

Ode, Sr **de la Valette** (Nob. Vidal), pour le consul de Montlor, *T.*, mai 1723.

Oise (d'), v. : Doyse de Vinsobres.

Olivier (Sr Antoine), consul de Viviers, *P.*, mars 1693 ; *J.*, mars 1694.

Ollier (Guillaume), consul de Joyeuse, *G. lès V.*, mars 1639.

Ollières, v. : Arnaud de Pratneuf d'Aulueyres.

Orby, v. : Roqueplane d'Orby.

Orde, v. : Béraud.

Oriple (B. d'), signe *B. Doriple* au procès-verbal de *T.*, juill. 1634 et ne figure pas dans la liste de présence.

Oriple (Nob. Jean-Baptiste d'), Doriples, régent d'Aubenas, *Aub.*, mai 1646 ; d'Oriple, régent d'Aubenas l'année dernière, avec procuration du régent moderne, *P.*, mars ; Doriple, régent d'Aubenas, juin ; *G. lès V.*, oct. 1652 ; *Aub.*, juill. 1657.

Oriple, S^{gr} **de Saint-Nazaire** (Nob. Hector d'), [signe : *Doriple*] Doriple, S^{gr} de Saint-Lazaire (*sic*), pour le bailli de Chalancon, *J.*, mars 1694 ; signe le procès-verbal, de *P.*, mars 1695, et ne figure pas dans la liste de présence, où le bailli de Montlor n'est pas mentionné ; d'Auriple, bailli de Montlor, *St M. d'A.*, janv. 1696 ; dorriple, S^{gr} de Saint-Nazère, *An.*, mars 1697 ; d'Oriple, S^{gr} de Saint-Nazaire, *Aub.*, mars 1698 ; *le Ch.*, mars 1699.

Oriple, S^{gr} **de Saint-Nazaire** (Nob. René d'), [signe : *D'oriple de St Nazaire*], d'Oriples, ancien capitaine d'infanterie, pour le bailli d'Aps, *Aub.*, mai 1725.

Ornano, Sr **de Brancassy** (Nob. Jean-Georges d'), régent d'Aubenas, *B. S. A.*, fév. 1643.

Ornano, Cte **de Montlor**, etc. (Jean-Baptiste d'), illustre et puissant seigneur Mgr de Dornano (*sic*), conseiller du Roi en ses Conseils d'Etat et privé, Cte de Montlor, Mis de Maubec, Colonel général des Bandes corses et gouverneur de la ville du Pont Saint-Esprit, présid. comme baron et comte de Montlor, *Aub.*, janv. 1613.

Oyse (d'), v. : Doyse de Vinsobres.

Ozil, S^{gr} **de Saint-Vincent** (Nob. Simon d'), pour le bailli de Montlor, *Vo.*, mars 1713 ; pour le bailli de Joyeuse, mai 1722.

P

Pabion, alias Panion (Jacques), consul du Cheylard, *la V.*, mars 1610.

Pagès (Sr Jacques), consul de Banne, *B. S. A.*, mai ; *V. de B.*, déc. 1656 ; *Aub.*, juill. 1657.

Pagès (Mre Jean), prieur de Ribes, vicaire général de l'Evêque de Viviers, pour le bailli de Viviers, *R.*, fév. 1702 ; *T.*, mars 1703 ; *B. S. A.*, avr. 1704 ; *P.*, mars 1705 ; *J.*, mars 1706 ; *Ve.*, avr. 1707.

Pairet, v. : Perret (Sr Antoine).

Pallassier ou Palassier (le Sr Jacques), consul de Rochemaure, *B. S. A.*, janv. ; fév. ; sept. 1643 ; janv. 1644.

Pampelonne, v. : Guyon de Geys de Pampelonne et Guyon de Pampelonne.

Panion, v. : Pabion.

Parel (Me Dominique), consul de Tournon, *B. S. A.*, mai 1621.

Parier (Sr Michel), consul de Pradelles, *Vo.*, mars 1701.

Parier (Pierre), consul de Pradelles, *B. S. A.*, juin 1617 ; Me Pierre Parrier, *la V.*, sept. 1626.

Pariol (la Garde-), v. : Payan de la Garde (Denis de).

Pascal (Mᵉ Jean), consul de Joyeuse, *Aub.*, mai 1646 ;
V. de B., juill. 1647 ; *la V.*, juill. 1648.

Paveyranne (Sʳ François), consul de Rochemaure,
le Ch., mai 1687.

Pavin-Fontenay (M. Jacques), pour le maire de Pradelles, *V. de B.*, mai 1755.

Payan de la Garde (le Sʳ Denis de), [signe : *Lagarde
de l'Hostel*], pour le bailli de Largentière, *P.*, avr. 1612 ;
noble Denis de Payan, Sʳ de la Garde-Peyriol [**Pariol**],
bailli de Largentière, *Aub.*, janv. 1613 ; *la V.*, fév. 1614 ;
T., fév. 1615 ; *B. S. A.*, mars 1616 ; juin 1617 ; *P.*, janv.
1619 ; *Aps.*, juill. 1620 ; *R.*, fév. ; *B. S. A.*, mai ; juill. ;
Bagnols, oct. ; *B. S. A.*, nov. 1621 ; janv. ; fév. ; avr. ;
oct. 1622 ; *G. lès V.*, juin ; *Viv.*, sept. 1624 ; *Aub.*, juin ;
août ; *V. de B.*, *B. S. A.*, oct. 1625 ; *Viv.*, fév. ; avr. ;
juin ; *la V.*, sept. 1626 ; *Viv.*, avr. ; *T.*, juin ; août ; *Viv.*,
sept. ; *T.*, déc. 1627 ; *B. S. A.*, avr. ; *Viv.*, mai ; juin ;
août 1628 ; avr. 1629 ; déc. 1631 ; *J.*, avr. 1633 ; *T.*, juill.
1634 ; *Viv.*, fév. 1635 ; *An.*, janv. 1636 ; *Viv.*, mars ;
oct. 1637 ; *B. S. A.*, mars 1638.

Payan de la Garde (Nob. Jacques de), premier consul
de Viviers, comm. ord., *B. S. A.*, avr. 1668 ; noble Jacques
de Payan, Sʳ de Lagarde, *la V.*, mars ; avr. 1678.

Payan, Sᵍʳ de la Garde (Nob. Jean de), [signe : *Lagarde
de Lhostel*], noble [prénom en blanc] de Payan, Sᵍʳ de la
Garde, bailli de Largentière, *G. lès V.*, ;*Viv.*, mars 1639 ;
Aub., fév. 1640 ; noble Jean de Payan, Sʳ de la Garde,

la V., janv. 1641 ; *T.*, janv. ; mars ; avr. ; juill. ; oct. 1642 ; présid. comme subrogé de l'Evêque de Viviers, baron de Largentière, *B. S. A.*, janv. ; comm. pr., fév. ; sept. 1643 ; bailli de Largentière, *B. S. A.*, janv. ; *P.*, janv.; *B. S. A.*, déc .1644; *J.*, mai; juill. 1645; *Aub.*, mai 1646 ; *V. de B.*, juill. 1647 ; *la V.*, juill. 1648 ; *V. de B.*, fév. ; *Viv.*, mars 1649 ; *Aub.*, janv. 1650 ; *P.*, mars 1652 ; *Aub.*, juill. 1653 ; *la V.*, juin 1654 ; *T.*, avr. 1655 ; comm. pr., *B. S. A.*, mai ; oct. ; présid. comme subrogé de l'Evêque de Viviers, baron de Largentière, *V. de B.*, déc. 1656 ; bailli de Largentière, *Aub.*, juill. 1657 ; *la V.*, mai 1659 ; le Sr de la Garde, *V. de B.*, mars 1660 ; noble Jean de Payan, Sr de la Garde, *Aub.*, mai 1662 ; *le Ch.*, avr. 1663 ; *St-P.*, avr. 1664 ; *Aub.*, mai 1665 ; *la V.*, avr. 1666 ; *T.*, avr. 1667 ; comm. pr., *B. S. A.*, avr. 1668 ; bailli de Largentière, *Aub.*, juin 1669 ; *Viv.*, avr. 1671 ; *Prad.*, mai 1672 ; *An.*, avr. 1673 ; *Aub.*, juin 1674 ; *le Ch.*, avr. 1675 ; *St-P.*, avr. 1676 ; *Aub.*, mai 1677 ; *la V.*, mars 1678 ; *T.*, mai 1679.

Payan de la Garde (Nob. Jean-François de), noble Jean-François de la Garde, pour le bailli de Largentière, *J.*, mai 1658 ; *Prad.*, mai 1661 ; le même (?) que noble François de Payan, S^gr de la Garde, bailli de Largentière, *B. S. A.*, mai 1680 ; [les Etats lui allouent 50 pistoles, faisant 550 livres, en considération des services rendus au pays par son aïeul pendant vingt ans et par son père pendant cinquante ans] *P.*, fév. 1681 ; [signe : *Lagarde de l'Hostel*], *J.*, mars 1682 ; *la V.*, mai 1683 ; le Sr de la Garde-Payan, *An.*, avr. 1685 ; le même, ou son fils Joseph-Joachim, signe *Lagarde de lhostel*, *St-P.*, avr. 1688, et ne figure pas dans la liste de présence ; noble François de Payan, Sr de la Garde, bailli de Largentière, *Aub.*, fév. 1689 ; *la V.*, fév. 1690 ; *T.*, mars 1691.

Payan de Lagarde (Nob. Joseph-Joachim de), noble Joseph-Joachim de Payan de l'Hostel, reçu bailli de Largentière en survivance de François de Payan, son père, prête serment, *An.*, avr. 1685 ; le même (?) ou son père, François, signe : *Lagarde de lhostel* au procès-verbal de *St-P.*, avr. 1688, et ne figure pas dans la liste de présence.

Paytieu, v. aussi : Peytieu.

Paytieu (Mr Me Pierre), [signe : *Paytieu*], Mr Me Pierre Peytieu, docteur ès-droits, juge de Chalancon, pour le consul de Chalancon, *T.*, janv. ; pour le bailli de Tournon, avr. ; pour le consul de Chalancon, juill. 1642 ; *B. S. A.*, fév. 1643 ; docteur ès-droits, juge de la baronnie de Chalancon, *P.*, janv. ; *B. S. A.*, déc. 1644 ; pour le bailli de Tournon, *J.*, mai 1645 ; *Aub.*, mai 1646 ; *V. de B.*, juill. 1647 ; *la V.*, juill. 1648 ; Mr Me Jean-Pierre Paitieu, juge général des terres de la maison de Tournon, pour le consul de Saint-Agrève, *V. de B.*, fév. 1649 ; Mr Me Pierre Paitieu, juge de la comté de Tournon, pour le bailli de Chalancon, *Aub.*, janv. 1650 ; Mr Me Pierre Paitieu, pour le bailli de Chalancon, *P.*, mars ; *St-P.*, août ; *G. lès V.*, oct. 1652 ; pour le bailli de Privas, *Aub.*, juill. 1653 ; pour le bailli de Chalancon, *la V.*, juin 1654 ; pour le consul de Chalancon, *T.*, avr. ; juin 1655 ; juge de la baronnie de Chalancon, pour le bailli de Boulogne, *Aub.*, juill. 1657 ; *J.*, mai 1658 ; *la V.*, mai 1659 ; *Prad.*, mai 1661 ; Mr Me Pierre Paitieu, pour le bailli de Privas, *T.*, avr. 1667.

Peïron (Mr Me François), Peyron, avocat en parlement, pour le bailli de Saint-Remèze, [signe : *Peïron*], *An.*, mai 1733.

Peiron (Mr Me François-Marie), Peyron, avocat en parlement, pour le bailli d'Annonay, *Aub.*, mai 1775 ; Mr Me François Peyron, avocat en parlement, premier consul-maire d'Annonay, *L.*, mai 1776 ; M. François-Marie Peyron, premier consul-maire d'Annonay, *T.*, mai 1777 ; *V. de B.*, mai 1778 ; *P.*, mai 1779 ; *L.*, mai 1780 ; *T.*, mai 1781 ; pour le bailli d'Annonay, *Aub.*, mai 1782 ; M. François-Marie Peiron, premier consul-maire d'Annonay, *An.*, mai 1783 ; Peyron, *R.*, juin 1784 ; *Sl-P.*, juin 1786.

Pélissier (Me Jean), pour le consul du Cheylard, avec procuration des habitants du lieu, *G. lès V.*, mars 1639.

Pélissier (M. Nicolas), pour le consul du Cheylard, *la V.*, mars 1678 ; M. Nicolas Pélissier, notaire, consul du Cheylard, fév. 1690.

Pellet (Me Guillaume), consul de Joyeuse, *L.*, janv. 1606.

Pellier (Mr Me Mathieu), docteur ès-droits, consul du Cheylard, *Sl-P.*, avr. 1664.

Pellier, S^{gr} **de Sampzon** et **la Bastide** (M. Antoine), pour le premier consul-maire de Joyeuse, *P.*, mai 1779 ; pour le bailli de Joyeuse, *L.*, mai 1785.

Pellissier (Sr Charles), Me Charles Pelicier, conseiller du Roi, receveur particulier du taillon, pour le consul de Chalancon, *J.*, mai 1645 ; Sr Charles Pellissier, conseiller du Roi, receveur du taillon, consul de Tournon, *la V.*, juin 1654 ; *T.*, avr. ; [signe : *Pellissier*], juin 1655.

Peloux (du), v. : Vogüé de Gourdan (Jacques de).

Penchenier (Sr Andéol), consul de Viviers, *Aub.*, fév. 1689 ; le même (?) que Sr Andéol Pinchinier, premier consul de la ville de Viviers, [signe : *Penchenier*], *An.*, mars 1709 ; Mr Andéol Penchenier, consul de Viviers, comm. ord. du Roi, *Vo.*, mai 1722.

Penchenier (Mr Me Antoine), premier consul de Viviers, comm. ord. du Roi, *T.*, mai 1723 ; le même (?) que Mr Me Antoine Penchenier, consul de Viviers, *P.*, mai 1740.

Penchenier (Me Jean), consul du Bourg Saint-Andéol, *J.*, mai 1608.

Perret (Sr Antoine), consul de Tournon, *le Ch.*, avr. 1663 ; Sr Antoine Pairet, *St-P.*, avr. 1664.

Perrier, v. : Soubeyran de Saint-Prix (Claude et Hector de).

Perrotin de Marsillac (M. Joseph-Jacques de), M. de Perrotin de Marsillat, officier d'infanterie, pour le baile de la Gorce, [signe : *Marsillat*], *V. de B.*, mai 1766 ; M. Joseph-Jacques Perrotin de Marsilhac, ancien officier d'infanterie, pour le bailli de Largentière, *Aub.*, mai 1782 ; pour le bailli de Saint-Remèze, *R.*, juin 1784 ; [signe : *Marsillac*], *L.*, mai 1785 ; le même (?) que M. Joseph-Marc Perrotin de Marsilhac, ancien officier d'infanterie,

St-P., juin 1786 ; M. Joseph-Jacques Perrotin de Marsilhac, ancien officier d'infanterie, *Aub.*, juin 1787 ; pour le baile de la Gorce, *B. S. A.*, juin 1788.

Perry (Me Pierre), consul de Saint-Agrève, *Aub.*, juin 1625.

Peyret (Mr Me Claude), avocat en parlement, pour le bailli d'Aps, *Prad.*, mai 1684.

Peyret, Sr **de Malrive** (Mr Me Claude), avocat en parlement, pour le baile de la Gorce, *J.*, avr. 1718.

Peyrollon (M. Charles), avocat en parlement, pour le maire de Montlor et Aubenas, *V. de B.*, mai 1744 ; mai 1755.

Peyrollon (M. Charles-Andéol), avocat en parlement, juge de Saint-Jean le Centenier et Saint-Maurice, lieutenant de juge de la viguerie commune et ordinaire de Villeneuve de Berc, pour le maire de Boulogne, *V. de B.*, mai 1766.

Peyron, v. : Peiron.

Peytier (Me Victor), consul de Tournon, *Aub.*, déc. 1602 (pour 1603).

Peytieu, v. : aussi Paytieu.

Peytieu (Mr Me Arnoux), Mr Me Arnoux Paitieu, docteur ès-droits, pour le consul de Saint-Agrève, [signe : *Peytieu*], *T.*, avr. 1667 ; Peytieu, pour le consul de Chalancon, *Viv.*, avr. 1671 ; pour le bailli d'Annonay, *Aub.*, août 1674 ; consul de Tournon, *St-P.*, avr. ; *Viv.*, mai 1676 ; avocat en parlement, premier consul de Tournon,

An., mai 1685 ; le même (?) que Mr Me Arnous Peytieu, avocat en parlement, conseiller du Roi, maire de Tournon, *T.*, mars 1703 ; Arnaud Peytieu, maire de Tournon, *B. S. A.*, avr. 1704 ; *P.*, mars 1705 ; Arnoux Peytieu, *J.*, mars 1706 ; conseiller du Roi, maire perpétuel de Tournon, *B. S. A.*, mars 1708 ; *An.*, mars 1709 ; *B. S. A.*, avr. 1716 ; *P.*, mai 1719.

Peytieu (Mr Me Jacques), pour le bailli de Tournon, *Aub.*, mai 1665.

Piberès (Me Daniel), consul de Tournon, *T.*, fév. 1615.

Pichon (Me Antoine) consul de Tournon, *Aub.*, mai 1646.

Pichon (Sr Méraud), consul de Tournon, *T.*, avr. 1667 ; *B. S. A.*, avr. 1668 ; pour le consul de Chalancon, *An.*, avr. 1673 ; capitaine du château de Tournon, consul de Chalancon, *An.*, avr. 1685.

Pichot (Sr *N.*), écuyer, premier consul de Viviers, comm. ord., *Aub.*, juill. 1653.

Pichot (Me Guillaume), consul de Viviers, comm. ord., *J.*, juill. 1645.

Pichot (le Sr Michel), consul de Viviers, comm. ord., *Viv.*, août 1628.

Pichot de Lespinasse (Mre Jean-Baptiste), écuyer, lieutenant-colonel d'infanterie, chevalier de l'ordre royal et militaire de Saint-Louis, premier consul-maire du Bourg Saint-Andéol, *P.*, mai 1779 ; *L.*, mai 1780 ; *T.*, mai 1781 ; Mre Jean-Baptiste de Pichot de Lespinasse, *Aub.*, mai 1782 ; pour le baile de la Gorce, *R.*, juin 1784 ; *L.*, mai 1785.

Picquet, v. aussi : Piquet.

Picquet (Nob. Jacques), juge du marquisat d'Annonay, présid. comme subrogé de H. de Lévis, duc de Ventadour, baron de tour à cause de sa baronnie et marquisat d'Annonay, *An.*, janv. 1636 ; Mr Me Jacques Picquet, docteur ès-droits, reçu à la place du Sr Jean de Luc, député, *Viv.*, avr. 1638 ; M^r M^e [prénom en blanc] Picquet, juge au marquisat d'Annonay, pour le bailli d'Annonay, *Aub.*, févr. ; Mr Me Jacques Picquet, juge de la ville et marquisat d'Annonay, *Aub.*, *Viv.*, sept. 1640 ; *T.*, janv. ; juill. 1642 ; *B. S. A.*, janv. ; juge général du marquisat d'Annonay, fév. ; sept. 1643 ; [pour le] bailli d'Annonay, janv. ; *P.*, janv. ; pour le consul d'Annonay, *V. de B.*, mai ; pour le bailli d'Annonay, *B. S. A.*, 14 et 19 déc. 1644 ; *J.*, mai 1645.

Picquet (Mr Me Pierre), juge du marquisat d'Annonay, pour le bailli d'Annonay, *Aub.*, mai 1646 ; noble Pierre Picquet, pour le bailli d'Annonay, *V. de B.*, juill. 1647 ; noble Pierre Piquet, juge du marquisat d'Annonay, présid. comme subrogé du duc de Ventadour, baron et marquis d'Annonay, et comm. pr., *la V.*, juill. 1648 ; Mr Me Pierre Piquet, juge général du marquisat d'Annonay, présid. comme subrogé du duc de Ventadour, *Viv.*, mars 1649 ; pour le bailli d'Annonay, *Aub.*, janv. 1650 ; *le Ch.*, mars 1651 ; *P.*, mars ; *Sl-P.*, août ; *G. lès V.*, oct. 1652 ; *Aub.*, juill. 1653 ; *la V.*, juin 1654 ; *B. S. A.*, mai ; oct. ; noble Pierre Piquet, *V. de B.*, déc. 1656 ; le même (?) que Mr Me Pierre Piquet, avocat en parlement, consul d'Annonay, *la V.*, avr. 1666.

Pierremalle, v. : Dupré de Pierremalle.

Pignac, S^gr **de la Tour** et **Four** (Mre Gilbert de), présid. comme subrogé de Ch. F. P. de Fayn, M^ls de Rochepierre, Cte de Saint-Remèze, etc., baron de tour à cause de sa baronnie et comté de Saint-Remèze, *P.*, mai 1744 ; comm. pr., *An.*, mai 1745.

Pignieu, v. : Le More de Pignieu.

Pilhet (Me Claude), consul de Tournon, *Viv.*, déc. 1601 (pour 1602).

Pilles (Me Crespin), consul de Viviers, *B. S. A.*, fév. ; oct. 1622 ; Me Crespin Pille, consul de Viviers, *Viv.*, fév. 1635 ; Pilles, consul de Viviers, comm. ord., janv. 1636.

Piquet, v. aussi : Picquet.

Piquet (Me Pierre), docteur ès-droits, juge en la baronnie d'Annonay, pour le bailli d'Annonay, *An.*, janv. 1611.

Plafourès, v. : Cayres de Plafourès.

Plans (Des), v. : Hilaire, S^gr de Jovyac.

Plantier (Mr Me Aimé), [fils de Jacques], bailli de Brion, *P.*, mars ; *Aub.*, juin ; *St-P.*, août ; *G. lès V.*, oct., 1652 ; *Aub.*, juill. 1653, *la V.*, juin 1654 ; *T.*, avr. 1655 ;

B. S. A., mai ; noble Aymé Plantier, *V. de B.*, déc. 1656 ; *Aub.*, juill. 1657 ; *J.*, mai 1658 ; *la V.*, mai 1659 ; le Sʳ Plantier, *V. de B.*, mars 1660 ; noble Aymé Plantier, *Prad.*, mai 1661 ; *Aub.*, mai 1662 ; *le Ch.*, avr. 1663 ; *Sl-P.*, avr. 1664 ; *la V.*, avr. 1666 ; *T.*, avr. 1667 ; *B. S. A.*, avr. 1668 ; Mʳ Mᵉ Aymé Plantier, docteur ès-droits, *Aub.*, juin 1669 ; Mʳ Mᵉ Aymé Plantier, *Viv.*, avr. 1671 ; docteur ès-droits, *Prad.*, avr. 1672 ; Mʳ Mᵉ Aymé Plantier.. *An,.* avr. 1673 ; *Aub.*, juin ; *Viv.*, juill. 1674 ; *le Ch.*, avr. 1675 ; *Sl-P.*, avr. 1676 ; *Aub.*, mai 1677 ; Mʳ Mᵉ Aymard Plantier, docteur ès-droits, *la V.*, mars ; avr. 1678 ; *T.*, mai 1679 ; Mʳ Mᵉ Aymes Plantier, *B. S. A.*, mai 1680 ; Mʳ Mᵉ Aimé Plantier, *P.*, fév. 1681 ; Mʳ Mᵉ Aymes Plantier ; *J.*, mars 1682 ; *la V.*, mai 1683 ; — V. : Plantier (Jacques).

Plantier (Mʳ Mᵉ Charles), avocat en parlement, bailli de Brion, [peut-être faut-il corriger : Claude], *P.*, mars 1693.

Plantier (Mʳ Mᵉ Claude), avocat, bailli de Brion, [fils d'Aimé Plantier], *Prad.*, mai 1684 ; *An.*, avr. 1685 ; *Aub.*, avr. 1686 ; *le Ch.*, mai 1687 ; *Sl-P.*, avr. 1688 ; *Aub.*, fév. 1689 ; *B. S. A.*, fév. 1692 ; *Sl M. d'A.*, janv. 1696 ; présid. comme subrogé de R.-I. de Sassenage, baron et comte de Brion, *le Ch.*, mars 1699 ; bailli de Brion, *Sl-P.*, mars 1700 ; *Vo.*, mars 1701 ; *R.*, fév. 1702 ; *T.*, mars 1703 ; *B. S. A.*, avr. 1704 ; *P.*, mars 1705 ; *J.*, mars 1706 ; *Ve.*, avr. 1707 ; *B. S. A.*, mars 1708 ; *An.*, mars 1709 ; *Aub.*, mars 1710 ; présid. comme subrogé de R.-I. de Sassenage, baron de Brion, *le Ch.*, mars 1711. — V. : Plantier (Mʳ Mᵉ Charles) et Plantier (Jacques).

Plantier (Nob. Claude-Henri), bailli de Brion, *V. de B.*, mai 1720.

Plantier (Jacques), noble Jacques Plantier, bailli de Brion, [peut-être faut-il corriger : Aimé], *Aub.*, mai 1665 ; Mr Me Jacques Plantier, avocat, bailli de Brion, [peut-être faut-il corriger : Claude], *la V.*, fév. 1690.

Plantier (Nob. Jacques), bailli de Brion, *G. lès V.*, mars 1639 ; *Aub.*, fév. 1640 ; *la V.*, janv. 1641 ; *T.*, juill. 1642 ; *B. S. A.*, fév. 1643 ; Mr Me Jacques Plantier, déc. 1644 ; noble Jacques Plantier, *J.*, mai 1645 ; Mr Me Jacques Plantier, *Aub.*, mai 1646 ; *V. de B.*, juill. 1647 ; noble Jacques Plantier, *la V.*, juill. 1648 ; *V. de B.*, fév. ; *Viv.*, mars 1649 ; *Aub.*, janv. ; mars ; oct. 1650 ; noble Jacques Plantier, *le Ch.*, mars ; Mr Me Jacques Plantier, *Aub.*, avr. 1651.

Plantier (M. Mathieu), capitaine de dragons dans le Régiment-Dauphin, pour le bailli de Brion, *Vo.*, mars 1713 ; noble Mathieu Plantier, *P.*, avr. 1717 ; noble Mathieu de Plantier, capitaine de dragons au régiment-Dauphin, présid. comme subrogé du comte de Sassenage, baron de Brion, *T.*, mai 1723 ; noble Mathieu Plantier, chevalier de l'ordre militaire de Saint-Louis, capitaine de dragons dans le régiment-Dauphin, bailli d'Aubenas, *T.*, mai 1731 ; noble Mathieu Plantier, ancien lieutenant-colonel de Dragons, S^gr de Dournas (**Dornas**), *St P.*, mai 1736.

Planzolles, v. : Alamel de Planzolles, Bérard de Planzolles, Dussargues de Planzolles, Jossouin de Tourrette (Mr Me Balthazar) et Jossouin de Planzolles.

Polailhon, v. aussi : Poulalhon.

Polailhon (*N.*), consul de Pradelles, *Viv.*, déc. 1601 (pour 1602).

Pommier (Etienne), consul de Viviers, *Viv.*, déc. 1602 (pour 1603).

Poncelet (Sr Guillaume), consul du Cheylard, *An.*, avr. 1673 ; Sr Guillaume Poncelet, bourgeois, *la V.*, mai 1683.

Pont (du), v. aussi : Dupont.

Pont (M. Alexandre du), M. Alexandre Dupont, fils, lieutenant au régiment Royal des Vaisseaux, pour le bailli de Crussol, *St-P.*, mai 1736 ; noble Alexandre Dupont, capitaine au régiment de Royal-Vaisseau, bailli de Crussol, *P.*, mai 1740.

Pont, de Baïx (Nob. Louis du), subrogé du bailli de la Voulte, *Viv.*, déc. 1601 (pour 1602) ; présid. comme subrogé du duc d'Uzès, baron de tour (à cause de sa baronnie de Crussol), *Viv.*, déc. 1602 (pour 1603).

Pont de Jonchères (Nob. Louis du), [signe : *Dupont*], bailli de Crussol, *T.*, mai 1723 ; noble Louis Dupont, écuyer, Sr de Jonchères, présid. comme subrogé du duc d'Uzès, baron et comte de Crussol, et comm. pr., *St-P.*, mai 1724 ; bailli de Crussol, *Aub.*, mai 1725 ; *T.*, mai 1726 ; *V. de B.*, mai 1727 ; *P.*, mai 1729 ; *J.*, mai 1730 ; *T.*, mai 1731 ; *B. S. A.*, mai 1732 ; *An.*, mai 1733 ; *Vo.*, mai 1734 ; mars 1735 ; noble Louis Dupont, écuyer, Sr de Jonchères, présid. comme subrogé du duc d'Uzès, baron et comte de Crussol, *St-P.*, mai 1736 ; bailli de Crussol, *Vo.*, avr. 1737 ; *T.*, mai 1738 ; mai 1739.

Pont de la Chaux (M. François du), chevalier de Saint-Louis, député de Boulogne, *Aub.*, mai 1770

Pont, S^gr **de Saint-Romain** et **Ligonnès** (Nob. Antoine-Christophe du), bailli de Joyeuse, *la V.*, mai 1683 ; *Prad.*, mai 1684 ; *An.*, avr. 1685 ; *Aub.*, avr. 1686 ; *le Ch.*, mai 1687 ; *St-P.*, avr. 1688 ; *Aub.*, fév. 1689 ; *la V.*, fév. 1690 ; *T.*, mars 1691 ; *B. S. A.*, fév. 1692 ; *P.*, mars 1693 ; Messire Antoine-Christophe du Pont, S^gr de Saint-Romain et de Ligonnès, bailli et sénéchal du duché de Joyeuse, présid. comme subrogé de Son Altesse de Lislebonne, donataire de Sa Majesté du duché de Joyeuse, ayant tour de baron à cause de sa baronnie et duché de Joyeuse, *J.*, mars 1694 ; bailli de Joyeuse, *P.*, mars 1695 ; *St-M. d'A.*, janv. 1696 ; *An.*, mars 1697 ; *Aub.*, mars 1698 ; *le Ch.*, mars 1699 ; bailli et sénéchal de Joyeuse, *St-P.*, mars 1700 ; *Vo.*, mars 1701 ; *R.*, fév. 1702 ; *T.*, mars 1703 ; *B. S. A.*, avr. 1704 ; *P.*, mars 1705 ; présid. comme subrogé d'A. de Lorraine, princesse de... (lacune) et de Commercy, duchesse de Joyeuse, ayant tour de baron à cause de sa baronnie et duché de Joyeuse, et le même (?) bailli de Joyeuse, [il n'y a qu'une signature : *Ligonnès de St Romain, subrogé*], *J.*, mars 1706.

Popon de Saint-Julien (Mre Joseph-François), chevalier de Saint-Louis, pour le bailli de Tournon, *An.*, mai 1783.

Portail (Mr Me Jean-Antoine), conseiller du Roi, contrôleur des tailles et taillon du pays de Vivarais, [pour le] bailli de Chalancon, *Ve.*, mai 1769 ; conseiller du Roi, contrôleur des tailles du pays de Vivarais, député de Tournon, *Aub.*, mai 1772 ; conseiller du Roi, contrôleur des tailles et taillon du pays de Vivarais, pour le bailli de Chalancon, *Aub.*, mai 1773 ; Portal, pour le baile de la Gorce, *St-P.*, mai 1774 ; Portail, [pour le] bailli de Chalancon, *L.*, mai 1776 ; pour le bailli de Chalancon, *T.*, mai 1777 ; pour le maire de Tournon, *V. de B.*, mai 1778 ; [pour le] bailli de Chalancon, [signe : *Portail*], *P.*, mai 1779 ; bailli de la Tourrette, *L.*, mai 1780 ; M. Jean-Antoine Portail, bailli d'épée des baronnies de la Tourrette et Chalancon, présid. comme subrogé de M.-J.-A. de la Rivoire, marquis de la Tourrette, etc., baron de Chalancon, *T.*, mai 1781 ; bailli d'épée des baronnies de la Tourrette et Chalancon, *Aub.*, mai 1782 ; *An.*, mai 1783 ; *R.*, juin 1784 ; *L.*, mai 1785.

Portal de la Bidousse (Sr Jean du), [signe : *Portal de la Bidousse, Duportal* et *Duportal de la Bidousse*], Sr Jean Portal, Sr de la Bidousse, pour le maire de Boulogne, *St-M. d'A.*, janv. 1696 ; Sr Jean du Portal de la Bidouce, ci-devant lieutenant des grenadiers au régiment de la Sarre, pensionnaire du Roi, *Vo.*, mai 1722 ; du Portal de la Bidousse, pour le consul de Largentière, *T.*, mai 1723 ; Duportal de la Bidouse, pour le maire de Boulogne, *St-P.*, mai 1724 ; Duportal de la Bidouce, *Aub.*, mai 1725; pour le bailli d'Aps, *T.*, mai 1726 ; pour le maire de Montlor, *V. de B.*, mai 1727.

Portanier (Mr Me Jacques), docteur en médecine, consul de Pradelles, *B. S. A.*, avr. 1668 ; *le Ch.*, avr. 1675.

Portanier (Me Maurice), Portanner, consul de Pradelles, *la V.*, mars 1623 ; le même (?) que Me Maurin Portanier, janv. 1641.

Porte, v. : Reboul de Porte.

Poulalhon, v. aussi : Polailhon.

Poulalhon (Me Claude), consul de Pradelles, *G. lès V.*, juin 1639.

Prachazal (Me Claude), envoyé pour le consul de Chalancon, *Viv.*, janv. 1607 ; *J.*, mai 1608.

Prachazal (Me Jacques), Pratchazal, consul de Chalancon, *Viv.*, déc. 1600 (pour 1601) ; déc. 1601 (pour 1602) ; Prachazal, *Aub.*, déc. 1602 (pour 1603) ; *la V.*, mars 1604 ; Prachasal, *T.*, fév. 1605 ; *L.*, janv. 1606 ; Prachazal, *T.*, fév. 1609.

Praclaux, v. : Fede, Sr de Praclaux.

Pradels (des), v. : Bellidentis des Pradels de Bains.

Pradier (Etienne), consul de Chalancon, *St-P.*, août 1652.

Praneuf (Claude), consul du Cheylard, *Aub.*, déc. 1602 (pour 1603).

Prat (du), v. : Rochier du Prat et Rochier (Mr Me Annet).

Prat (Sr François), pour le maire du Cheylard, *T.*, mars 1714 ; pour le baile de la Gorce, mars 1715.

Pratneuf, v. : Arnaud de Pratneuf d'Aulueyres.

Preaux, v. : Chapuis de Tourville, Sr du Preaux et Garnier des Hières.

Prés, S^{gr} de la Suchère (Nob. Jean des), subrogé du baron de tour (René de la Motte, Cte de Brion, présent) et comm. pr., *le Ch.*, avr. 1663 ; présid. comme subrogé de R. de la Motte-Brion, baron et comte de Brion, mai 1687.

Prevenche (Claude), consul du Cheylard, *Viv.*, déc. 1601 (pour 1602).

Prévost (Sr Jean), régent d'Aubenas, *T.*, avr. 1667.

Prinsac, v. : Taulamesse-Prinsard-Ducros.

Prinsard (Mr Me Jean-Pierre), avocat en parlement, député de Boulogne, *An.*, mai 1771 ; lieutenant de bailli, juge de la terre de Boulogne, pour le consul-maire de Boulogne, *T.*, mai 1777 ; avocat en parlement, pour le bailli de Boulogne, *P.*, mai 1779 ; avocat en parlement, premier consul-maire de Boulogne, *L.*, mai 1780 ; *T.*, mai 1781 ; *Aub.*, mai 1782 ; *An.*, mai 1783.

Prinsard-Ducros, v. : Taulamesse-Prinsard-Ducros.

Privat (Mr Me Claude-François), avocat en parlement, pour le baile de Pradelles, *R.*, juin 1784.

Privat (Me Jacques), notaire royal, consul de Rochemaure, *P.*, mai 1719.

Puech (le S^r), régent d'Aubenas, *V. de B.*, mars 1660 ; le même (?) que le Sr Puech, pour le bailli de Montlor, *T.*, avr. 1667. [Peut-être le même que le suivant :]

Puech (Mr Me Joseph), juge de la ville d'Aubenas, pour le bailli de Saint-Remèze, *T*., mai 1679 ; *B. S. A.*, mai 1680.

Puget (Mre Henri de), prêtre du diocèse de Toulouse, vicaire et official général de l'Evêque de Viviers, abbé de Simore, comm. pr., *J*., mars 1706 ; *Ve.*, avr. 1707 ; *B. S. A.*, mars 1708.

Q

Quintin (le S[r]), premier consul de Viviers, *Vo.*, mars 1713.

R

Raffard (Aymar), consul de Rochemaure, *J.*, mars 1618.

Rancou de la Rivière (Sr François), pour le consul de Largentière, *T.*, mai 1726.

Rancourbier, v. : Blachère (M. Jacques).

Rast (Sr Fabien), juge général de la comté de la Voulte, pour le bailli de la Voulte, *R.*, fév. 1702.

Rast (Sr Jean), Ras, lieutenant en la judicature de la Voulte, [pour le] consul de Rochemaure, *la V.*, avr. 1678.

Rast (M. Jean-Jacques), juge général du comté de la Voulte, bailli de ladite ville, *T.*, mai 1765, *V. de B.*, mai 1766 ; *P.*, mai 1767 ; *L.*, mai 1768 ; *Ve.*, mai 1769 ; M. Jean-Jacques de Rast, écuyer, juge général du comté de la Voulte, pour le bailli dudit la Voulte, *Aub.*, mai 1770 ; noble Jean-Jacques de Rast, écuyer, juge général du comté de la Voulte, bailli de la Voulte, *An.*, mai 1771 ; noble Jean-Jacques de Rast, écuyer, député de Boulogne, *Aub.*, mai 1772 ; M. Jean-Jacques Rast, écuyer, juge général du comté de la Voulte, bailli de la Voulte, mai 1773 ; M. Jean-Jacques Rast, écuyer, capitaine de cavalerie, [pour le] maire de Pradelles, *St-P.*, mai 1774 ; Mre Jean-Jacques de Rast, écuyer, Gendarme de la Garde ordinaire du Roi, chevalier de l'ordre royal et militaire de Saint-Louis, juge général du comté de la Voulte, pour le bailli de la Voulte, *Aub.*, mai 1775 ; Mre Jean-Jacques de Rast, chevalier de l'ordre royal et militaire de Saint-Louis, juge général du comté de la Voulte, [pour le] bailli de la Voulte, *L.*, mai 1776 ; bailli de la Voulte, *T.*, mai 1777 ; noble Jean-Jacques de Rast, écuyer, chevalier de l'ordre de Saint-Louis, habitant de la ville de la Voulte, pour le baile de la Gorce, mai 1781 ; *Aub.*, mai 1782 ; *St-P.*, juin 1786 ; M. Jean-Jacques Rast, chevalier de l'ordre royal et militaire de Saint-Louis, pour le premier consul-maire de Joyeuse, *B. S. A.*, juin 1788 ; Mr Me Jean-JacquesRast, chevalier de l'ordre royal et militaire de Saint-Louis, pour le baile de la Gorce, *T.*, juin 1789.

Ratabon (Mgr Martin de), évêque et comte de **Viviers,** prince de Donzère, Châteauneuf du Rhône, baron de **Largentière,** etc., présid. comme baron de Largentière et comm. pr., *B. S. A.*, avr. 1716.

Ravel (M. Fleury), ex-consul et maire électif d'Annonay, *B. S. A.*, mai 1758.

Ravel (Me Jean), consul d'Abnonay, *B. S. A.*, mai 1621.

Raymond de Modène-Montlor (Guillaume-Louis de), v. : Montlor.

Raynoard, v. : Renoard, Renouard.

Réal (Me *N.*), envoyé pour le baile de Pradelles, *T.*, fév. 1615.

Réal (Me Claude), subrogé du baile de Pradelles, *P.*, janv. 1619.

Réal (Me Laurent), baile de Pradelles, *Viv.*, déc. 1600 (pour 1601) ; déc. 1601 (pour 1602) ; *Aub.*, déc. 1602 (pour 1603) ; *la V.*, mars 1604 ; *T.*, fév. 1605 ; *L.*, janv. 1606 : *Viv.*, janv. 1607 ; *T.*, fév. 1609 ; *An.*, janv. 1611 ; *P.*, avr. 1612 ; *Aub.*, janv. 1613 ; *B. S. A.*, mars 1616 ; juin 1617 ; *J.*, mars 1618.

Reboul (Mr Me Charles de), avocat en parlement, consul du Bourg Saint-Andéol, *Aub.*, mars 1698.

Reboul (Mr Me Jean-Louis), consul du Bourg Saint-Andéol, *V. de B.*, fév. 1649 ; le même (?) que Mr Me Jean-Louis de Reboul, docteur et avocat, premier consul du Bourg Saint-Andéol, *la V.*, mai 1683.

Reboul (Me Olivier), consul du Bourg Saint-Andéol, *Aub.*, juin ; août ; *V. de B.*, oct. ; *B. S. A.*, oct. 1625 ; *Viv.*, fév. ; 1er et 14 avr. ; 20 mai ; 20 et 28 juin ; *Aub.*, août 1628.

Reboul de Porte (Mr Me Jean-Louis de), avocat, premier consul-maire du Bourg Saint-Andéol, *An.*, mai 1783 ; *R.*, juin 1784 ; *L.*, mai 1785 ; *St-P.*, juin 1786 ; Dereboul-de-porte, *T.*, juin 1789.

Redon (Jean), consul du Bourg Saint-Andéol, *Viv.*, déc. 1600 (pour 1601).

Régis (Me Claude), consul de Viviers, comm. ord., *P.*, avr. 1612 ; consul de Viviers, *J.*, mars 1618.

Régis (Me Etienne), consul de Joyeuse, *J.*, avr. 1633.

Rencoux de la Rivière, v. : Rancou de la Rivière.

Renoard (Nob. Etienne de), Sr Etienne Reynoard, consul de Joyeuse, *T.*, avr. ; Renouard, [signe : *Raynoard*], juin 1655 ; le même(?) que le Sr de Reynoard, reçu comme bailli de Saint-Remèze, *B. S. A.*, mai ; noble Etienne Raynoard, bailli de Saint-Remèze, *V. de B.*, déc. 1656 ; *Aub.*, juill. 1657 ; *J.*, mai 1658 ; noble Etienne de Raynouard, *la V.*, mai 1659 ; le Sr de Raynouard, [signe : *Renoard*], *V. de B.*, mars 1660 ; noble Etienne de Renouard, S^{gr} de **Névissas**, présid. comme subrogé de F. de Lorraine, prince d'Harcourt, etc., baron de Saint-Remèze, *Aub.*, mai 1662 ; noble Etienne Reynouard, bailli de Montlor, *la V.*, avr. 1666 ; noble Etienne de Renouard, *B. S. A.*, avr. 1668 ; *Aub.*, juin 1669 ; *Viv.*, avr. 1671 ; *Prad.*, mai 1672.

Renoard (Sr Guillaume), Reinoard, consul de Viviers, [signe : *Renoard*], *R.*, fév. 1702 ; Me Guillaume Renoard, *V. de B.*, mai 1729.

Renouard (Nov. Antoine de), Renouard, Reynouard, bailli de Montlor, *Prad.*, mai 1684 ; Reynouard, [signe : *Renouard*], *An.*, avr. 1685 ; *Aub.*, avr. 1686.

Retourtour, v. : Soubeyran de Beauvoir et Soubeyran de Saint-Prix (Claude de).

Revel, Sr **de Lisle** (Nob. Antoine de), écuyer, pour le bailli d'Aps, *le Ch.*, avr. 1675 ; *Aub.*, mai 1677 ; [signe : *De Lisle*] mars ; avr. 1678.

Rey (du), v. : Soubeyran (Mre Jean-Antoine-Marie de).

Rey (Me Jean), consul de Largentière, *la V.*, mars 1604 ;
le même (?) que le Sr Jean Rey, envoyé pour le consul
de Joyeuse, *B. S. A.*, mai 1621.

Reymondon Dupontet (M. Pierre), avocat en parlement, bailli d'Issingeaux, premier consul de Viviers,
comm. ord. du Roi, *T.*, mai 1743 ; *P.*, mai 1744 ; avocat
en parlement, premier consul de Viviers, *An.*, mai 1745 ;
avocat, premier consul de Viviers, comm. ord. du Roi,
Aub., mai 1746 ; consul de Viviers, *Aub.*, 1747 ; 1749 ;
premier consul de Viviers, comm. ord., *la V.*, mai 1753 ;
premier consul en titre de Viviers, *V. de B.*, mai 1754 ;
mai 1755 ; avocat en parlement, conseiller du Roi, premier consul en titre de la ville de Viviers, *Ve.*, mai 1757 ;
premier consul de Viviers, *An.*, mai 1759.

Reynaud (Sr Hercule), consul de Rochemaure, *An.*,
avr. 1673.

Reynaud (Me Sébastien), notaire royal, consul de
Rochemaure, *la V.*, sept. 1626 ; *Viv.*, avr. ; mai 1627.

Reynaud de la Bastie d'Estables, v. : La Bastie
d'Estables.

Reynoard, v. : Renoard, Renouard.

Ribes, v. : Laureille de Ribes.

Ribot (Sr Jean-Louis), pour le consul de Saint-Agrève,
Vo., mai 1722.

Ribot (M. Marc-Antoine), notaire royal, pour le maire
d'Annonay, *Vo.*, mai 1722.

Richard (Mr Me Pierre-Joseph), avocat en parlement, bailli de Saint-Remèze, *L.*, mai 1776 ; *T.*, mai 1777 ; pour le baile de la Gorce, *V. de B.*, mai 1778 ; pour le bailli de Saint-Remèze, *P.*, mai 1779 ; pour le baile de la Gorce, *L.*, mai 1780 ; pour le bailli de Saint-Remèze, *Aub.*, mai 1782.

Rieu, v. : Merle (Mre Joseph-François de).

Rieu (Me Jacques du), consul de Joyeuse, *Viv.*, mars 1637.

Riffard (Me *N.*), consul du Bourg Saint-Andéol, *T.*, fév. 1615.

Riffard (Mr Me André), consul du Bourg Saint-Andéol, *Aub.*, juill. 1653 ; docteur ès-droits, *Prad.*, mai 1672.

Riffard (Mr Me Charles), chanoine et prévôt de la cathédrale de Viviers, vicaire général, *B. S. A.*, mai ; juill. ; *Bagnols*, oct. ; *B. S. A.*, nov. 1621 ; janv. ; fév. ; avr. ; oct. 1622 ; *la V.*, mars 1623 ; *G. lès V.*, juin ; présid. en l'absence du subrogé, *Viv.*, sept. 1624 ; vicaire général, *Aub.*, juin ; *B. S. A.*, oct. 1625 ; *Viv.*, fév. ; 1er avr. ; présid. en l'absence du subrogé, *Viv.*, 14 avr. et 20 mai ; vicaire général, *Viv.*, 20 et 28 juin ; *la V.*, sept. 1626 ; *Viv.*, avr. ; mai ; *T.*, juin ; août ; présid. comme subrogé par M. de Tournon, *Viv.*, sept. ; vicaire général, *B. S. A.*, oct. ; *Viv.*, nov. 1627 ; *B. S. A.*, janv. ; *Viv.*, mars ; *B. S. A.*, avr. ; présid. *Viv.*, mai ; vicaire général, *Viv.*, mai ; juin ; juill. ; août ; oct. ; nov. 1628 ; présid., comme subrogé [de l'Evêque de Viviers, baron de Largentière], janv. ; fév. ; vicaire général, mars ; avr. 1629 ; déc. 1631 ; présid., *T.*, juill. 1634 ; *Viv.*, fév. 1635 ; Mr Me Charles de Riffard, chanoine et prévôt en l'église cathédrale de Viviers, mars ; grand vicaire, oct. 1637 ; *B. S. A.*, mars ; *Viv.*, avr. ; *B. S. A.*, juill. 1638 ; *Viv.*, janv. ; *B. S. A.*, fév. ; *G. lès V.*, *Viv.*, mars ; *B. S. A.*, avr. ; vicaire général, juill. ; nov. 1639 ; *la V.*, nov. 1641.

Riffard (M. Jacques), chanoine en l'église cathédrale, tenant la place de Mr Me Charles de Riffard, prévôt en l'église cathédrale et vicaire général du Sgr Evêque de Viviers, *An.*, janv. 1636 ; Messire Jacques Riffard, chanoine et prévôt de la cathédrale, entrant à la place du vicaire général, *G. lès V.*, juin ; oct. 1639 ; Mr Me Jacques Riffard, chanoine, entrant pour le vicaire général, *Aub.*, fév. ; chanoine et prévôt, *Aub.*, *Viv.*, sept. 1640 ; prévôt de la cathédrale, pour le vicaire général, *la V.*, janv. ; Mr Me Jacques de Riffard, mai 1641.

Riffard (Sr Jean), consul du Cheylard, *la V.*, avr. 1666.

Riffard (Me Pierre), consul du Bourg Saint-Andéol, *Viv.*, août 1628 ; janv. ; mars ; avr. 1629.

Rimet (?) (Me Mathieu), consul de Tournon, *J.*, mai 1745.

Riou de Chapoulier (Mr Me Bernard), pour le bailli de Chalancon, *Aub.*, mai 1772.

Rioufol d'Auteville (M. Alexandre), [signe : *Rioufol D'auleville* et *D'auleville*], présid. comme subrogé de Ch. de Rohan, prince de Soubise, etc., baron et comte de Tournon, *T.*, mai 1739 ; bailli de la ville et comté de Tournon, *P.*, mai 1740 ; *T.*, mai 1743 ; *P.*, mai 1744 ;

An., mai 1745 ; *Aub.*, mai 1746 ; bailli d'épée et gouverneur des châteaux, ville et comté de Tournon, présid. comme subrogé de Ch. de Rohan, prince de Soubise, etc., baron et comte de Tournon, *la V.*, mai 1753 ; bailli de Tournon, *V. de B.*, mai 1754 ; juge général de la comté de la Voulte, bailli de Tournon, mai 1755 ; *L.*, mai 1756 ; *Ve.*, mai 1757 ; *B. S. A.*, mai 1758 ; Mr Me Alexandre d'Auteville, bailli de Tournon, *An.*, mai 1759.

Ripert du Devès (Nob. Jacques de), [signe : *De Rippert, bally de Viviers*], Rippert, chanoine et sacristain en l'église cathédrale de Viviers, vicaire et official général de l'évêché de Viviers, pour le bailli de Viviers, *Prad.*, mai 1684 ; Ripert, *An.*, avr. 1685 ; *Aub.*, avr. 1686.

Rivière (Me Claude), notaire royal, pour le consul de Largentière, *Viv.*, déc. 1600 (pour 1601) ; consul de Largentière, *P.*, avr. 1612.

Rivière (Mr Me Guillaume), juge général en la comté de Montlor, pour le bailli de Montlor, *L.*, janv. 1606 ; *Viv.*, janv. 1607 ; juge en la duché de Joyeuse, pour le bailli de Joyeuse, *J.*, mai 1608.

Rivière (Mr Me Guillaume), [fils de Jean], reçu bailli de Saint-Remèze, en survivance de son père, *Viv.*, mars 1637 ; docteur ès-droits, bailli de Saint-Remèze, *G. lès V.*, oct. ; consul de Largentière, *B. S. A.*, nov. 1639 ; le Sr Rivière [Guillaume, ou son père Jean], bailli de Saint-Remèze, *Aub.*, fév. 1640.

Rivière (Mr Me Jean, *et autre* Mr Me Jean, *père et fils*), [Les « sieurs de Rivière, père et fils », qui étaient pourvus de l'office de bailli de Saint-Remèze, donnèrent leur dé-

mission vers 1655. Le comte de Rieux les remplaça par
Etienne de Renoard le 20 septembre 1655. — Ardèche,
C. 345, fº 8 vº] Mᵉ J. Rivière, docteur ès-droits, consul
de Largentière, *la V.*, fév. ; août 1614 ; le Sʳ Jean de
Rivière, docteur ès-droits, juge de la duché de Joyeuse,
pour le bailli de Joyeuse, *R.*, fév. 1621 ; le Sieur Rivière,
juge en la duché de Joyeuse, *Viv.*, sept. 1624 ; *T.*, fév. ;
Aub., juin ; août ; *V. de B.*, oct. ; *B. S. A.*, oct. 1625 ;
Aub., janv. ; *Viv.*, fév. ; 1ᵉʳ et 14 avr. ; mai ; 20 et 28
juin ; *Aub.*, août 1626 ; Mʳ Mᵉ Jean Rivière, docteur
ès-droits, juge en la baronnie de Largentière, pour le consul
dudit Largentière, *T.*, juin ; consul de Largentière, *T.*,
août ; *Viv.*, sept. ; *B. S. A.*, oct. ; pour le bailli de Largentière, *T.*, oct. ; nov. ; *Viv.*, nov. ; le Sieur Jean Rivière,
juge du duché de Joyeuse et baronnie de Largentière,
T., déc. 1627 ; subrogé du bailli de Largentière, *B. S. A.*,
avr. ; *Viv.*, avr. ; consul de Largentière, mai ; pour le
bailli de Largentière, juin ; Mʳ Mᵉ Jean Rivière, docteur
ès-droits, juge du duché de Joyeuse et baronnie de Largentière, reçu par procuration de M. de Lestrange, Sᵍʳ de
Privas, à la place du consul de Privas, attendu la rébellion
des habitants du lieu, *Viv.*, août 1628 ; pour le bailli de
Largentière, *Viv.*, janv. ; fév. ; pour le consul de Privas,
mars ; avr. 1629 ; pour le bailli de Joyeuse, *J.*, avr. 1633 ;
bailli de Saint-Remèze, *Viv.*, mars ; présid. comme subrogé
d'A. du Roure, baron et comte de Saint-Remèze, oct.
1637 ; *V. de B.*, fév. ; bailli de Saint-Remèze, *B. S. A.*,
mars ; juill. 1638 ; *Viv.*, janv. ; *B. S. A.*, fév. ; *G. lès V.*,
Viv., juge-mage du duché de Joyeuse, bailli de Saint-
Remèze, *B. S. A.*, avr. ; juge général du duché de Joyeuse,
bailli de Saint-Remèze, *G. lès V.*, juin ; *B. S. A.*, juill. ;
juge-mage du duché de Joyeuse, pour le bailli de Joyeuse,

G. lès V., oct. ; bailli de Saint-Remèze, *B. S. A.*, nov. 1639 ; *Aub.*, fév. 1640 ; Mr Me Jean Rivière, docteur ès-droits, premier consul l'an dernier de Largentière *et* le Sr Rivière, bailli de Saint-Remèze, *la V.*, janv. ; Mr Me Jean Rivière, bailli de Saint-Remèze, mai ; nov. 1641 ; *T.*, janv. ; juill. 1642 ; *V. de B,*. fév. ; mai ; *B. S. A.*, déc. 1644 ; *J.*, mai ; juill. 1645 ; *Aub.*, mai 1646 ; noble Jean Rivière, bailli de Saint-Remèze, *V. de B.*, juill. 1647 ; Mr Me Jean Rivière, juge au duché de Joyeuse, bailli de Saint-Remèze, *la V.*, juill. 1648 ; Mr Me Jean Rivière, bailli de Saint-Remèze, fév. ; *Viv.*, mars 1649 ; noble Jean de Rivière, écuyer, S^{gr} **du Besset, le Theron** et **Laulanhier**, présid. comme subrogé de F. de Lorraine, Cte de Rieux, de Montlor et de Saint-Remèze, baron de tour à cause de sa baronnie de Saint-Remèze *et* Mr Me Jean Rivière, Sr **de Chames**, bailli de Saint-Remèze, *Aub.*, janv. ; Mr Me Jean Rivière, Sr de Chames, juge-mage du duché de Joyeuse, présid. comme subrogé du comte de Rieux, baron de Saint-Remèze, *et* Mr Me Jean Rivière, bailli de Saint-Remèze, mars ; oct. 1650 ; Mr Me Jean Rivière, Sr de Chames, présid. comme subrogé, *et* Mr Me Jean Rivière, bailli de Saint-Remèze, *V. de B.*, janv. ; noble Jean Rivière, Sr de Chames, bailli de Saint-Remèze, *le Ch.*, mars 1651 ; Mr Me Jean Rivière, bailli de Saint-Remèze, *Aub.*, avr. 1651 ; juge-mage du duché de Joyeuse, bailli de Saint-Remèze, *P.*, mars ; *Aub.*, juin ; *St-P.*, août ; *G. lès V.*, oct. 1653 ; noble Jean Rivière, juge-mage du duché de Joyeuse, bailli de Saint-Remèze, *Aub.*, juill. 1645 ; *la V.*, juin 1654 ; *T.*, avr. ; noble Jean de Rivière, juin 1655 ; noble Jean de Rivière, entrant pour le bailli de Joyeuse, *J.*, mai 1658 ; noble Jean de Rivière, Sr de Chames, consul de Largentière, *T.*, avr. 1667.

Rivière (Nob. Olivier de), consul de Largentière, *Aub.*, mai 1665 ; *la V.*, avr. 1666.

Rivoire (Me Antoine), notaire royal, premier consul de Tournon, *T.*, mars 1715.

Robert (*N.*), signe le procès-verbal de *Prad.*, mai 1672, et ne figure pas dans la liste de présence.

Robert (Mr Me *N.*), pour le consul de Saint-Agrève, *P.*, janv. ; *B. S. A.*, déc. 1644.

Robert (Mr Me Alexandre), bachelier ès-droits, consul de Tournon, *P.*, avr. 1717 ; *J.*, avr. 1718 ; Sr Alexandre Robert, lieutenant de juge, premier consul de Tournon, *V. de B.*, mai 1720.

Robert (Me Antoine), pour le consul de Tournon, *la V.*, mars 1604 ; consul de Tournon, *Aub.*, juin 1626.

Robert (Mr Me Claude), docteur ès-droits, pour le consul de Saint-Agrève, *Aub.*, mai 1646 ; le même (?) que Me Claude Robert, consul de Tournon, juill. 1653.

Robert (Me François), consul de Tournon, *Viv.*, janv. 1607.

Robert (Mr Me Jean), docteur ès-droits, consul de Tournon, *J.*, avr. 1633.

Robert de Châteauneuf du Molard (Nob. Saint-Ange), [signe : *Châteauneuf du Molard* et *Châteauneuf*], Noble Saint-Ange Robert de Châteauneuf, seigneur de

Châteauneuf, **Robain, Verdun**, ancien capitaine du régiment d'infanterie de Bourbon, chevalier de l'ordre royal et militaire de Saint-Louis, pensionné du Roi, bailli de Tournon, *L.*, mai 1764 ; noble Saint-Ange Robert de Châteauneuf du Molard, écuyer, ancien capitaine au régiment d'infanterie de Bourbon, chevalier de l'ordre royal et militaire de Saint-Louis, commandant de la ville de Barzac (Barjac), présid. comme subrogé de Ch. de Rohan, etc., baron et comte de Tournon, *T.*, mai 1765 ; bailli de Tournon, *V. de B.*, mai 1766 ; *P.*, mai 1767 ; *L.*, mai 1768 ; S^{gr} de Châteauneuf, Robin, Verdun, *Aub.*, mai 1770 ; *An.*, mai 1771 ; *Aub.*, mai 1772 ; mai 1773 ; *St-P.*, mai 1774 ; *Aub.*, mai 1775 ; Messire Saint-Ange Robert de Châteauneuf Du Molard, chevalier, S^{gr} de Châteauneuf, Robin,· Verdun et autres places, chevalier de l'ordre royal et militaire de Saint-Louis, commandant en la ville de Barjac, présid. comme subrogé de Ch. de Rohan, etc., baron et comte' de Tournon, *T.*, mai 1777 ; Mre Saint-Ange Robert de Châteauneuf du Molard, bailli de Tournon, *V. de B.*, mai 1778 ; *P.*, mai 1779 ; *T.*, mai 1781 ; *Aub.*, mai 1782 ; pour le bailli d'Annonay, *An.*, mai 1783 ; bailli de Tournon, *R.*, mai 1784 ; bailli d'épée de Tournon, *L.*, mai 1785 ; *St-P.*, juin 1786 ; *Aub.*, juin 1787 ; *B. S. A.*, juin 1788 ; Messire Saint-Ange Robert de Châteauneuf-Dumolard, chevalier, ancien capitaine au régiment de Bourbon infanterie et chevalier de l'ordre royal et militaire de Saint-Louis, commandant de la ville de Barjac, seigneur de Châteauneuf, Verdun, **Colombier-le-Vieux** et autres lieux, présid. comme subrogé de L.-H.-J. de Bourbon-Condé, duc de Bourbon, etc., de L.-A.-de Bourbon-Condé, etc., abbesse de Remiremont et de A.-V.-J. de Rohan-Soubise, princesse de Guéméné,

tous succédant à Ch. de Rohan, prince de Soubise, etc.,
baron et comte de Tournon, *T.*, juin 1789.

Robert-Dumolard de Châteauneuf (Sr André), [signe :
Dumolard de Chasteauneuf, Chasteauneuf et *Chasteauneuf
du Molard*], Sr André Robert du Molard **du Verdun**, pour
le bailli de Chalancon, *Sl-M. d'A.*, janv. 1696 ; Mr Me André
Robert Dumolard de Chasteauneuf, pour le maire de
Tournon, *Sl-P.*, mars 1700 ; Mr Me André Robert-Dumolard, Sr du Verdun, maire de Tournon, *Vo.*, mars 1701 ;
noble André Robert de Châteauneuf, maire de Chalancon,
B. S. A., avr. 1704 ; noble André de Robert, Sr de Châteauneuf, capitaine d'une compagnie franche de fusiliers,
comm. pr., *P.*, mars 1705 ; pour le bailli de Montlor. *Ve.*,
avr. 1707 ; bailli de Chalancon, *B. S. A.*, mars 1708 ; *Aub.*,
mars 1710 ; [pour le] maire de Largentière, *le Ch.*, mars
1711 ; bailli de Chalancon, *Sl-P.*, avr. 1712 ; présid. comme
subrogé de C.-F. de Vogüé, Cte de Vogüé, baron de Montlor, baron de tour à cause de sa baronnie de Montlor,
Vo., mars 1713 ; noble André de Robert, S^{gr} de Châteauneuf, capitaine d'infanterie, présid. comme subrogé du
duc de Ventadour, baron et comte de la Voulte, *T.*, mai
1714 ; bailli de la Voulte, mai 1715 ; *B. S. A.*, avr. 1716 ;
An., mai 1721 ; noble André Robert du Molard, S^{gr} de
Châteauneuf, capitaine d'infanterie, *Vo.*, mai 1722 ; *T.*,
mai 1723 ; noble André de Robert, S^{gr} de Châteauneuf,
Sl-P., mai 1724 ; *Aub.*, mai 1725 ; présid. comme subrogé
du prince de Rohan-Soubise, baron et comte de la Voulte,
et comm. pr., *T.*, mai 1726 ; bailli de la Voulte, *P.*, ma;
1729 ; *J.*, mai 1730 ; *T.*, mai 1731 ; *B. S. A.*, mai 1732 .
An., mai 1733 ; bailli de Chalancon, *Vo.*, mai 1734 ; baill;
de la Voulte, mars 1735 ; *Sl-P.*, mai 1736 ; *Vo.*, avr. 1737 ;

présid. comme subrogé du prince de Rohan-Soubise, baron et comte de la Voulte, *T.*, mai 1738 ; bailli de la Voulte, *T.*, mai 1739 ; *P.*, mai 1740 ; comm. pr., *T.*, mai 1743 ; bailli de la Voulte, *P.*, mai 1744.

Robert Dumolard de Châteauneuf (Nob. Charles), [signe : *le ch^er du Molard*], Noble Charles Robert Dumolard, ancien capitaine d'infanterie, S^gr de Châteauneuf-lès-Vernoux, pour le bailli de Tournon, *Aub.*, mai 1763 ; M. Charles Robert, chevalier du Molard, [pour le] bailli de Montlor, *T.*, mai 1765 ; M. Charles Robert, chevalier du Molard, ancien capitaine d'infanterie, seigneur de Châteauneuf de Vernoux, député de Boulogne, *Ve.*, mai 1769 ; M. [prénom en blanc] le chevalier du Molard, ancien capitaine d'infanterie, pour le bailli de Saint-Remèze, *St-P.*, mai 1774 ; Mre Charles Robert de Châteauneuf, chevalier Du Molard, S^gr de Châteauneuf de Vernoux, ancien capitaine d'infanterie, pour le bailli de Boulogne, *T.*, mai 1777 ; Mre Charles Dumolard, chevalier de Châteauneuf, pour le bailli de Tournon, juin 1789.

Robert du Molard (Nob. Jacques), [signe : *Robert du Molard*], pour le bailli de Brion, *An.*, mai 1721 ; *Vo.*, mai 1722 ; pour le bailli d'Aps, *T.*, mai 1723 ; *St-P.*, mai 1724 ; pour le bailli d'Aubenas, *Aub.*, mai 1725 ; Subdélégué de l'Intendant, pour le bailli de Chalancon, *T.*, mai 1726 ; pour le bailli de la Voulte, *V. de B.*, mai 1727 ; noble Jacques du Molard, écuyer, S^gr de **Châteauneuf, Verdun** et autres lieux, bailli de Chalancon, *J.*, mai 1730 ; noble Jacques Robert Dumolard, S^gr de Châteauneuf, pour le bailli de Privas, *T.*, mai 1731 ; noble Jacques Robert Dumolard, écuyer, S^gr de Châteauneuf, Verdun et autres lieux, pour le bailli de Chalancon, *St-P.*, mai 1736 ;

S^{gr} de Châteauneuf, écuyer, pour le bailli de Chalancon, *T.*, mai 1738 ; noble Jacques Robert Dumolard, S^{gr} de Châteauneuf, écuyer, envoyé de tour de Vivarais, comm. pr., *P.*, mai 1740 ; S^{gr} de Châteauneuf, pour le bailli de la Voulte, *T.*, mai 1743 ; *An.*, mai 1745 ; le même (?) que noble Jacques Robert du Molard, écuyer, pour le bailli de Tournon, *L.*, mai 1761 ; du Molard, S^{gr} de Châteauneuf, *St-P.*, mai 1762 ; M. Jacques Robert de Châteauneuf du Molard, écuyer, S^{gr} de Châteauneuf et autres places, bailli de Tournon, *T.*, mai 1765 ; pour le bailli de Tournon, *Ve.*, mai 1769.

Robert du Molard, S^{gr} de Châteauneuf (M. Saint-Ange), [signe : *Robert Dumolard*], Sr Ange Robert-Dumolard, bailli de Chalancon, *la V.*, fév. 1690 ; Sr Ange Robert Dumolard, S^{gr} de Châteauneuf, pour le bailli de Boulogne, *T.*, mars 1691 ; bailli de Tournon, *J.*, mars 1694 ; *P.*, mars 1695 ; *St-M. d'A.*, janv. 1696 ; retenu pour le service du Roi et réputé présent, *An.*, mars 1697 ; *Aub.*, mars 1698 ; comm. pr., *St-P.*, mars 1700 ; Mr Me Saint-Ange Robert-Dumolard, seigneur de Châteauneuf, bailli de Tournon, *Vo.*, mars 1701 ; *R.*, fév. 1702 ; présid. comme subrogé du prince de Rohan, baron et comte de Tournon, *T.*, mars 1703 ; comm. pr., *B. S. A.*, avr. 1704 ; bailli de Tournon, *J.*, mars 1706 ; *Ve.*, avr. 1707 ; bailli de Tournon et subdélégué de l'Intendant, *B. S. A.*, mars 1708 ; *An.*, mars 1709 ; *Aub.*, mars 1710 ; comm. pr., *le Ch.*, mars 1711 ; bailli de Tournon, *St-P.*, avr. 1712 ; *Aub.*, mars 1713 ; *T.*, mars 1714 ; noble Saint-Ange Robert-Dumolard, S^{gr} de Châteauneuf, conseiller du Roi au Présidial de Nîmes, subdélégué de l'Intendance de Languedoc au pays de Vivarais, présid. comme subrogé du prince de Rohan, baron et comte de Tournon, mars 1715 ; noble Saint-Ange de Robert-Dumolard, bailli de Tournon, *B. S. A.*, avr. 1716 ; *P.*, avr. 1717 ; *J.*, avr. 1718 ; *P.*, mai 1719 ; comm. pr., *An.*, mai 1721 ; bailli de Chalancon, *Vo.*, mai 1722 ; bailli de Montlor, *T.*, mai 1723 ; bailli de Chalancon, *St-P.*, mai 1724 ; présid. comme subrogé du Cte de Vogüé, baron d'Aubenas, et chargé d'exercer l'office de Syndic de Vivarais, *Aub.*, mai 1725 ; syndic du pays, *T.*, mai 1726 ; *V. de B.*, mai 1727.

Robert du Molard du Verdun (M. Claude-Ignace), [signe : *Duverdun Dumolard*], [pour le] bailli de Joyeuse, *T.*, mai 1765 ; Mre Claude-Ignace de Châteauneuf du Molard, ancien officier d'infanterie, pour le baile de la Gorce, mai 1777 ; Mre Claude-Ignace de Châteauneuf du Verdun, pour le bailli de Joyeuse, juin 1789.

Robin, v. : Robert de Châteauneuf du Molard.

Roche, S^r **des Essars** (Nob. Aimé de), pour le bailli d'Aps, *P.*, fév. 1681.

Rochebillière (Sr François), consul de Chalancon, *T.*, avr. 1667.

Rochecolombe, v. : Vogüé.

Rochefontneuve (Mr Me Fabien de), juge général du comté de la Voulte, pour le bailli de la Voulte, *T.*, mai 1738.

Rochefort (Nob. Pierre de), pour le maire de Tournon, *R.*, fév. 1702.

Rochemore de Grille, Cte de **Saint-Remèze**, etc., (Mre Anne-Joachim-Annibal de), présid. comme baron de tour à cause de sa baronnie de Saint-Remèze, *B. S. A.*, mai 1758.

Rochemoyre, v. : Favet, Sr de Rochemoire (Nob. Simon de).

Rochemure ou Rochemeure, v. : Fages de Rochemure.

Rocher, v. aussi : Rochier.

Rocher (du), v. : Geoffre (Jean-Annet).

Rocher (Nob. Joseph de), pour le bailli de Largentière, *Prad.*, mai 1684.

Rocher (M. Louis), [signe : *Rocher*], Mr Louis Rochier, fils, de Largentière, pour le maire de Montlor, *L.*, mai 1756 ; M. Louis Rochier, pour le maire de Boulogne, *Aub.*, mai 1763 ; *L.*, mai 1764.

Rocher d'Alamel (Mre Jean-André), premier consul-maire de Largentière, *B. S. A.*, juin 1788 ; Mre Jean-André Rocher-Dalamel, *T.*, juin 1789.

Rocher de Sanilhac (Nob. François-Joseph de), [signe : *Sanilhac*], noble François de Rocher de Sanilhac, S^gr de **Moulins**, ancien capitaine d'infanterie, pour le bailli de Chalancon, *J.*, avr. 1718 ; Mre François de Rocher, S^gr de Sanilhac, [pour le] bailli de Joyeuse, mai 1730 ; le même (?) que M. de Rocher, écuyer, S^gr de Sanilhac, bailli de Joyeuse, *St-P.*, mai 1736 ; *Vo.*, avr. 1737 ; *T.*, mai 1738 ; mai 1739 ; *P.*, mai 1740 ; Mre Joseph de Rocher, S^gr de Sanilhac, *T.*, mai 1743 ; M. de Rocher, S^gr de Sanilhac, *P.*, mai 1744 ; *An.*, mai 1745 ; *Aub.*, mai 1746.

Rochessauve, v. : Chapuis de Tourville de Saint-Alban.

Rochette (Sr Claude), consul de Tournon, *le Ch.*, mars 1651.

Rochier, v. aussi : Rocher.

Rochier (Mr Me Annet), docteur ès-droits, consul de Largentière, *St-P.*, avr. 1664 ; Mr Me Annet Rochier, Sr **du Prat**, *Aub.*, mai 1677. [V. : Rochier du Prat de la Baulme].

Rochier (Mr Me Jean-Baptiste), docteur en médecine, consul de Largentière, *Vo.*, mai 1734 ; pour le consul de Largentière, *P.*, mai 1740.

Rochier, Sr **du Prat**, Cos^gr **de la Baume** (Mr Me Annet), docteur ès-droits, consul de Largentière, [signe : *Labaume du Prat*], *J.*, avr. 1718 ; Mr Me Annet Rochier, Sr du Prat, avocat, *V. de B.*, mai 1720 ; noble Anné Rocher, Sr du Prat, avocat en parlement, premier consul de Largentière, [signe : *Labaume*], *V. de B.*, mai 1727.

Rodde (Claude), consul de Largentière, *Aub.*, janv. 1613.

Romanet, v. : Soubeyran (Mre Jean-Antoine-Marie de).

Romény, v. : Monerb (?) de Saint-Cyr.

Romieu (Me Claude de), consul de Pradelles, *Viv.*, janv. 1607.

Romieu, Sr **de Masigon** (Nob. Charles de), [signe : *Masigon*], le Sr de Masigon, maire de Pradelles, *J.*, mars 1694 ; noble Charles de Roumieu, Sr du Mashugon, *Sl-M.-d'A.*, janv. 1696 ; Sr de Mazignon, *An.*, mars 1697 ; Sr de Mazingon, *Aub.*, mars 1698.

Roqueplane (Mre Jean-Baptiste de), pour le bailli de la Tourrette et Chalancon, *T.*, mai 1781.

Roqueplane d'Orby (Nob. Jean-Pierre de), noble [prénoms en blanc] de Roqueplane d'Orby, [pour le] bailli de Largentière, [signe : *Roqueplane, fils*] *T.*, mai 1765 ; pour le bailli de Largentière, [signe : *Roqueplane Dorbi, fils*], *V. de B.*, mai 1766 ; noble Jean-Pierre de Roqueplane d'Orby, [signe : *Roqueplane, fils*] *Aub.*, juin 1770 ; Mre Jean-Pierre de Roqueplane, écuyer, pour le bailli de la Voulte, *T.*, mai 1781.

Rossel, v. : Roussel.

Rottier (Mr Annet), Me Annet Rocher (*sic*), consul de Viviers, *B. S. A.*, mars ; Me Anne Rottier, *Viv.*, avr., *B. S. A.*, juill. 1638 ; *Viv.*, janv. ; *B. S. A.*, fév. 1639 ; *la V.*, janv. ; pour le consul de Viviers, mai 1641.

Roubert (Sr Jean), Robert, consul de Rochemaure, [signe : *Roubert*], *T.*, avr. ; juin 1655.

Roubin (Nob. Gilles de), [signe : *Roubin*] bailli d'Aps, *An.*, avr. 1685 ; *le Ch.*, mai 1687 ; de Robin, pour le bailli d'Aps, *Sl-P.*, avr. 1688 ; *Aub.*, fév. 1689 ; *la V.*, fév. 1690 ; de Roubin, *T.*, mars 1691 ; de Robin, *B. S. A.*, fév. 1692 ;

J., mars 1694 ; *P.*, mars 1695 ; *St-M. d'A.*, janv. 1696 ; *An.*, mars 1697. [C'est probablement le littérateur Gilles Roubin, de l'Académie royale d'Aix, mort en 1716. Il y a aux Archives de l'Ardèche, C. 751, une lettre de lui, avec cachet armorié. Voir sur ce personnage, dont la famille est encore représentée, A. Révérend, *Titres, pairies et anoblissements de la Restauration*, tome VI., p. 144-145.]

Roubin (Nob. Joseph de), [signe : *Roubin*], Robin, pour le baile de Pradelles, *St-M. d'A.*, janv. 1696 ; *Aub.*, mars 1698.

Rouchon de Bellidentis, v. aussi : Bellidentis-Rouchon.

Rouchon de Bellidentis (Mr Me Louis-Etienne), avocat en parlement, pour le maire de Joyeuse, *P.*, mai 1744.

Roudil (Mr Me Hyacinthe), avocat en parlement, consul de Pradelles, *J.*, mai 1730.

Roudil (Mr Me Jean-Louis), avocat en parlement, bailli de Boulogne, *la V.*, mai 1753 ; *V. de B.*, mai 1754 ; Mr Me Jean-Louis Roudil, avocat en parlement, maire de Villeneuve de Berg, seigneur du mandement d'**Ajoux**, gouverneur et bailli d'épée du château et baronnie de Boulogne, présid. comme subrogé de Ch.-C. de Faÿ. Mis de Gerlande, etc., baron de Boulogne, *V. de B.*, mai 1755 ; Mr Me Louis Roudil, avocat en parlement, maire de Villeneuve de Berg, bailli de Boulogne, *L.*, mai 1756 ; conseiller du Roi, maire de Villeneuve de Berg, seigneur du mandement d'Ajoux, *Ve.*, mai 1757 ; maire ancien de Villeneuve de Berg, *B. S. A.*, mai 1758 ; avocat en parlement, maire de Villeneuve de Berg, seigneur du mandement d'Ajoux,

An., mai 1759 ; Mr Me Jean-Louis Roudil, *Aub.*, ma^i 1760 ; conseiller du Roi, seigneur du mandement d'Ajoux, maire ancien de Villeneuve de Berg, *L.*, mai 1761.

Roudil (Mr Me Louis), conseiller du Roi et son procureur au bailliage de Villeneuve de Berc, pour le baile de Pradelles, *V. de B.*, mai 1720.

Roudil (Mr Louis-Pierre), pour le bailli de Joyeuse, *V. de B.*, mai 1755.

Roudil de Chabannes (M. François du), M. François du Roudil, écuyer, S^gr de **Blazère**, premier consul de Pradelles, [signe : *Chabannes*], *Ve.*, mai 1769.

Roudil de Chabannes (M. Jacques-François de), écuyer, ancien lieutenant d'infanterie dans le régiment de Médoc, premier consul-maire de Pradelles, [signe : *Chabannes*], *P.*, mai 1779 ; *L.*, mai 1780 ; *T.*, mai 1781 ; *Aub.*, mai 1782 ; pour le premier consul-maire de Pradelles, *B. S. A.*, juin 1788.

Roumieu de Masigon, v. : Romieu de Masigon.

Roure (du), v. : Beaumont de Brison et Beauvoir d'Elze.

Roure (Me *N.*), [probablement Jean du Roure, docteur ès-droits], docteur ès-droits, régent d'Aubenas, *T.*, fév. 1609.

Roure (Me Jean), consul de Viviers, *la V.*, mars 1623. [V. plus bas].

Roure (Me Jean du), docteur ès-droits, pour le consul de Largentière, *P.*, janv. 1619.

Roure (Me Jean du), consul de Viviers, comm. ord., *J.*, avr. 1633.

Roure (Me Nicolas du), pour le consul de Largentière, *la V.*, mars 1610 ; consul de Largentière, *B. S. A.*, juin 1617.

Roure (Scipion de Grimoard de Beauvoir, Cte du), lieutenant-général pour le Roi en Languedoc, présent, *V. de B.*, fév. 1649.

Roure de Chames (Nob. François-Annibal du), le Sr de Chames, reçu comme bailli de la comté de Montlor et baronnie d'Aubenas, *B. S. A.*, mai ; noble François du Roure, Sr de Chames, oct. ; noble Hanibal du Roure, Sr de Chames, *V. de B.*, déc. 1656 ; noble François du Roure, Sr de Chames, *Aub.*, juill. 1657.

Roure, S^{gr} de Saint-Brès, Cte de Saint-Remèze, etc., (Mre Antoine du), présent, *B. S. A.*, mai 1621 ; baron de tour, présid., *B. S. A.*, fév. ; avr. 1622 ; messire Antoine du Roure, comte de Saint-Remèze, baron de tour, présid., *Viv.*, mars 1637.

[**Roure**] **de Saint-Just** (M^r [du]), présid. comme subrogé du comte de Saint-Remèze, son frère, *B. S. A.*, oct. 1622.

Roussel (Sr Antoine), pour le consul de Largentière, *Vo.*, mai 1722 ; Mr Antoine Roussel, pour le bailli de Montlor, *T.*, mai 1726.

Roussel (Mr Me Charles), avocat en parlement, juge de la baronnie de Vogüé et d'Aubenas, pour le bailli de Montlor, *St-P.*, mai 1724 ; *Aub.*, mai 1725 ; *V. de B.*, mai 1727 bailli de Montlor, *P.*, mai 1729 ; *J.*, mai 1730 ; *B. S. A.*, mai 1732 ; *An.*, mai 1733 ; *Vo.*, mai 1734 ; mars 1735 ; *Sl-P.*, mai 1736 ; *Vo.*, avr. 1737 ; *T.*, mai 1738 ; *T.*, mai 1739 ; *P.*, mai 1740 ; mai 1744 ; *An.*, mai 1745 ; présid. comme subrogé de Ch.-F.-E. de Vogüé, baron et marquis de Vogüé, *Aub.*, mai 1746 ; bailli de Montlor, *la V.*, mai 1753 ; Mr Charles Roussel, juge de Vogüé et Aubenas, bailli de Montlor, *V. de B.*, mai 1754 ; Mr Me Charles Roussel, avocat en parlement, juge de Vogüé et Aubenas, bailli de Montlor, mai 1755 ; *L.*, mai 1756 ; *Ve.*, mai 1757 ; *B. S. A.*, mai 1758 ; avocat en parlement, bailli de Montlor, *An.*, mai 1759 ; *Aub.*, mai 1760 ; juge d'Aubenas, *L.*, mai 1761 ; M. Charles Roussel, bailli de Montlor, *Sl-P.*, mai 1762 ; présid. comme subrogé de Ch.-F.-E. de Vogüé, baron et comte de Montlor, *Aub.*, mai 1763 ; Mr Me Charles Roussel, avocat en parlement, bailli de Montlor, *L.*, mai 1764 ; M. Charles Roussel, avocat en parlement, bailli de Montlor, *V. de B.*, mai 1766 ; *P.*, mai 1767 ; Mr Me Charles Roussel, *Aub.*, mai 1772 ; mai 1773 ; *Sl-P.*, mai 1774 ; présid. comme subrogé de Ch.-F.-E. de Vogüé, baron et comte de Montlor, *Aub.*, mai 1775 ; bailli de Montlor, *L.*, mai 1776 ; *T.*, mai 1777 ; *V. de B.*, mai 1778 ; *P.*, mai 1779 ; *L.*, mai 1780.

Roussel (M. Charles-Dominique), pour le bailli de Saint-Remèze, *Aub.*, mai 1763 ; avocat en parlement, pour le bailli de Montlor, *L.*, mai 1768 ; bailli de Montlor, *Ve.*, mai 1769 ; *Aub.*, mai 1770 ; pour le bailli de Montlor, *An.*, mai 1771 ; reçu comme bailli d'épée général et héréditaire de la baronnie de Montlor, suivant donation à lui faite dans son contrat de mariage (Perrin, notaire à Lyon, 11 décembre 1769) par son père, M. Charles Roussel, qui avait acquis ledit office du comte de Vogüé (Ribot, notaire, 26 mai 1727), *Aub.*, mai 1772 ; Messire Charles-Dominique Roussel, bailli d'épée de la baronnie de Montlor, *T.*, mai 1781 ; Messire Charles-Dominique de Roussel, *An.*, mai 1783 ; *L.*, mai 1785 ; *St-P.*, juin 1786 ; Messire Charles-Dominique Roussel, bailli d'épée de la baronnie de Montlor, présid. comme subrogé de C.-F.-M. de Vogüé, baron et comte de Montlor, *Aub.*, juin 1787 ; M. Charles-Dominique Roussel, bailli d'épée de la baronnie de Montlor, *B. S. A.*, juin 1788.

Roussel (Me Jacques), Rossel, notaire royal, consul de Joyeuse, *Aub.*, juin 1626.

Roussel (Sr Jacques), Rossel, pour le maire de Boulogne, *Vo.*, mars 1701 ; Mr Jacques Roussel, conseiller du Roi, maire perpétuel et lieutenant de juge de la comté de Vogüé, [pour le] bailli de Montlor, *B. S. A.*, mars 1708 ; Mr Me Jacques de Roussel, pour le bailli de Montlor, *An.*, mars 1709 ; Mr Me Jacques Roussel, conseiller du Roi, maire de Vogüé, pour le bailli de Montlor, *St-P.*, avr. 1712 ; Mr Me Jacques Roussel, pour le maire de Saint-Agrève, *Vo.*, mars 1713 ; pour le bailli de Montlor, *T.*, mars 1714 ; mars 1715 ; *B. S. A.*, avr. 1716 ; *P.*, avr. 1717 ; *J.*, avr. 1718 ; bailli de Montlor, *P.*, mai 1719 ; *V. de B.*, mai 1720 ; *An.*, mai 1721 ; *Vo.*, mai 1722.

Roussel (Mr Me Jacques-Louis), avocat en parlement, pour le bailli de Montlor, *Aub.*, mars 1710 ; *le Ch.*, mars 1711 ; docteur ès-droits, juge-mage du duché de Joyeuse, pour le maire de Montlor, *Vo.*, mars 1713 ; pour le maire de Joyeuse, *B. S. A.*, avr. 1716 ; Mr Me Jacques-Louis

Roussel, conseiller du Roi, juge-mage au duché de Joyeuse, pour le bailli de Joyeuse, *J.*, avr. 1718 ; conseiller du Roi, maire de Joyeuse, *P.*, mai 1719 ; avocat en parlement, juge-mage du duché de Joyeuse, pour le bailli d'Aubenas, *J.*, mai 1730 ; Mr Jacques-Louis Roussel, avocat en parlement, pour le maire d'Aubenas et Montlor, *An.*, mai 1759 ; maire de Montlor, *L.*, mai 1761 ; Mr Me Jacques-Louis Roussel, maire de la ville d'Aubenas et Montlor, *Aub.*, mai 1763.

Roussillon, v. : Tournon, Cte de Roussillon.

Rouveyrol (Me Amadis), consul de Joyeuse, *T.*, fév. 1605 ; *Viv.*, août 1628.

Rouveyrol (Me Jacques), notaire, consul de Joyeuse, *Viv.*, janv. 1607 ; le même (?) que Me Jacques Rouveyrol, consul de Joyeuse, *Aub.*, fév. ; sept. ; *Viv.*, sept. 1640.

Rouvèze, v. : Aoust de Rouvèze.

Rouvière (Sr Elie-Charles), consul de Boulogne, *P.*, mars 1695.

Rouvière (Sr Henry), bourgeois, pour le maire de Largentière, *Vo.*, mars 1713 ; le même (?) que S^r [prénom en blanc] Rouvière, pour le consul de Montlor, *Aub.*, mai 1725.

Rouvière (M. Jacques), bachelier ès-droits, consul de Chalancon, *T.*, mai 1743.

Rouvière (M. Pierre-Louis), bourgeois, pour le premier consul-maire de Largentière, *Aub.*, mai 1782.

Rouvière (Sr Simon), consul du Bourg Saint-Andéol, *le Ch.*, avr. 1675.

Roux (Sr Daniel du), de Roux, pour le consul de Largentière, [signe : *Du roux*, d'après la copie des signatures], *St-P.*, mai 1724.

Roux (Sr Jean), consul de Rochemaure, *P.*, mars ; *G. lès V.*, oct. 1652.

Roux (Sr Jean-André), bourgeois, consul du Bourg Saint-Andéol, *J.*, mars 1694.

Roux (Pierre), consul de Rochemaure, *Aps*, juill. 1620.

Royssac, *alias* Brissac *et* Royssat (Me Pierre), consul de Chalancon, *B. S. A.*, mars 1616 ; *Aub.*, juin 1625.

Rozier (Me François), consul de Largentière, *An.*, janv. 1611.

Ruas (Sr Esprit), second consul de Viviers, *la V.*, mai 1683.

Ruolz (Noble Jean-Pierre de), [signe : *Ruols*], écuyer, capitaine au régiment de « Feront », lieutenant de bailli d'Annonay, *Aub.*, juill. 1657 ; bailli d'Annonay, *J.*, mai 1658 ; *la V.*, mai 1659 ; *V. de B.*, mars 1660 ; Jean-Pierre de Ruols, écuyer, S^{gr} de **Trois-Fourneaux**, présid. comme subrogé de M. de la Guiche, duchesse douairière de Ventadour, ayant tour de baron à cause de sa baronnie et marquisat d'Annonay, *Prad.*, mai 1661 ; bailli d'Annonay, *Aub.*, mai 1662 ; *le Ch.*, avr. 1663 ; *St-P.*, avr. 1664 ; pour le bailli d'Annonay, *Aub.*, mai 1665 ; bailli d'Annonay, *la V.*, avr. 1666 ; *T.*, avr. 1667 ; *B. S. A.*, avr. 1668 ; *Aub.*, juin 1669 ; *Viv.*, avr. 1671 ; *Prad.*, mai 1672 ; noble Jean-

Pierre de Ruolz, écuyer, S^{gr} des Trois-Fourneaux, présid.
comme subrogé de L.-Ch. de Lévis, duc de Ventadour, etc.,
etc., baron et marquis d'Annonay, *An.*, avr. 1673 ; bailli
d'Annonay, *Viv.*, juill. 1674 ; noble Jean-Pierre de Ruolz,
écuyer, S^{gr} de Trois-Fourneaux, *le Ch.*, avr. 1675 ; *St-P.*,
avr. 1676 ; *Aub.*, mai 1677 ; *la V.*, mars 1678.

S

Sabatier (Jean), consul de Pradelles, *la V.*, mars 1604.

Sabatier (Me Jean), notaire royal, baile de la Gorce, *Viv.*, déc. 1600 (pour 1601) ; déc. 1601 (pour 1602) ; *Aub.*, déc. 1602 (pour 1603) ; *la V.*, mars 1604 ; *T.*, fév. 1605 ; *L.*, janv. 1606 ; *Viv.*, janv. 1607 ; *J.*, mai 1608 ; *T.*, fév. 1609 ; *la V.*, mars 1610 ; *An.*, janv. 1611. ; *Aub.*, janv. 1613 ; *la V.*, fév. 1614.

Sabatier (Me Jean), docteur ès-droits, juge en la baronnie de la Gorce, pour le baile de la Gorce, *T.*, fév. 1615 ; docteur ès-droits, pour le baile de la Gorce, *B. S. A.*, mars 1616 ; [prénom en blanc], juin 1617 ; baile de la Gorce, *J.*, mars 1618 ; *P.*, janv. 1619 ; *Aps.* juill. 1620 ; *B. S. A.*, mai ; juill. ; *Bagnols*, oct. 1621 ; *B. S. A.*, fév. ; avr. ; oct. 1622 ; *la V.*, mars 1623 ; *Aub.*, juin ; août ; *V. de B.*, *B. S. A.*, octobre 1625 ; *Aub.*, janvier ; *Viv.*, février ; 20 mai ; 20 et 28 juin ; *Aub.*, août ; *la V.*, sept. 1626 ; *Viv.*, mai ; août 1628 ; *T.*, juill. 1634 ; le Sr Sabatier, bailli de la Gorce, *G. lès V.*, mars 1639 ; *Aub.*, fév. ; Mr Me Jean Sabatier, docteur ès-droits, baile de la Gorce, *Aub.*, *Viv.*, sept. 1640 ; *T.*, juill. 1642 ; *B. S. A.*, janv. ; fév. ; sept. 1643 ; janv. 1644 ; *P.*, janv. ; *B. S. A.*, nov. ; déc. 1644 ; *J.*, mai 1645 ; *Aub.*, mai 1646 ; *V. de B.*, juill. 1647 ; *Aub.*, janv. ; mars ; oct. 1650 ; *St-P.*, janv. ; *le Ch.*, mars ; *Aub.*, avr. 1651 ; *P.*, mars ; *Aub.*, juin 1652.

Sabatier (Me Joseph), pour le bailli de la Gorce, *Viv.*, fév. 1635 ; Mr Sabatier, *V. de B.*, fév. 1638 ; Mr Me Joseph Sabatier, docteur ès-droits, baile de la Gorce, *la V.*, janv. 1641 ; Mr Me Joseph Sabatier, baile de la Gorce, *la V.*, juill. 1648 ; noble Joseph Sabatier, baile de la Gorce, *V. de B.*, ; *Viv.*, mars 1649 ; Mr Me Joseph Sabatier, baile de la Gorce, *Aub.*, juill. 1653 ; *la V.*, juin 1654 ; *T.*, avr. ; juin 1655 ; *B. S. A.*, avr. ; le même (?) que Mr Me Jean Sabatier, oct. ; Mr Me Joseph Sabatier, *V. de B.*, déc. 1656 ; *Aub.*, juill. 1657 ; *J.*, mai 1658 ; *la V.*, mai 1659.

Sabatier (Sr Sébastien), Sabattier, consul de Rochemaure, *le Ch.*, avr. 1663.

Sabatier, Sr de la Chadenède (Mr Me François), baile de la Gorce, *Vo.*, mai 1722 ; mai 1734 ; mars 1735 ; avr. 1737.

Sabatier, Sr de la Chadenède (Sr Jacques), [signe : *Lachadenède*], le Sr de la Chadenède, fils, reçu baile de la Gorce en survivance de son père, *Aub.*, mars 1698 ; Sr Jacques Sabatier, Sr de la Chadenède, baile de la Gorce, *le Ch.*, mars 1699 ; Mr Me Jacques Sabatier, Sr de la Chadenède, *St-P.*, mars 1700 ; *Vo.*, mars 1701 ; *R.*, fév. 1702 ; *T.*, mars 1703 ; *B. S. A.*, avr. 1704 ; Mr Me Jacques Sabatier, *P.*, mars 1705 ; Mr Me Jacques Sabatier, Sr de la Chadenède, *J.*, mars 1706 ; *Ve.*, avr. 1707 ; *B. S. A.*, mars 1708 ; *An.*, mars 1709 ; *Aub.*, mars 1710 ; *le Ch.*, mars 1711 ; *St-P.*, avr. 1712 ; *Vo.*, mars 1713 ; *T.*, mars 1714 ; *B. S. A.*, avr. 1716 ; *P.*, avr. 1717 ; mai 1719 ; *V. de B.*, mai 1720 ; *St-P.*, mai 1724 ; *Aub.*, mai 1725 ; *T.*, mai 1726 ; *V. de B.*, mai 1727 ; *P.*, mai 1729 ; *J.*, mai 1730 ; *B. S. A.*, mai 1732.

Sabatier, Sr **de la Chedanède** (Sr Paul), [signe :
Lachadenède], licencié ès-droits, reçu baile de la Gorce,
en survivance du Sr Jacques de Monteilz, son beau-frère,
la V., mai 1683 ; baile de la Gorce, *Prad.*, mai 1684 ; *An.*,
avr. 1685 ; *le Ch.*, mai 1687 ; *St-P.*, avr. 1688 ; *Aub.*, fév.
1689 ; Mr Me Paul Sabatier, avocat, baile de la Gorce
la V., fév. 1690 ; *T.*, mars 1691 ; *B. S. A.*, fév. 1692 ;
Mr Me Paul Sabatier, Sr de la Chadenède, avocat, *P.*,
mars 1693 ; *J.*, mars 1694 ; *P.*, mars 1695 ; *St-M. d'A.*,
janv. 1696 ; *An.*, mars 1697.

Sabatier de la Chadenède (M. Paul-Charles-Jean-
Baptiste), Mr Charles-Paul-Jean-Baptiste, fils de M^r M^e
Paul-Joseph, reçu comme baile de la Gorce, *Aub.*, mai
1760 ; baile de la Gorce, *L.*, mai 1761 ; M^r M^e [prénoms
en blanc] Sabatier, Sr de la Chadenède, avocat en parlement, *P.*, mai 1767 ; M. Paul-Charles-Jean-Baptiste de
la Chadenède, avocat en parlement, pour le bailli de Saint-
Remèze, *Ve.*, mai 1769 ; Mr Me Paul-Charles-Jean-Baptiste
Sabatier de la Chadenède, avocat en parlement, présid.
comme subrogé de A.-J.-A. de Rochemore de Grille, baron
et comte de Saint-Remèze, *Aub.*, mai 1770 ; fait les fonctions de syndic et nommé syndic à l'unanimité, *An.*, mai
1771 ; syndic de Vivarais, *Aub.*, mai 1772 et à toutes les
sessions suivantes, jusqu'à la dernière, *T.*, juin 1789,
inclusivement. — Il est qualifié noble à partir de la session
de *T.*, mai 1781.

Sabatier, Sr **de la Chadenède** (Mr Me Paul-Joseph),
avocat en parlement, reçu comme baile de la Gorce en
survivance de Sr Jacques Sabatier de la Chadenède, son
père, *P.*, mai 1740 ; baile de la Gorce, *T.*, mai 1743 ; *P.*,
mai 1744 ; *An.*, mai 1745 ; *Aub.*, mai 1746 ; *la V.*, mai

1753 ; *V. de B.*, mai 1754 ; juge et baile de la Gorce, mai
1755 ; avocat en parlement et baile de la Gorce, *L.*, mai
1756 ; *Ve.*, mai 1757 ; pour le bailli de Saint-Remèze,
B. S. A., mai 1758 ; juge et baile de la Gorce, *An.*, mai
1759 ; baile de la Gorce et reçu comme bailli de Saint--
Remèze, *Aub.*, mai 1760 ; bailli de Saint-Remèze, *L.*, mai
1761 ; bailli de Saint-Remèze, nommé secrétaire et greffier
du pays, *St-P.*, mai 1762 ; secrétaire et greffier du pays,
faisant les fonctions de syndic, et nommé syndic, *Aub.*,
mai 1763 ; syndic de Vivarais, *L.*, mai 1764, et à toutes
les sessions suivantes, jusqu'à celle d'*Aub.*, mai 1770, inclusivement.

Sabatier de la Chadenède (Nob. Paul-Joseph-Jean-
Baptiste-Charles), pour le baile de la Gorce, *Aub.*, juin
1787 ; bailli de Saint-Remèze, *B. S. A.*, juin 1788 ; *T.*,
juin 1789.

Saboul (Mʳ Mᵉ Jean), Soboul, conseiller du Roi, lieutenant de bailli de Vivarais, maire-commis de la ville de
Viviers, comm. ord. du Roi, [signe : *Saboul*], *P.*, avr.
1717 ; Saboul lieutenant principal au bailliage de Villeneuve de Berc, comm. pr., *V. de B.*, mai 1720.

Saboul (Mʳ Mᵉ Jean-Louis), [pour le] consul de Montlor, *V. de B.*, mai 1720.

Saboul de Beaufort (M. Jean-Baptiste), pour le bailli
de Largentière, *An.*, mai 1783.

Saignes (Mᵉ Pierre), consul de Pradelles, *T.*, fév. 1605.

Saint-Alban, v. : Bonnefille de Saint-Alban.

Saint-Alban-Lesblandier, v. : Flaugergues (Nob. Jean-Magloire de).

Saint-André (Nob. *N. N.* de), pour le bailli de Montlor, J., mai 1658.

Saint-André-Lachamp, v. : Jossouin de Tourrette (Mr Me Balthazar).

Saint-Arcons, v. : Bernard (M. Joseph) et Bernard de Saint-Arcons.

Saint-Bauzile, v. : Tavernol de Barrès.

Saint-Brès, v. : Roure de Saint-Brès.

Saint-Clair, v. : Tavernol et Vogüé de Gourdan.

Saint-Cyr, v. : Monerb (?) de Saint-Cyr.

Saint-Didier, v. : Colombier de Saint-Deydier.

Sainte, v. aussi : Mieucens-Sainte et Mieucens de Sainte.

Sainte (Me Paul), lieutenant de juge de Boulogne, pour le consul dudit lieu, [signe : *P. Sainte*], P,, mai 1740.

Saint-Eugène, v. : Barthélemy de Laforest (M. François-Guillaume).

Saint-Jean-Chambre, v. : Soubeyran (Mre Jean-Antoine-Marie de).

Saint-Julien, v. : Popon de Saint-Julien.

Saint-Julien la Brousse, v. : Soubeyran (Mre Jean-Antoine-Marie de).

Saint-Just, v. : [Roure] de Saint-Just.

Saint-Lager, v. : Bézangier de Saint-Lager et La Pimpie (Artus-Gilbert de).

Saint-Marcel, v. : Serre (Nob. Aymard de) et Serre de Saint-Marcel (M. Joseph-Sébastien de).

Saint-Martin, v. : Jossouin de Planzolles.

Saint-Martin le Supérieur, v. : Tavernol de Barrès.

Saint-Michel, v. : La Pimpie de Saint-Michel.

Saint-Montan, v. : Dussault de Saint-Montan, Fargier, Serre (Nob. Aymard de) et Serre de Saint-Marcel (M. Joseph-Sébastien de).

Saint-Nazaire, v. : Bernard (Mr Me Joseph) et Oriple de Saint-Nazaire.

Saint-Pierre la Roche, v. : Tavernol de Barrès.

Saint-Pons, v. : Mercoyrol de Baumevallier et Mercoyrol de Saint-Pons.

Saint-Romain, v. : Pont de Saint-Romain (du).

Saint-Prix, v. : Soubeyran (Mre Jean-Antoine-Marie de) et Soubeyran de Saint-Prix.

Saint-Vincent, v. : Ozil de Saint-Vincent.

Saladin (Jérôme), consul du Bourg Saint-Andéol, *Viv.*, janv. 1607.

Saléon (Mr Me Jean-André), avocat en parlement, consul du Cheylard, *L.*, mai 1764 ; *T.*, mai 1765 ; le même (?) que Mr Me Jacques-Jean-André Saléon, avocat en parlement, consul du Cheylard, *V. de B.*, mai 1766 ; *P.*, mai 1767.

Saléon-Terras (M. Just-Henri), avocat en parlement, premier consul-maire du Cheylard, *P.*, mai 1779 ; M. Just-Henri Saléon, *L.*, mai 1780 ; *T.*, mai 1781 ; *Aub.*, mai 1782.

Saleville (Mr Me Jean), bachelier ès-droits, pour le maire du Bourg Saint-Andéol, *An.*, mars 1709.

Salgue (Mathieu), consul de Saint-Agrève (*sic*). [Dans la même session figure déjà Jean Véron, consul de Saint-Agrève], *Viv.*, janv. 1607.

Salomon (Mr Me Jean-Pierre), avocat en parlement, député de Tournon, *Aub.*, mai 1770 ; Mr Me Jean-Pierre de Salomon, avocat en parlement, baile de la Gorce, *An.*, mai 1771 ; Mr Me Jean-Pierre Salomon, avocat en parlement, maire de Rochemaure, *St-P.*, mai 1774 ; *Aub.*, mai 1775 ; Mr Me Jean-Pierre de Salomon, avocat en parlement, premier consul-maire de Tournon, *L.*, mai 1776 ; Mr Me Jean-Pierre Salomon, avocat en parlement, pour le bailli de Tournon, *T.*, mai 1777 ; M. Jean-Pierre Salomon, avocat en parlement, juge général des quatre mandements des Boutières, pour le bailli d'Annonay, *V. de B.*, mai 1778 ; de Salomon, pour le bailli de la Voulte, *St-P.*, juin 1786 ; pour le bailli d'Annonay, *Aub.*, juin 1787 ; pour le bailli de la Tourrette et Chalancon, *B. S. A.*, juin 1788 ; *T.*, mai 1789.

Salomon de la Chapelle (M. Mathieu), écuyer, lieutenant d'infanterie au régiment de Bretagne, député de Rochemaure, *Aub.*, mai 1773.

Sampzon, v. : Pellier de Sampzon de la Bastide.

Sanial du Faÿ (M. Jean-Louis), M. Jean-Louis Sanial-Dufaïs, docteur en médecine de la Faculté de Montpellier, premier consul-maire du Cheylard, *Aub.*, juin 1787 ; Sanial du Faÿs, *B. S. A.*, juin 1788 ; Sanial du Faÿ, *T.*, juin 1789.

Sanial-Lachava (Mr Me Etienne-Michel), avocat en parlement, premier consul du Cheylard, *Aub.*, mai 1772 ; mai 1773 ; *St-P.*, mai 1774 ; *Aub.*, mai 1775 ; consul-maire du Cheylard, *V. de B.*, mai 1778.

Sapet (Nob. Claude de), juge général de la Comté de Crussol, *P.*, mars ; Mr Me Sapet, *G. lès V.*, oct. 1652.

Sardiges, v. : Justet de Sardiges.

Sarjas, Sargeas, v. : Champanhet-Sargeas.

Sault (le S^r du), v. : [Gabriac-Barjac ?], Sr du Sault.

Sault de Saint-Montan (du), v. : Dussault de Saint-Montan.

Saunier (Sr Jacques), consul de Rochemaure, *Aub.*, juill. 1657.

Saunier (Me Simon), consul de Rochemaure, *Aub.*, juin 1625.

Sauret (Sr Guillaume), bourgeois, consul de Largentière, *Prad.*, mai 1684 ; *An.*, avr. 1685 ; *Aub.*, avr. 1686.

Saurety (Sr Jérôme), pour le maire de Pradelles, *Vo.*, mars 1713.

Sautel (le Sr Jacques), consul de Privas, *Viv.*, déc. 1600 (pour 1601).

Sauvant (Mr Me Raymond), avocat, lieutenant général de juge des terres de M. le baron de la Gorce, pour le bailli de la Gorce, *L.*, mai 1764 ; pour le baile de la Gorce, *T.*, mai 1765.

Sauvat (Mr Me Jean-Pierre-Alexis), Sauva, juge de la comté de Crussol, pour le bailli de Pradelles, *Sl-P.*, mai 1724 ; Mr Me Alexis Sauvar, juge de Saint-Péray, pour le maire de Rochemaure, [signe : *Sauval*], *T.*, mai 1731 ; Mr Me Jean-Pierre-Alexis Sauvat, juge général de la comté de Crussol et de la baronnie de Durtal, pour le consul de Tournon, *Sl-P.*, mai 1736.

Sauveton (Mr Me Joseph-Daniel), avocat, maire du Bourg Saint-Andéol, *T.*, mars 1703.

Sauvetton (Sr Jacques), pour le bailli de Largentière, *B. S. A.*, mai ; oct. ; *V. de B.*, déc. 1656 ; consul du Bourg Saint-Andéol, *Aub.*, juin 1669.

Sauzéa, Sr de Lagarde (Mr Me François de), docteur ès-droits, lieutenant de juge au siège royal d'Annonay, juge général de la comté de Crussol, comm. ord., *la V.*, mars 1623 ; consul d'Annonay, *la V.*, sept. 1626 ; pour le consul d'Annonay, *T.*, août 1627 ; *G. lès V.*, mars ; lieutenant de juge au bailliage de Vivarais et ville d'Annonay, *B. S. A.*, avr. ; comm. ord., *G. lès V.*, juin ; *B. S. A.*, juill. 1639.

Sauzet de Fabrias (Nob. Christophe de), pour le bailli de Saint-Remèze, *Vo.*, mars 1735 ; *St-P.*, mai 1736 ; *Vo.*, avr. 1737 ; [signe : *Fabrias*], *T.*, mai 1738 ; mai 1739 ; *P.*, mai 1740 ; *T.*, mai 1743.

Sauzet, S^{sr} **de Fabrias** (Mre Claude-François de), Conseiller-auditeur en la souveraine Cour des Comptes, Aides et Finances à Montpellier, pour le bailli de Jaujac, *Vo.*, mai 1734 ; conseiller du Roi, auditeur en la souveraine Cour des Comptes, Aides et Finances de Montpellier, mars 1735 ; *St-P.*, mars 1736 ; *Vo.*, avr. 1737.

Sauzet, Bon **de Jonchères** (M. Guillaume), héraut d'armes de France, premier consul de Pradelles, *Aub.*, juin 1787.

Savignac de la Poyade (Nob. Gabriel de), Savayrac, Sr de la Payade, procureur de Mme de Chambaud, V^{sse} de Lestrange et Privas, pour le bailli de Privas, *B. S. A.*, mars 1638 ; noble [prénom et nom en blanc] de la Pouyade, pour le bailli de Privas, *B. S. A.*, nov. ; 14 et 19 déc. 1644.

Savin (Me Jacques), praticien, consul de Pradelles, *J.*, mars 1682 ; *T.*, mars 1691.

Seaulve (le Sr Abel), pour le bailli de Crussol, *J.*, mai 1608 ; Me Abel Seaulve, bailli de Crussol, *T.*, fév. 1609 ; *la V.*, mars 1610 ; noble Abel de la Seaulve, *An.*, janv. 1611 ; le Sr Abel Seaulve, *alias* noble Abel de la Seauve, bailli de Crussol, présid. pour le duc d'Uzès, baron de tour à cause de sa comté de Crussol, *P.*, avr. 1612 ; noble Abel Seaulve, bailli de Crussol, *Aub.*, janv. 1613 ; *la V.*, fév.

1614 ; *T.*, fév. 1615 ; *B. S. A.*, mars 1616 ; juin 1617 ;
J., mars 1618 ; *P.*, janv. 1619 ; *Aps*, juill. 1620 ; *B. S. A.*,
mai 1621.

Seigle, v. aussi : Le Seigle.

Seigle (Mr Me Antoine), docteur ès-droits, lieutenant
du bailli de Vivarais au siège royal d'Annonay, comm.
ord., *G. lès V.*, juin 1624.

Senneterre, Mis **de Châteauneuf** (Mre Charles de),
Messire Charles de Seneterre, Mis de Châteauneuf, Vte de
Chailane, baron de Boulogne, Privas etc., présid. comme
baron de tour à cause de sa baronnie de Boulogne, et
comm. pr., *P.*, janv. ; *V. de B.*, fév. ; *B. S. A.*, nov. 1644 ;
présid. pour et en l'absence de Mre René [Bayle] de la
Motte, Cte de Brion, baron de tour, *Aub.*, avr. 1651 ;
présid. comme baron de Boulogne, *Aub.*, juill. 1657.

Senneterre, Cte **de Lestrange**, etc. (Mgr Mre Henri de),
présid. comme baron de Boulogne, *Aub.*, juin 1669.

Sennovert de la Fayolle (Mr Me Jean-Antoine de),
de Seignovert de la Fayole, avocat en parlement, juge de
la Bâtie et autres lieux, premier consul de Tournon, [signe :
Senover] *T.*, mai 1726 ; [signe : *Senovert*], *V. de B.*, mai
1727 ; de Senovert, avocat en parlement, pour le maire
du Bourg Saint-Andéol, [signe : *Senover*], *T.*, mai 1731.

Seron (Jean), consul du Bourg Saint-Andéol, *Aps.*
juill. 1620 ; *R.*, fév. 1621 ; le même (?) que Sr Jean Seron,
consul du Bourg, *V. de B.*, juill. 1647.

Serpoulet, v. : [Vernes] de Serpoulet.

Serre, v. : Soubeyran de Saint-Prix (Nob. Claude de).

Serre (du), de Joyeuse ; v. : Desserres (Me Jean) et Desserres, consul de Joyeuse (1642).

Serre (Me Etienne du), Duserre, consul de Joyeuse, *la V.*, sept. 1626.

Serre (Mr Me Jacques du), [on trouve, en copie, la signature Dusserre à la fin du procès-verbal de *V. de B.*, mars 1660] Desserres, docteur ès-droits, [pour le] baile de la Gorce, *Prad.*, mai 1661 ; du Serre, *Aub.*, mai 1662 ; pour le baile de la Gorce, *le Ch.*, avr. 1663 ; *St-P.*, avr. 1664 ; *Aub.*, mai 1665 ; Mr Me Jean (*sic*) du Serre, juge d'Aubenas, pour le baile de la Gorce, *la V.*, avr. 1666 ; Mr Me Jacques du Serre, *T.*, avr. 1667 ; *B. S. A.*, avr. 1668.

[**Serre**] (Jean), [le nom est resté en blanc, mais la signature Serre se trouve à la fin du procès-verbal] consul du Bourg Saint-Andéol, *Viv.*, déc. 1631.

Serre (Mr Me Jean de), Desserres, docteur et avocat, juge général des terres de Mgr l'Evêque de Viviers, comm. pr., *T.*, avr. 1667 ; de Serres, juge général des terres de l'Evêché de Viviers, pour le bailli de Largentière, *B. S. A.*, avr. 1668.

Serre (Mr Me Jean du), juge d'Aubenas, pour le baile de la Gorce, *la V.*, avr. 1666. — Corrigez : Jacques.

Serre (Me Pierre du), Duserre, notaire royal, régent d'Aubenas, *Aub.*, juin 1625.

Serre de la Rochette (Me Pierre du), Me Pierre du Serre, *alias* La Rochette, lieutenant de bailli de Montlor, *Aub.*, fév. 1640 ; Me Pierre du Serre, Sr de la Rochette, vibailli de Montlor, *T.*, janv. ; juill. 1642 ; le même (?) que M[r] Me Pierre Desserres, *alias* Dusserre, régent d'Aubenas, *P.*, janv., et (?) que M[r] M[e] [prénom en blanc] Desserres, régent d'Aubenas, *B. S. A.*, déc. 1644 ; Me Pierre Desserres, Sr de la Rochette, pour le bailli de Montlor, *Aub.*, mai 1646 ; Sr Pierre Duserre, pour le bailli de Montlor, *V. de B.*, juill. 1647 ; Me Pierre Desserres, lieutenant de bailli de Montlor, *la V.*, juill. 1648 ; Me Pierre de la Rochette, bailli de Montlor, *V. de B.*, fév. ; *Viv.*, mars 1649 ; Sr Pierre du Serre, régent d'Aubenas, *Aub.*, mars 1650 ; Sr Pierre du Serre de la Rochette, pour le bailli de Montlor, avr. ; Sr Pierre du Serre, régent d'Aubenas, *le Ch.*, mars 1651 ; vibailli de Montlor, *Aub.*, juin 1653 ; Sr Pierre Desserres, *T.*, avr. ; juin 1655 ; Sr Pierre du Serre, Sr de la Rochette, *Aub.*, mai 1662 ; Me Pierre du Serre, mai 1665.

Serre, Cos[gr] de **Saint-Marcel, Saint-Montan** et **Cousignac** (Nob. Aymar de), [signe : *de Serre*], ci-devant capitaine au régiment de Toulouse, bailli général de toutes les terres de l'Evêché de Viviers, bailli de Largentière, *P.*, mars 1693 ; *J.*, mars 1694 ; *P.*, mars 1695 ; noble Aymar de Serres, *Sl-M. d'A.*, janv. 1696 ; noble Aymard Desserres, *An.*, mars 1697 ; *Aub.*, mars 1698 ; *le Ch.*, mars 1699 ; *Sl-P.*, mars 1700 ; *Vo.*, mars 1701 ; *R.*, fév. 1702 ; noble Aymard de Serres, coseigneur de Saint-Marcel, Saint-Montan et Cousignat, capitaine d'une compagnie franche de fusiliers, bailli général des terres de l'Evêché de Viviers, présid. comme subrogé de l'Evêque de Viviers, baron de Largentière, *B. S. A.*, avr. 1704 ; bailli de Largentière, *P.*, mars 1705 ; *J.*, mars 1706 ; *Ve.*, avr. 1707 ; *B. S. A.*, mars 1708 ; *An.*, mars 1709 ; *Aub.*, mars 1710 ; noble Aymar Desserres, *le Ch.*, mars 1711 ; *Sl-P.*, avr.

1712 ; *Vo.*, mars 1713 ; *T.*, mars 1714 ; présid. comme subrogé de C.-F. de Vogüé, baron et comte de Vogüé, et comm. pr., *Vo.*, mai 1734.

Serre, Cos^gr de **Saint-Marcel, Saint-Montan** et **Cousignac** (Mre Joseph-Sébastien de), bailli de Vivarais, comm. ord., *T.*, mai 1738 ; mai 1739 ; *P.*, mai 1740 ; commandant en Vivarais en l'absence de M. de la Devèze, *T.*, mai 1743 ; en l'absence de M. de Châteauneuf, *P.*, mai 1744 ; *Aub.*, mai 1746 ; en l'absence du Mis de Lemps, *la V.*, mai 1753 ; chevalier de l'ordre royal et militaire de Saint-Louis, *V. de B.*, mai 1754 ; Mre Joseph-Sébastien de Serres-**Saunier**, Mis de **Gras**, B^on de **Violès**, Cos^gr etc., *Ve.*, mai 1757 ; S^gr de **la Baume**, *B. S. A.*, mai 1758.

Serre-Saunier, Mis de **Gras**, B^on de **Violès** (Mre Joseph-Camille de), Mre Joseph-Camille de Serre-Saunier, chevalier, Mis de Gras, baron de Violès, bailli du haut et bas pays de Vivarais et Valentinois, comm. ord. du Roi, *Aub.*, mai 1760; *L.*, mai 1761; Mis de Gras, Baron d'**Aroles,** *St-P.*, mai 1762 ; *Aub.*, mai 1763 ; *L.*, mai 1764 ; *T.*, mai 1765 ; *V. de B.*, mai 1766 ; *P.*, mai 1767 ; *L.*, mai 1768 ; *Ve.*, mai 1769 ; *Aub.*, mai 1770 ; *An.*, mai 1771.

Serres (Mr Me Charles des), conseiller du Roi, juge royal du haut Vivarais, comm. ord., *Viv.*, déc. 1601 (pour 1602) ; *Aub.*, déc. 1602 (pour 1603) ; *T.*, fév. 1605 ; *L.*, janv. 1606 ; *Viv.*, janv. 1607 ; *T.*, fév. 1609 ; *la V.*, mars 1610 ; *An.*, janv. 1611 ; *P.*, avr. 1612 ; *la V.*, fév. 1614 *T.*, fév. 1615 ; *B. S. A.*, juin 1617 ; *P.*, janv. 1619

Serres (Sr Jean-Louis), maire et consul de Pradelles, *An.*, mai 1733.

Serres (Nob. Just des), noble Just Desserres, conseiller du Roi, juge du pays de Vivarais, comm. ord., *T.*, avr. 1655 ; juge de Vivarais, *la V.*, mai 1659 ; juge au bailliage royal de Vivarais, *Prad.*, mai 1661 ; S^{gr} B^{on} d'**Andance**, conseiller du Roi, juge du haut pays de Vivarais, *le Ch.*, avr. 1663 ; *St-P.*, avr. 1664.

Serres (Me Louis des), Desserres docteur ès-droits, juge de la baronnie d'Aps, pour le châtelain d'Aps, *Aub.*, déc. 1602 (pour 1603) ; *la V.*, mars 1604.

Serres (Mr Me Pierre des) Desserres, conseiller du Roi, juge de Vivarais, comm. ord., *T.*, juill. 1634 ; conseiller du Roi, juge du bailliage de Vivarais, *An.*, janv. 1636 ; *G. lès V.*, mars ; *B. S. A.*, avr. ; *G. lès V.*, oct. ; *B. S. A.*, nov. 1639 ; *T.*, janv. 1642 ; *la V.*, juill. 1648.

Serres de Chardon (Mre Jean-Antoine de), Mre Jean-Antoine De Serre, chevalier, ancien capitaine de cavalerie, chevalier de l'ordre royal et militaire de Saint-Louis, seigneur de Chardon et autres places, pour le premier consul-maire d'Annonay, *L.*, mai 1785.

Serret (Nob. Jean), consul de Largentière, *le Ch.*, avr. 1663.

Serrier (du), v. : Blanchard, Sr du Serrier.

Servier (le Sr Jacques), consul du Bourg Saint-Andéol, *B. S. A.*, mai ; *Bagnols*, oct. ; *B. S. A.*, nob. 1621 ; janv. 1622 ; Me Jacques Servier, envoyé par la ville du Bourg Saint-Andéol à la place du consul, *J.*, avr. 1633.

Servier (Mr Me Jean), docteur et avocat, premier consul de la ville du Bourg Saint-Andéol, *Aub.*, avr. 1686 ; le même (?) que Mr Me Jean Servier, avocat, maire du Bourg Saint-Andéol, *R.*, fév. 1702.

Sibleyras (Nob. Claude de), bailli de Privas, *Viv.*, déc. 1601 (pour 1602) ; *la V.*, mars 1604 ; *L.*, janv. 1606 ; *J.*, mai 1608 ; *la V.*, mars 1610 ; *P.*, avr. 1612.

Sibleyras (Sr Paul), consul de Boulogne, *An.*, avr. 1685.

Simian (Mr Me Charles de), [signe : *Symian*] chanoine et théologal, pour le vicaire général, *B. S. A.*, janv. ; Mr Me Charles Simian. *T.*, mars ; vicaire général, avr. ; pour le vicaire général, juill. ; vicaire général, *B. S. A.*, juill. ; pour le vicaire général, *T.*, oct. 1642 ; vicaire général, fév. 1643 ; chanoine et viguier, grand vicaire, *V. de B.*, juill. 1647 ; vicaire général, *la V.*, juill. 1648 ; *V. de B.*, fév. 1649 ; *Aub.*, janv. ; mars ; oct. 1650 ; *V. de B.*, janv. 1651 ; chanoine et viguier en l'église cathédrale de Viviers, assistant en la présente assemblée pour et à la place du bailli de Viviers, [refuse de signer le procès-verbal], *Aub.*, juin ; *St-P.*, août ; [refuse de signer] *G. lès V.*, oct. 1652 ; refuse d'assister en la qualité de bailli de Viviers, *Aub.*, juill. 1653 ; vicaire général, *B. S. A.*, mai ; oct. ; *V. de B.*, déc. 1656 ; bailli de Viviers, *J.*, mai 1658 ; chanoine, viguier, vicaire et official général de l'Evêque, pour le bailli de Viviers, *Aub.*, mai 1665 ; *la V.*, avr. 1666 ; Mre Charles Simian, *Aub.*, juin 1669 ; de Symian, *Viv.*, avr. 1671 ; *Prad.*, mai 1672 ; *An.*, avr. 1673 ; *Aub.*, juin ; *Viv.*, juill. ; *Aub.*, août 1674 ; *le Ch.*, avr. 1675 ; *St-P.*, avr. ; *B. S. A.*, mai 1676 ; *Aub.*, mai 1677 ; Simian, *la V.*, avr. 1678 ; de Symian, *T.*, mai 1679 ; *B. S. A.*, mai 1680 ;

P., fév. 1681 ; *T.*, mars 1691 ; *B. S. A.*, fév. 1692 ; *P.*, mars 1693 ; *J.*, mars 1694 ; [prénom en blanc] de Simian, viguier en l'église cathédrale de Viviers, grand vicaire et official de l'Evêché de Viviers, entrant pour le bailli de Viviers, *P.*, mars 1695.

Simian (Nob. Honoré), Sr Honoré Simian, écuyer, premier consul de Viviers, comm. ord., *la V.*, juin 1654 ; *T.*, avr. ; juin 1655 ; *B. S. A.*, mai ; noble Honoré Simian, oct. ; *V. de B.*, déc. 1656 ; *Aub.*, juill. 1657 ; *J.*, mai 1658 ; deuxième consul de Viviers, *Prad.*, mai 1661 ; M. Honoré Simian, écuyer, pour le consul de Viviers, comm. ord., *le Ch.*, avr. 1663 ; Sr Honoré Simian, écuyer, premier consul de la ville de Viviers, comm. ord., *Prad.*, mai 1672 ; Mr Me Honoré de Simian, conseiller du Roi, receveur des décimes du diocèse de Viviers, premier consul de Viviers, comm. ord., [signe : *Simian, co^{re} ord^{re}*], *Aub.*, mai 1677.

Simian (Mre Honoré), viguier en l'église cathédrale de Viviers, vicaire et official général de l'Evêque de Viviers, pour le bailli de Viviers, [signe : *Symian, baillif de Viviers*], *la V.*, fév. 1690.

Simian(Mr Me Pierre), chanoine et théologal, pour le vicaire général, *B. S. A.*, janv. ; vicaire général, sept. 1643 ; janv. 1644 ; Symian, *P.*, janvier ; Simian, *V. de B.*, fév. ; mai ; *B. S. A.*, nov. ; nov. ; 14 et 19 déc. 1644 ; *J.*, mai juill. 1645 ; *Aub.*, mai 1646 ; *Viv.*, mars 1649.

Simon (Mr Me Pierre), M^r M^e [prénom en blanc] Simon, docteur en médecine, régent d'Aubenas, *T.*, janv. ; juill. 1642 ; Mr Me Pierre Simon, *V. de B.*, juill. 1647 ; docteur en médecine, *Aub.*, juill. 1653.

Sividre (Me Pierre), consul du Bourg Saint-Andéol, *J.*, mars 1618 ; le même (?) que Me Pierre Sividre, premier consul du Bourg Saint-Andéol, *la V.*, janv. 1641.

Sividre (Sr Pierre), premier consul du Bourg Saint-Andéol, *le Ch.*, mars 1687.

Solier (le Sr *N.* du), consul de Privas, *T.*, fév. 1615.

Solignac, v. : Chassaniol de Solignac.

Solignac (Mr Me Jean), consul de Pradelles, *P.*, mars 1705.

Solignac de la Grandcour (Nob. François de), régent d'Aubenas et reçu comme bailli de Montlor, *J.*, mai 1658 ; de Soliniac, bailli de Montlor, *la V.*, mai 1659 ; [signe : *La Grandcour*], *V. de B.*, mars 1660 ; de Solignac, *Prad.*, mai 1661.

Sollier (Sr Jean-Baptiste), premier consul du Bourg Saint-Andéol, *B. S. A.*, mai 1680.

Soubeyran (Mr Me Annet, *et autre* Mr Me Annet de), [signent : *Sobeiran*] Mr Me Annet de Soubeyran, avocat en parlement, pour le maire de Chalancon, *T.*, mai 1731 ; *B. S. A.*, mai 1732 ; pour le maire de Rochemaure, *An.*, mai 1733 ; pour le consul de Chalancon, *Vo.*, mai 1734 ; pour le consul du Cheylard, mars 1735 ; pour le consul de Chalancon, *St-P.*, mai 1736 ; Mr Me Annet de Soubeyran, avocat en parlement, pour le bailli de la Tourrette *et* Mr Me Annet de Sobeyran, avocat, pour le consul de Chalancon, [signent : *Sobeiran B(ailli)* et *Sobeiran*] *Vo.*, avr. 1737 ; Mr Me Annet de Sobeiran, avocat en parlement, pour le maire de Joyeuse *et autre* Mr Me Annet de Sobeiran, avocat en parlement, pour le consul de Chalancon, *T.*, mai 1738 ; Mr Me Annet de Sobeiran, avocat en parlement pour le consul de Chalancon, mai 1739 ; maire de Chalancon, *P.*, mai 1740 ; pour le bailli de Vogüé, *T.*, mai 1743 ; maire de Chalancon, *P.*, mai 1744 ; *An.*, mai 1745 ; *Aub.*, mai 1746 ; *V. de B.*, mai 1754 ; mai 1755 ; Mr Me Annet de Sobeyran, avocat en parlement, bailli de la Tourrette, *L.*, mai 1756.

Soubeyran (Mr Me François), [signe : *Sobeyran* et *Sobeiran*] Mr Me François Sobeyran, avocat en parlement, maire de Chalancon, *Aub.*, mars 1710 ; Soubeiran, *le Ch.*, mars 1711 ; *St-P.*, avr. 1712 ; *Vo.*, mars 1713 ; pour le bailli de Chalancon, *T.*, mars 1714 ; Soubairan, pour le maire de Chalancon, *T.*, mars 1705 ; pour le bailli de Chalancon, *B. S. A.*, avr. 1716 ; maire de Chalancon, *P.*, avr. 1717 ; mai 1719 ; *V. de B.*, mai 1720 ; *An.*, mai 1721 ; *Vo.*, mai 1722 ; *T.*, mai 1723 ; *St-P.*, mai 1724 ; Soubeyran, *Aub.*, mai 1725 ; *T.*, mai 1726 ; *P.*, mai 1729 ; *J.*, mai 1730 ; pour le bailli de Saint-Remèze, *T.*, mai 1731 ; juge et viguier de la comté de Chalancon, pour le bailli de Chalancon, *B. S. A.*, mai 1732 ; avocat en parlement, maire de Chalancon, *An.*, mai 1733 ; pour le bailli de Vogüé, *Vo.*, mai 1734 ; de Sobeyran, avocat en parlement, juge et viguier de la comté et baronnie de Chalancon, pour le bailli de la Tourrette, *T.*, mai 1739 ; Sobeiran, avocat en parlement, juge et viguier de la baronnie de Chalancon, pour le bailli dudit lieu, *P.*, mai 1740 ; de Sobeiran, pour le bailli de la Tourrette, *T.*, mai 1743 ; pour le bailli de Chalancon, *P.*, mai 1744 ; *An.*, mai 1745 ; juge, viguier et bailli de la baronnie de Chalancon, *Aub.*, mai 1746 ;

de Sobeyrand, avocat en parlement, bailli du comté et baronnie de Chalancon et la Tourrette, *la V.*, mai 1753 ; M. François de Soubeyran, bailli de Chalancon et la Tourrette, *V. de B.*, mai 1754 ; de Sobeyrand, mai 1755.

Soubeyran (Sr Pierre), Soubairan, pour le bailli de Boulogne, *T.*, juin 1655.

Soubeyran, Sr de Beauvoir (M. Jean-Antoine-Marie de), pour le bailli de Chalancon, *Ve.*, mai 1757 ; le même (?) que M. Jean-Antoine-Marie de Soubeyran de Saint-Prix, pour le bailli de la Tourrette, *B. S. A.*, mai 1758 ; de Sobeiran de Saint-Prix, S^gr de la terre de **Retourtour** située dans la paroisse de Saint-Priest en Chalancon et **Mounens**, bailli de la Tourrette et Chalancon, *An.*, mai 1759 ; *Aub.*, mai 1760 ; Mre Jean-Antoine-Marie de Sobeiran, S^gr de la baronnie de Retourtour, **Le Rey, Romanet, Besset** et autres lieux, présid. comme subrogé du duc d'Uzès, [signe : *Sobeiran de St Prix*] *St-P.*, mai 1762 ; Mr Jean-Antoine-Marie Soubeyran de Beauvoir, bailli de la Tourrette, *L.*, mai 1764 ; [signe : *Sobeiran de Beauvoir*] *T.*, mai 1765 ; maire de Chalancon, *V. de B.*, mai 1766 ; bailli de la Tourrette, *P.*, mai 1767 ; M. Jean-Antoine Marie Soubeyran de Beauvoir, bailli de Chalancon et la Tourrette, S^gr de **Banalières, les Bessés**, et S^gr direct de **Saint-Prix, les Nonnières, Saint-Julien-Labrousse, Mounens-et-Cluat** (Cluac) et **Saint-Jean-Chambre**, habitant en sa maison-forte à Boulieu, présid. comme subrogé de la Marquise de la Tourrette et du Mis de la Tourrette, son fils, ayant tour de baron à cause de la baronnie de Chalancon, *Ve.*, mai 1769 ; M. Jean-Antoine-Marie Sobeyran de Beauvoir, bailli de la Tourrette, *Aub.*, mai 1770 ; *An.*, mai 1771 ; noble Jean-Antoine-Marie

Sobeyran de Beauvoir, bailli de la Tourrette et Chalancon, *Sl-P.*, mai 1774 ; Sobeiran de Beauvoir, bailli de la Tourrette, *V. de B.*, mai 1778.

Soubeyran de Larzelier (M. Jean-François de), ancien lieutenant d'infanterie dans « Royal-Vesseaux », pour le bailli de Crussol, *Ve.*, mai 1757 ; de Sobeyran de Largealier, ancien officier d'infanterie dans « Royal-Vaisseau », maire de Chalancon, *B. S. A.*, mai 1758 ; de Sobeyran de Largealié, pour le maire de Chalancon, *Aub.*, mai 1760 ; de Sobeyrand, Sr de Larjeallier, ancien lieutenant d'infanterie, pour le bailli de Chalancon et de la Tourrette, *L.*, mai 1761 ; le même (?) que M. François Soubeyran, ancien officier d'infanterie, pour le maire de Chalancon, mai 1764 ; M. Jean-François de Sobeyran, ancien officier d'infanterie, [pour le] maire de Joyeuse, [signe : *Soubeiran*], *T.*, mai 1765 ; M. [prénom en blanc] Soubeyran de Larzallier, pour le bailli de Chalancon, *V. de B.*, mai 1766 ; M^r [prénom en blanc] de Sobeyrant Larzallier, ancien officier d'infanterie, pour le maire de Joyeuse, *Sl-P.*, mai 1774.

Soubeyran de Saint-Prix (Mr Me Claude de), Mr Me Claude Saint-Prix de Sobeiran, avocat en parlement, bailli de Crussol, *T.*, mai 1743 ; de Saint-Prix de Sobeiran, *P.*, mai 1744 ; *An.*, mai 1745 ; Saint-Prix de Sobeiran, *Aub.*, mai 1746 ; Saint-Prix de Soubeyran, *la V.*, mai 1753 ; de Saint-Prix de Soubeyran, *V. de B.*, mai 1754 ; de Soubeyrand de Saint-Prix, mai 1755 ; de Sobeyrand de Saint-Prix, *L.*, mai 1756 ; le même (?) que M^r M^e [prénom en blanc] Soubeyran de Saint-Prix, conseiller du Roi, maire et bailli des comté et baronnie de Chalancon et la Tourrette, seigneur haut justicier de la terre de **Retour-**

tour, située dans la paroisse de Saint-Prix, présid. comme subrogé de F.-A.-A. de la Rivoire, comte et baron de la Tourrette, fils de J.-A. de la Rivoire, Mis de la Tourrette, etc., baron de tour à cause de sa baronnie de Chalancon, *Ve.*, mai 1757 ; Mr Me Claude de Saint-Prix de Sobeyran, bailli de Crussol, *B. S. A.*, mai 7581 ; de Saint-Prix de Soubeyran, *An.*, mai 1759 ; *Aub.*, mai 1760 ; Sobeyrand de Saint-Prix, *L.*, mai 1761 ; Mr Claude de Saint-Prix de Sobeiran, conseiller du Roi, S^gr du **Serre** et **Moncoupier**, faisant fonctions de secrétaire-greffier du pays, *St-P.*, mai 1762 ; Mr Me Claude Soubeyran de Saint-Prix, avocat en parlement, bailli de Crussol, [signe : *Saint-Prix*] *Aub.*, mai 1763 ; S^gr du Serre et de Montcoupier, *L.*, mai 1764 ; *T.*, mai 1765 ; *V. de B.*, mai 1766 ; *P.*, mai 1767 ; *L.*, mai 1768 ; *Ve.*, mai 1769 ; Sobeyran, *Aub.*, mai 1770 ; *An.*, mai 1771 ; *Aub.*, mai 1772 ; mai 1773 ; noble Claude de Soubeyrant de Saint-Prix, avocat en parlement, S^gr du Serre, **Chambon, Perrier, Trémoulet** et Montcoupier, présid. comme subrogé du duc d'Uzès, baron et comte de Crussol, [signe, d'une écriture hésitante, *St Prix, subrogé*], *St-P.*, mai 1774 ; noble Claude de Soubeyrant de Saint-Prix, avocat en parlement, S^gr du Serre, Chambon, Perrier, Trémoulet et Montcoupier, bailli de Crussol, *Aub.*, mai 1775 ; *L.*, mai 1776.

Soubeyran de Saint-Prix (Nob. Hector de), noble Hector de Soubeyrant de Saint-Prix, pour le bailli de Crussol, *St-P.*, mai 1774 ; de Saint-Prix de Soubeiran, S^gr du **Chambon, Perrier** et autres lieux, pour le bailli de la Tourrette et Chalancon, 1er juin 1786.

Souchon (Me Siméon), procureur au bailliage d'Annonay, premier consul d'Annonay, *la V.*, fév. 1690.

Soussines (Nob. Charles de), pour le maire de Tournon, *Sl-M. d'A.*, janv. 1696 ; pour le bailli de la Voulte, *T.*, mars 1714 ; pour le bailli de Brion, mars 1715.

Surel (Sr Guillaume), consul du Bourg Saint-Andéol, *Aub.*, mai 1665.

Surrel (Mr Me Esprit), avocat ,pour le consul du Bourg Saint-Andéol, *An.*, mai 1721 ; avocat et juge de la comté de Saint-Remèze, pour le bailli de Saint-Remèze, *B. S. A.*, mai 1732.

Surrel (Mr Me Noël), Mr Me Noé Surrel, docteur ès-droits, consul du Bourg Saint-Andéol, *P.*, mars 1695.

Surville (Nob. Claude de), bailli de Boulogne, *T.*, avr. 1667 ; Mr Me Claude de Surville, docteur ès-droits, pour le consul de Boulogne, *B. S. A.*, avr. 1668 ; juge de la baronnie de Boulogne, pour le consul de Boulogne, *Aub.*, juin 1669 ; juin ; *Viv.*, juill. 1674 ; juge de Privas, pour le bailli de Privas, *le Ch.*, avr. 1675 ; pour le bailli de Boulogne, *Sl-P.*, avr. 1676 ; bailli de Privas, *Aub.*, mai 1677 ; *T.*, mai 1679 ; pour le bailli de Boulogne, *B. S. A.*, mai 1680 ; juge de Boulogne, pour le bailli de Boulogne, *P.*, fév. 1681.

Surville (Nob. Jacques de), chevalier de Saint-Louis, premier consul de Viviers, comm. ord. du Roi, *An.*, mai 1771 ; premier ex-consul de Viviers, *Aub.*, mai 1772.

Surville de Maleval (Mre Pierre-Joseph de), chevalier de l'ordre royal et militaire de Saint-Louis, député de Viviers, *V. de B.*, mai 1778.

Suze, v. : La Baume de Suze.

Symian, v. : Simian.

T

Tabouet (Mr Me Anne), docteur ès-droits, consul de Joyeuse, *B. S. A.*, fév. 1622.

Tabouet *alias* Taboyt (Me Etienne), consul de Joyeuse, *Viv.*, déc. 1601 (pour 1602).

Tailhand (Sr Gabriel), bourgeois, consul de Largentière, *T.*, mars 1715.

Tardieu (Noble Jacques de), le Sr Tardieu, fils, juge de Vivarais en survivance, admis à assister comme comm. ord., *B. S. A.*, mai 1656 ; noble Jacques de Tardieu, conseiller du Roi, juge de Vivarais, comm. ord., *Aub.*, mai 1662 ; Mr Me Jacques Tardieu, conseiller du Roi, juge du bailliage de Vivarais séant à Villeneuve de Berc, comm. ord., *B. S. A.*, mai 1680.

Tardieu (Mr Me Pierre), Conseiller du Roi, juge de Vivarais, comm. ord., *Aub.*, juin 1625 ; *la V.*, sept. 1626 ; *Viv.*, août 1628 ; *J.*, avr. 1633 ; *Viv.*, fév. 1635 ; mars 1637 ; *V. de B.*, fév. ; *B. S. A.*, mars ; *Viv.*, avr. ; *B. S. A.*, juill. 1638 ; *Viv.*, janv. *B. S. A.*, fév. 1639 ; *Aub.*, fév. ; Conseiller en la Cour royale de Villeneuve de Berc, *Aub.* et *Viv.*, sept. 1640 ; Conseiller du Roi, juge du Bas-Vi-

varais, *la V.*, janv. ; juge du Vivarais, mai ; nov. 1641 ;
juge au bailliage de Villeneuve de Berc, *B. S. A.*, janv. ;
juge de Vivarais, fév. ; sept. 1643 ; juge au bailliage de
Villeneuve de Berc, *B. S. A.*, janv. ; juge en la Cour royale
de Villeneuve de Berc, *P.*, janv. ; juge de Vivarais, *B. S. A.*,
nov. ; juge en la Cour etc., 14 et 19 déc. 1644 ; *J.*, juill.
1645 ; juge de Vivarais, *V. de B.*, fév. 1649 ; le Sr Tardieu, juge en la Cour, etc., *Aub.*, janv. ; mars ; oct. 1650 ;
V. de B., janv. ; *Aub.*, avr. ; *le Ch.*, mars 1651 ; conseiller
du Roi, juge du pays de Vivarais, *Aub.*, juill. 1653 ; *la V.*,
juin 1654 ; *B. S. A.*, mai ; noble Pierre Tardieu, oct. ;
Mr Me Pierre Tardieu, *V. de B.*, déc. 1656 ; noble Pierre
Tardieu, *Aub.*, juill. 1657 ; *J.*, mai 1658 ; *V. de B.*, mars
1660.

Tardin (Mr Me Antoine), juge général des terres de la
comté de Tournon, pour le consul de Chalancon, *B. S. A.*,
mai ; noble Antoine Tardin, pour le bailli de Tournon,
V. de B., déc. 1656 ; pour le consul de Chalancon, *Aub.*,
juill. 1657 ; *J.*, mai 1658 ; Mr Me Antoine Tardin, juge
général des terres de la maison de Tournon, *la V.*, mai
1659 ; noble Antoine Tardin, consul de Tournon, *V. de B.*,
mars 1660 ; Mr Me Antoine Tardin, juge général des terres
de la maison de Tournon, pour le consul de Chalancon,
Aub., mai 1662 ; noble Antoine Tardin, juge général des
terres de la comté de Tournon, pour le bailli de Tournon,
T., avr. 1667 ; *B. S. A.*, avr. 1668 ; *Viv.*, avr. 1671 ;
Mr Me Antoine Tardin, juge général des terres de la maison de Tournon, *T.*, mai 1679 ; mars 1691 ; *B. S. A.*,
fév. 1692.

Tardin (Mr Me Pierre), pour le bailli de Tournon, *T.*,
avr. ; juin 1655.

Tardy (Mr Me Jean-Fleury), avocat en parlement, pour le bailli de Tournon, *la V.*, mai 1753.

Tartara, v. : Bollioud de Tartara.

Tataillon, v. : Tavernol de Barrès.

Taulamesse-Prinsard-Ducros (Mr Me Pierre), avocat en parlement, pour le premier consul-maire de Boulogne, *L.*, mai 1785 ; Taulamesse-Prinsar-Ducros, *St-P.*, juin 1786 ; Taulemesse-Prinsac du Cros, *Aub.*, juin 1787 ; Taulamesse de Prinsac-Ducros, *B. S. A.*, juin 1788 ; Taulamese de Prinsac Ducros, *T.*, juin 1789.

Tavernier (Mr Me André), avocat en parlement, pour le bailli de Saint-Remèze, *An.*, mai 1783.

Tavernol (Mre Alexandre-Henri-Hubert de), pour le bailli de Largentière, *T.*, juin 1789.

Tavernol (Me Antoine), notaire et consul de Privas, *G. lès V.*, juin 1624 ; *Aub.*, juin 1625.

Tavernol (Me Louis), consul de Privas, *P.*, janv. 1619.

Tavernol (Mr Me Simon-Pierre), avocat en parlement, bailli de Jaujac, *P.*, mai 1729 ; pour le bailli de Largentière, mai 1740.

Tavernol de Barrès (Mre Pierre-Philippe-Alexandre de), pour le bailli de Largentière, *V. de B.*, mai 1778 ; officier d'artillerie, pour le bailli de Largentière, *B. S. A.*, juin 1788.

Tavernol de Barrès (Mr Simon-Pierre de), M. Simon-Pierre Tavernol, sgr de **Saint-Pierre la Roche** et de la baronnie de **Barry**, bailli de Largentière en survivance de son père, *la V.*, mai 1753 ; M. Simon-Pierre Tavernol, S^{gr} de **Craux, Chambeson**, Saint-Pierre la Roche et de la baronnie de Barry, cos^{gr} de **Saint-Bauzile** et **Saint-Martin le Supérieur** en Barrès, et de **Tataillon**, bailli de Largentière, présid. comme subrogé de F.-D.-A. de Grimoard de Beauvoir du Roure de Beaumont, Cte de Brison, etc., baron de Largentière, et le même (?) Mr Simon-Pierre Tavernol, avocat en parlement, bailli de Largentière, *V. de B.*, mai 1754 ; Tavernol, S^{gr} de Chambeson, Craux et de la baronnie de Barry, bailli de Largentière en survivance de M. son père, mai 1755 ; *L.*, mai 1756 ; *Ve.*, mai 1757 ; *B. S. A.*, mai 1758 ; M. Pierre-Simon Tavernol, S^{gr} de Craux et de la baronnie de Barry, bailli de Largentière, *An.*, mai 1759 ; M. Simon-Pierre Tavernol, écuyer, S^{gr} de Craux, Chambeson et de la baronnie de Barry, *Aub.*, mai 1760 ; noble Simon-Pierre Tavernol, S^{gr} de **Craux**, Chambeson et de la baronnie de Barry, bailli de Largentière en survivance de M. son père [signe : *Tavernol de Barry*] *L.*, mai 1761 ; noble Simon-Pierre Tavernol, S^{gr} de Craux, Chambeson et Barri, bailli de Largentière, *St-P.*, mai 1762 ; *Aub.*, mai 1763 ; *L.*, mai 1764 ; Messire Simon-Pierre Tavernol, baron de Barry, S^{gr} de Saint-Pierre la Roche, Chambeson, Craux et autres lieux, Cos^{gr} de Saint-Bauzile, Saint-Martin et Tataillon, bailli d'épée des baronnie, ville et château de Largentière, présid. comme subrogé de F.-D.-A. de Grimoard de Beauvoir du Roure de Beaumont, comte de Brison, etc., baron de Largentière, *V. de B.*, mai 1766 ; noble Simon-Pierre Tavernol de Barry, S^{gr} de Saint-Pierre la Roche, Chambeson, Craux et autres lieux, bailli de Largentière, *P.*, mai 1767 ; *L.*, mai 1768 ; *Ve.*, mai 1769 ; M. [prénoms en blanc] de Tavernol de Barry, S^{gr} de Chambeson et autres lieux [la signature est celle de Simon-Pierre], *An.*, mai 1771, noble Jean-Pierre (*sic*) de Tavernol, etc. [même signature]; *Aub.*, mai 1772 ; mai 1773 ; noble Simon-Pierre etc. [signe pour la première fois : *Tavernol de Barrès*], *St-P.*, mai 1773 ; noble Simon-Pierre de Tavernol de Barrès, etc., [signe : *Tavernol de Barry*] *Aub.*, mai 1775 ; [signe : *Tavernol de Barrès*], *L.*, mai 1776 ; *T.*, mai 1777 ; Messire Simon-Pierre de Tavernol, S^{gr} de Barrès, Saint-Pierre la Roche, Chambeson, Craux et autres lieux, Cos^{gr} de Saint-Bauzile, Saint-Martin et Tataillon, gouverneur pour le Roi de Villeneuve de Berg, bailli d'épée héréditaire des baronnie, ville et château de Largentière, présid. comme subrogé de F.-D.-A. de Grimoard de Beauvoir du Roure de Beaumont, comte de Brison, etc., baron de Largentière, *V. de B.*, mai 1778 ; Mre Simon-Pierre de Tavernol, S^{gr} de Barrès, bailli de Largentière, *P.*, mai 1779 ; baron de Barrès, *L.*, mai 1780 ; S^{gr} de Barrès, *T.*, mai 1781.

Tavernol de Fermenas (M. Simon-Pierre), M. Simon-Pierre Tavernol, pour le bailli de Boulogne, *St-P.*, mai 1762 ; Tavernol de Fermenas, *Aub.*, mai 1763. — Voir l'article précédent, mai 1754.

Tavernol Saint-Clair-(Mr Me Alexandre-Henri), [signe: *Tavernol St Clair*] avocat en parlement, bailli de Largentière, *P.*, mai 1729 ; *J.*, mai 1730 ; *T.*, mai 1731 ; *B. S. A.*, mai 1732 ; *An.*, mai 1733 ; *Vo.*, mai 1734 ; mars 1735 ; *St-P.*, mai 1736 ; *Vo.*, avr. 1737 ; *T.*, mai 1738 ; mai 1739 ; Mr Me Alexandre-Henri Tavernol-Saint-Clair, avocat en parlement, S^{gr} de **Craux**, présid. comme subrogé de D. de Beaumont, marquis de Brison, etc., baron de Largentière, *P.*, mai 1740 ; Mr Me Alexandre-Henri Tavernol-Saint-Clair, avocat en parlement, S^{gr} de Craux, de **Saint-Pierre la Roche** et de la baronnie de **Barry,** bailli de Largentière, *T.*, mai 1743 ; *P.*, mai 1744 ; *An.*, mai 1745 ; *Aub.*, mai 1746 ; Mr Me Alexandre-Henri Tavernol de Saint-Clair, avocat en parlement, Sgr de Craux, **Chambeson**, Cosgr de **Tataillon**, secrétaire et greffier des Etats de Vivarais, *la V.*, mai 1753 et à toutes les sessions suivantes [qualifié viguier de Villeneuve de Berc, *V. de B.*, mai 1755] jusqu'à celle de *L.*, mai-juin 1661, inclusivement. Mort au mois de juin 1761.

Terailhon, *alias* Taraillon (Me Antoine), consul de Tournon, *T.*, janv. juill 1642.

Terailhon (Sr Charles), premier consul de Tournon, *Viv.*, avr. 1671.

Terralhon (Sr Jacques), Loraillon (*sic*), consul de Tournon, [signe : *Terralhon*], *Aub.*, mai 1665.

Téron (du), v. : Faye du Téron.

Terras (Sr Claude), second consul de Viviers, *Prad.*, mai 1672 ; *la V.*, mai 1678 ; fév. 1690.

Terrasse (Sr Jean), Terresse. consul de Viviers, *P.*, mars ; Terrasse, *Aub.*, juin ; *St-P.*, août ; *G. lès V.*, oct. 1652.

Terrisse (Me Gabriel), consul de Pradelles, *J.*, mai 1608.

Teste de la Motte, v. : [Ferrand-Teste] de la Motte et La Motte (Nob. Claude [Teste ?] de).

Teule (Me François), consul de Rochemaure, *J.*, avr. 1633.

Théron (du), v. : Rivière (Mr Mc Jean *et autre* Mr Me Jean —, père et fils).

Tholosan de la Madelène (Mre Paul-Louis), [signe : *Delamadelene*], Tholosan de la Magdelaine, vicaire général de l'Evêché de Viviers, pour le bailli de Viviers, *L.*, mai 1780 ; *T.*, mai 1781 ; *Aub.*, mai 1782 ; *An.*, mai 1783 ; *R.*, juin 1784 ; *L.*, mai 1785 ; *St-P.*, juin 1786 ; *Aub.*, juin 1787 ; *B. S. A.*, juin 1788 ; *T.*, juin 1789.

Thor, v. : Duthor et Tor.

Thorenc (Baron de), v. : François, S^sr d'Andance (Mre J. M. de).

Tor (dù), v. aussi : Duthor.

Tor (Me Jean du), consul de Pradelles, *Aub.*, mai 1646.

[Tournon] de Meyres (Nob. Christophe-François de), Mézier, bailli de Tournon, *J.*, avr. 1633 ; noble Christophe-François de Meyres, *T.*, juill. 1634 ; *Viv.*, fév. 1635 ; Mayres, *B. S. A.*, mars 1638 ; noble Christophe-François de Tournon, baron de **la Mastre**, *B. S. A.*, 14 et 19 déc. 1644 ; noble Christophe-François de Maires, *V. de B.*, fév. 1649 ; noble François de Mayres, *Aub.*, janv. ; mars 1650 ; *le Ch.*, mars 1651 ; noble Christophe-François de Mayres, *P.*, mars ; *Aub.*, juin ; *St-P.*, août ; *G. lès V.*, oct. 1652 ; *Aub.*, juill. 1653 ; *la V.*, juin 1654 ; présid. comme subrogé de M^te de Montmorency, D^sse douairière de Ventadour, ayant tour de baron à cause de sa baronnie et comté de Tournon, *T.*, avr. ; juin 1655 ; bailli de Tournon, *B. S. A.*, mai 1656 ; Maires, *Aub.*, juill. 1657 ; *J.*, mai 1658 ; *la V.*, mai 1659 ; *V. de B.*, mars 1660 ; Mayres, *Prad.*, mai 1661, Maires, *Aub.*, mai 1662 ; *le Ch.*, avr. 1663 ; Mayres, *St-P.* ;

avr. 1664 ; Maires, *la V.*, avr. 1666 ; Meyres, présid. comme subrogé de H. de Lévis-Ventadour, chanoine de Paris, etc., baron et comte de Tournon, *T.*, avr. 1667 ; Meires, bailli de Tournon, *Aub.*, juin 1669.

Tournon, Sʳ **de Meyres** (Nob. François de), envoyé pour le bailli de Tournon, *la V.*, mars 1610 ; bailli de Chalancon, *An.*, janv. 1611 ; pour le bailli de Tournon, *Aub.*, janv. 1613 ; bailli de Tournon, *la V.*, fév. 1614 ; noble François de Meyres, Sʳ dud. lieu et baron de **la Mastre**, *T.*, fév. 1615 ; *B. S. A.*, mars 1616 ; *Aps*, juill. 1620 ; *B. S. A.*, nov. 1621 ; fév. 1622 ; *la V.*, mars 1623 ; Mʳ de Meyres, *T.*, juin ; noble François de Meyres, baron de la -Mastre, oct. ; M. de Meyres, nov. ; déc. 1627 ; *B. S. A.*, janv. 1628.

Tournon, Cᵗᵉ **de Roussillon**, etc., (Just-Henri de), présent, *B. S. A.*, mai 1621 ; présid. *la V.*, mars 1623 ; *T.*, fév. 1625 ; juin, août ; oct. ; nov. ; déc. 1627 ; *B. S. A.*, janv. 1628.

Tournon, Cᵗᵉ **de Roussillon**, etc. (Just-Louis), présid. comme baron de tour à cause de sa baronnie de Chalancon, *T.*, fév. 1615 ; à cause de sa baronnie de Tournon, fév. 1615.

Tournus (Sʳ Ennemond), Sʳ Esnemon Turnus, premier consul de la ville de Viviers, [signe : *Tournus*], *T.*, mars 1714 ; Sʳ Ennemon Tournus, mars 1715 ; *B. S. A.*, avr. 1716 ; Sʳ Enemond Tournut, *P.*, avr. 1717 ; *V. de B.*, mai 1720 ; Mᵉ Ennemond Tournus, premier consul de la ville de Viviers, comm. ord., *T.*, mai 1731 ; avocat, premier consul de Viviers, *B. S. A.*, mai 1732.

Tourre, Sʳ **d'Audemas** (Nob. Esprit), Sʳ Daudemas, premier consul de Viviers, comm. ord., *la V.*, mai 1659.

Tourrette (de), *ou* Tourrettes (des), v. : Jossouin de Tourrette.

Tourton de Mortesaigne (Nob. Antoine de), subrogé du bailli de Montlor, *Aub.*, juin; août; *V. de B.*, oct.; *B. S. A.* oct. 1625 ; *Aub.*, janv. ; *Viv.*, fév. ; 1er et 14 avr. ; 20 mai et 20 juin ; *Aub.*, août 1626.

Tourton, Sr **de Mortesaigne** (Nob. Gabriel de), régent d'Aubenas, *la V.*, mars 1604 ; le même (?) appelé noble Louis de Mortesaigne, régent d'Aubenas, *L.*, janv. 1606 ; noble Gabriel de Mortesaigne, régent d'Aubenas, *la V.*, mars 1610 ; pour le châtelain de Boulogne, *An.*, janv. 1611 ; régent d'Aubenas, *Aub.*, janv. 1613 ; subrogé du bailli de Montlor, *J.*, mars 1618 ; *P.*, janv. 1619.

Tourville, v. : Chapuis de Tourville.

Tracol (Mr François), pour le maire de Chalancon, *St-P.*, mai 1762.

Tracol (Mr Jacques-Bernard), pour le maire de Pradelles, *St-P.*, mai 1762.

Tranchard (Me Guillaume), consul de Largentière, *la V.*, mars ; mai 1623 ; le même (?) signe le procès-verbal de *T.*, juill. 1634 et ne figure pas dans la liste de présence, qui ne porte pas le nom du consul de Largentière ; le même (?), consul de Largentière, *B. S. A.*, déc. 1644 ; *Aub.*, juill. 1653.

Tranchard (Nob. Nicolas), consul de Largentière, *Aub.*, mai 1662 ; *B. S. A.*, mai 1680.

Trémouil, v. : Boucharenc du Trémouil.

Trémoulet, v. : Soubeyran de Saint-Prix (Nob. Claude de).

Trois-Fourneaux, v. : Ruolz.

Trollat (Sr Jean), Trollet, consul de Tournon, [signe : *Trollat*], *P.*, fév. 1681 ; Trollat, notaire royal, premier consul de Tournon, *J.*, mars 1682.

Troulher (Me Jean), consul de Pradelles, *B. S. A.*, fév. 1643 ; Troulier, *P.*, janv. 1644.

U

Ucel de Craux (Nob. Jean d'), subrogé pour le bailli de Privas par Madame de Lestrange, [signe : *Rochegude*] *T.*, juill. 1634.

Ucel, S^{gr} **de Craux** et **Génestelle**, Cos^{gr} de la comté d'**Antraigues** (Mre Jean-François d'), Ussel, pour le bailli de Montlor, *St-P.*, mars 1700 ; noble Jean-François d'Ucel, S^{gr} de Craux, de Ginestelle et d'Antraïgues, bailli de Montlor, *Vo.*, mars 1701 ; S^{gr} de Craux, Génestelle, Cos^{gr} d'Antraïgues, *R.*, fév. 1702 ; *T.*, mars 1703.

V

Vacher de la Molière, v. : Vachier de la Molière.

Vachères, v. : [Bayle] de Lamotte[-Brion], baron de Vachères.

Vachier (Barthélemy), consul de Rochemaure, *Aub.*, janv. 1613.

Vachier, Sr **de la Molière** (Nob. Charles de), premier consul de Largentière, *le Ch.*, mai 1687 ; noble Charles de Vacher, Sr de la Molière, pour le consul de Largentière, *St-P.*, mars 1700 ; noble Charles de Vachier, Sr de la Molière, pour le maire de Largentière, *B. S. A.*, mars 1708 ; maire de Largentière, *An.*, mars 1709 ; *Aub.* mars 1710 ; *St-P.*, avr. 1712.

Vachier, Sr **de la Molière** (Nob. Louis de), Vachières, Sr de la Mollière, comm. pr., *V. de B.*, juill. 1647 ;

Val (François de), consul de Viviers, *J.*, mai 1608.

Valen, v. : Vallant.

Valeton (le Sr François), régent d'Aubenas, *la V.*, sept. 1626 ; le même (?) que noble [prénom en blanc] de Valleton, régent d'Aubenas, *Aub.*, fév. 1640.

Valeton (le Sr Pierre), régent d'Aubenas, *Aub.*, déc. 1602 (pour 1603) ; *Aps*, juill. 1620.

Valgorge, v. : Jossouin de Planzolles.

Vallant (Me Barthélemy), Valen, consul du Bourg Saint-Andéol, *la V.*, mai 1623.

Vallant (Me Jean), Vallan, consul du Bourg Saint-Andéol, *la V.*, sept. 1626.

Valleton, v. : Valeton.

Valloubière, v. : Bertrand de Valloubière.

Vanel (Sr *N.*), maire du [Pont-] Saint-Esprit, comm. pr., *St-P.*, mai 1736.

Vannyère (Me Jean), consul de Joyeuse, *la V.*, mars 1604.

Vans (les), v. : Barthélemy de Laforest (M. François-Guillaume).

Vaumalle (Baron de), v. : Fages (Mre P.-F.-C. de).

Vayrenc, v. : Veyrenc.

Ventadour, v. : Lévis-Ventadour.

Verdier (Me Antoine), consul de Rochemaure, *B. S. A.*, fév. 1622.

Verdier (Me Claude), consul de Joyeuse, *G. lès V.*, juin 1624.

Verdier (Etienne), consul de Joyeuse, *Viv.*, sept. 1624 ; *T.*, fév. 1625.

Verdier (Mr Me Gaspard de), avocat, consul de Rochemaure, *P.*, avr. 1717 ; *J.*, avr. 1718 ; premier consul de Rochemaure, *T.*, mai 1738.

Verdier (Me Jacques), consul de Joyeuse, *An.*, janv. 1636.

Verdier (Jean), consul de Joyeuse, *la V.*, mars 1610 ; le même (?) que Sr Jean Verdier, consul de Joyeuse, *J.*, mai 1658.

Verdier (Sr Jean), premier consul de Joyeuse, *P.*, avr. 1717 ; *J.*, avr. 1718.

Verdier (Sr Jean-Jacques), consul de Joyeuse, *B. S. A.*, avr. 1668 ; *Aub.*, juin 1669.

Verdier (Nob. Marc-Antoine de), consul de Rochemaure, [signe : *de Verdier*], *Prad.*, mai 1661.

Verdun, v. : Robert-Dumolard de Châteauneuf (Mr Me André), Robert de Châteauneuf du Molard (Nob. Saint-Ange) et Robert du Molard, (Nob. Jacques).

Verdus, v. : Fayon (Sr Jean-Claude) et Fayon (Nob. Louis).

Vergne, v. : Vernhes.

Vermale (Mr Me Pierre), docteur ès-droits, pour le consul de Tournon, *J.*, mars 1694 ; docteur et avocat pour le maire de Largentière, *Vo.*, mars 1701 ; [pour le] maire de Largentière, *R.*, fév. 1702 ; comm. pr., *T.*, mars 1703 ; pour le maire de Largentière, *B. S. A.*, avr. 1704 ; [pour le] maire de Largentière, *P.*, mars 1705 ; *J.*, mars

1706 ; docteur et avocat, conseiller du Roi, viguier juge général du marquisat de Chambonas, pour le maire de Largentière, *Ve.*, avr. 1707 ; comm. pr., *Aub.*, mars 1710 ; Mr Me Pierre de Vermale, conseiller du Roi, [pour le] maire de Boulogne, *St-P.*, avr. 1712 ; Mr Me Pierre Vermale, docteur et avocat, pour le maire de Boulogne, *B. S. A.*, avr. 1716 ; [pour le] maire de Boulogne, *P.*, mai 1719 ; le même (?) que le Sr Vermale, comm. ord., comme procureur du comte de Chambonas, propriétaire de l'office de maire de Viviers, *Aub.*, mai 1725 ; Mr Me Pierre de Vermale, juge-régent au duché de Joyeuse, maire commis de la ville de Viviers, comm. ord., *J.*, mai 1730.

Vermale (Mr Pierre-Joseph de), conseiller du Roi au Présidial de Valence, [pour le] maire de Boulogne, *An.*, mai 1721.

Vernes, v. aussi : Vernet et Vernhes.

Vernes (Mr Me Jean-Jacques *et autre* (?) Jean-Jacques de), M^e [prénom et nom en blanc], docteur ès-droits, pour le consul de Chalancon, *Aps*, oct. 1620 ; le Sr Jean-Jacques du Vernet, docteur ès-droits, [signe : *De Vernes*], *R.*, fév. 1621 ; Me Jean-Jacques du Vernet, docteur ès-droits, *la V.*, mars 1623 ; le même (?) que noble Jacques de Vernes, bailli de Chalancon, *Viv.*, fév. 1635 ; le même (?) que noble *N.* **de Serpoulet**, pour le bailli de Chalancon, [signe : *De Vernes*], mars 1637 ; le même (?) que Mr Me Jean-Jacques du Vernet, docteur ès-droits, pour le consul de Chalancon, [signe : *Devernes*], *Aub.*, mai 1646 ; Sr Jean-Jacques de Vernes, *V. de B.*, juill. 1647 ; *la V.*, juill. 1648 ; noble Jacques de Vernes, *V. de B.*, fév. 1649 ; Mr Me Jean-Jacques de Vernes, docteur ès-droits, consul de Chalancon, *Aub.*, janv. 1650 ; pour le consul de Chalancon, *le Ch.*, mars 1651 ; le même (?) que Mr Me Jean-Jacques de Vernes, Sr de Serpoullet, docteur ès-droits, *Aub.*, juill. 1653 ; du Vernes, Sr de Serpoullet, docteur ès-droits, *la V.*, juin 1654 ; le même (?) signe *Du Vernes* au procès-verbal de *V. de B.*, mars 1660, qui ne contient pas de liste de présence ; Mr Me Jean-Jacques de Vernes, pour le consul de Chalancon, [signe : *De Vernes*], *Prad.*, mai 1661 ; signe : *de Vernes du Serpoulel* au procès-verbal d'*Aub.*, mai 1662, et ne figure pas dans la liste de présence ; Mr Me Jean-Jacques du Vernes, docteur ès-droits, pour le consul de Chalancon, *le Ch.*, avr. 1663 ; de Verne, Sr de Serpellet, pour le consul de Chalancon, *Aub.*, mai 1665 ; de Vergnes, *la V.*, avr. 1666.

Vernet (du), v. : Couhert du Vernet.

Vernet (Sr Jacques du), consul de Viviers, [signe : *duvernel*], *P.*, mars 1695 ; *St-M. d'A.*, janv. 1696.

Vernet (Mr Me Pierre), châtelain de Chalancon, pour le bailli de Chalancon, *J.*, mai ; juill. 1645.

Vernhes, v. aussi : Vernet (Mr Me Pierre) et Vernes.

Vernhes (Me Antoine), Vergne, pour le consul du Cheylard, *Viv.*, août 1628.

Vernhes (Sr Jean), pour le bailli de Boulogne, [signe : *Vernhe*], *le Ch.*, mars 1699.

Vernhes (Mathieu), consul du Cheylard, *B. S. A.*, mai 1621.

Vernhes (M. Paul), premier consul du Cheylard, *L.*, mai 1768 ; avocat en parlement, premier consul du Cheylard, *Ve.*, mai 1769 ; *Aub.*, mai 1770 ; *An.*, mai 1771.

Vernhes (Me Pierre), pour le consul du Cheylard, *la V.*, mars 1623.

Vernon, v. : Ginestous de Vernon.

Véron (Jean de), consul de Saint-Agrève, *Viv.*, déc. 1600 (pour 1601) ; Jean Véron, janv. 1607. [Dans cette dernière session figure Mathieu Salgue, également qualifié consul de Saint-Agrève.]

Veyrenc (Sr Claude), consul de Viviers, *Sl-P.*, avr. 1688.

Veyrenc (Jean), Vayrenc, régent d'Aubenas, *J.*, avr. 1633 ; *V. de B.*, fév. ; *Viv.*, mars 1649 ; Sr Jean de Veyrenc, *Aub.*, janv. 1650 ; *V. de B.*, janv. 1651.

Veyret (Mr Me Isaac de), bachelier et lieutenant en la judicature de Crussol, pour le bailli de Crussol, *Aub.*, juin ; *Sl-P.*, août 1652.

Vézian (M. Joseph-Guillaume de), Vésian, avocat en parlement, premier consul de Largentière, [signe : *Vezian*] *Aub.*, mai 1770 ; Mr Me Joseph-Guillaume Vésian, avocat en parlement, pour le bailli de Saint-Remèze, mai 1772 ; Mr Me Guillaume-Joseph Vézian, mai 1773 ; pour le bailli de Joyeuse, *L.*, mai 1776 ; *T.*, mai 1777 ; *V. de B.*, mai 1778.

Vialitran, v. aussi : Balitran.

Vialitran (Aymar), consul de Pradelles, *An.*, janv. 1611.

Viallon (Antoine), consul du Cheylard, *J.*, mai 1608.

Vidal (Sr Antoine), consul de Joyeuse, *Sl-P.*, avr. 1664.

Vigier (Claude), consul de Joyeuse, *An.*, janv. 1611.

Vignal (Mᵉ Claude), consul de Rochemaure, *Aub.*, déc. 1602 (pour 1603) ; le même (?), sans indication de prénom, *T.*, fév. 1609 ; Mᵉ Claude Vignal, *la V.*, mars 1610 ; *An.*, janv. 1611.

Vigne (Mᵉ Andéol), consul du Bourg Saint-Andéol, *Aub.*, mai 1646.

Villaret, v. : Frévol, Sʳ de Villaret.

Ville, v. : Largier de Ville.

Villeneufve (Mᵉ Jean de), consul du Cheylard, *la V.*, mars 1604.

Villeneuve, v. : Forestier des Aymards de Villeneuve (Mʳ Mᵉ Joseph) et Forestier de Villeneuve.

Vincens (A.), signe le procès-verbal de *St-P.*, avr. 1688, et ne figure pas dans la liste de présence, entre peut-être pour le consul de Pradelles, dont le nom manque.

Vincens (Mʳ Mᵉ Antoine), [signe : *Vincens*], juge général des terres de l'Evêché de Viviers, pour le consul du Bourg Saint-Andéol, *B. S. A.*, fév. 1692 ; pour le bailli de Largentière, *T.*, mars 1703 ; *B. S. A.*, avr. 1704 ; Vincent, pour le maire du Bourg Saint-Andéol, *Aub.*, mars 1710.

Vincens (Sʳ Claude), consul de Rochemaure, *Prad.*, mai 1684.

Vincens (Sʳ Jean), consul de Pradelles, *Aub.*, mai 1677.

Vincens (Sr Louis), consul de Rochemaure, *P.*, mars 1695 ; maire de Rochemaure, *St-M. d'A.*, janv. 1696 ; *An.*, mars 1697 ; *Aub.*, mars 1698 ; *le Ch.*, mars 1699 ; *St-P.*, mars 1700 ; *Vo.*, mars 1701 ; *R.*, fév. 1702 ; *T.*, mars 1703 ; *B. S. A.*, avr. 1704 ; *P.*, mars 1705 ; *J.*, mars 1706 ; *Ve.*, avr. 1707 ; *B. S. A.*, mars 1708 ; *An.*, mars 1709 ; *Aub.*, mars 1710 ; *le Ch.*, mars 1711 ; *St-P.*, avr. 1712 ; *Vo.*, mars 1713 ; *T.*, mars 1714 ; mars 1715 ; *B. S. A.*, avr. 1716 ; *V. de B.*, mai 1720 ; *An.*, mai 1721 ; *Vo.*, mai 1722 ; *P.*, mai 1729.

Vincent (Sr Claude), régent d'Aubenas, *Viv.*, août 1628.

Vincent (Jean-Pierre), régent d'Aubenas, *J.*, mai 1608 ; Vincens, *P.*, janv. 1619 ; *la V.*, mars ; mai 1623.

Vincent (Sr Pierre), consul de Pradelles, *la V.*, juin 1654.

Vincent de la Croix (Sr Nicolas), Vincens de la Croix, régent d'Aubenas, [signe : *De lacroix*], *Aub.*, mai 1662.

Vinezac, v. : Julien de Vinezac.

Vinsobres, v. : Doyse (Mr Me François).

Violès, v. : Serre de Saint-Marcel et Serre-Saunier.

Vivier, v. : Bastide du Vivier.

Vogüé (Mre Cérice-François, Cte de), Cérice-François de Paule, présid. comme subrogé de son père, Melchior, marquis de Vogüé, baron et comte de Montlor, *Vo.*, mars 1701 ; le comte de Vogüé, bailli de Vivarais, comm. du Roi, *Ve.*, avr. 1707 ; Cérice-François, *B. S. A.*, mars 1708 ; *An.*, mars 1709 ; *Aub.*, mars 1710 ; *le Ch.*, mars 1711 ;

marquis de Vogüé, comte de Montlor, etc., *St-P.*, avr. 1712 ; comte de Vogüé, baron de Montlor, etc., comm. pr. et bailli de Vivarais comm. ord. du Roi, [v. : Robert-Dumolard de Châteauneuf (Sr André)] *Vo.*, mars 1713 ; bailli de Vivarais comm. ord. du Roi, *T.*, mars 1714 ; mars 1715 ; baron de Vogüé, comte de Montlor, baron d'Aubenas, etc., etc., *B. S. A.*, avr. 1716 ; François-Cérice, *P.*, avr. 1717 ; Cérice-François, *J.*, avr. 1718 ; *P.*, mai 1719 ; *V. de B.*, mai 1720 ; *An.*, mai 1721 ; présid. comme baron de Vogüé, comm. pr. et bailli de Vivarais comm. ord., *Vo.*, mai 1722 ; bailli de Vivarais comm. ord. du Roi, *T.*, mai 1723 ; *St-P.*, mai 1724 ; baron d'Aubenas, bailli de Vivarais, comm. ord. du Roi, [v. : Robert-Dumolard, S^gr de Châteauneuf (Mr Saint-Ange)] *Aub.*, mai 1725 ; bailli de Vivarais comm. ord. du Roi, *T.*, mai 1726 ; *V. de B.*, mai 1727 ; *P.*, mai 1729 ; *J.*, mai 1730 ; *T.*, mai 1731 ; *B. S. A.*, mai 1732 ; *An.*, mai 1734 ; *St-P.*, mai 1736 ; *Vo.*, avr. 1737. [Mort le 26 juin 1739 ; les Etats firent délébrer un service pour le repos de son âme, le 20 mai 1740, à Privas.]

Vogüé (Mre Cérice-François-Melchior, Cte de), présid. comme fils et procureur de Ch.-F.-E., Mis de Vogüé, etc., etc. baron d'Aubenas, *Aub.*, mai 1773.

Vogüé (Mre Charles-François-Elzéar, Mis de), reçu comme fils aîné d'un baron du pays, *J.*, mai 1730 ; présid. comme subrogé de C.-F. de Vogüé, Cte de Vogüé et de Montlor, B^on d'Aubenas, baron de tour à cause de sa baronnie de Montlor, *Vo.*, avr. 1737.

Vogüé (Nob. Georges de), Cte de Vogüé, S^gr de **la Chapelle**, etc., bailli du haut et bas pays de Vivarais, comm. ord., *Aub.*, mai 1665 ; *la V.*, avr. 1666 ; *T.*, avr. 1667 ;

messire Georges de Vogüé, etc., *B. S. A.*, avr. 1668 ; *Aub.*, juin 1669 ; *Viv.*, avr. 1671 ; *Prad.*, mai 1672 ; *An.*, avr. 1673 ; *Aub.*, *Viv.*, juin ; *Aub.*, août 1674.

Vogüé (Nob. Guillaume de), S^r de **Rochecolombe**, bailli de Montlor, *Viv.*, déc. 1600 (pour 1601) ; déc. 1601 (pour 1602).

Vogüé (Mre Melchior de), S^gr de **Rochecolombe**, chevalier de l'ordre du Roi, comm. pr., *G. lès V.*, juin 162:.

Vogüé (Mre Melchior, Mis de), Haut et puissant seigneur Melchior de Vogüé, marquis dudit lieu, mestre de camp ès armées de S. M., bailli du haut et bas Vivarais, comm. ord., *le Ch.*, avr. 1675 ; *St-P.*, 11 et 14 avr. ; *Viv.*, mai 1676 ; *Aub.*, mai 1677 ; *la V.*, mars ; avr. 1678 ; *T.*, mai 1679 ; *P.*, fév. 1681 ; *J.*, mars 1682 ; *la V.*, mai 1683 ; *Prad.*, mai 1684 ; *An.*, avr. 1685 ; *Aub.*, avr. 1686 ; *le Ch.*, mai 1687 ; *St-P.*, avr. 1688 ; *Aub.*, fév. 1689 ; *la V.*, fév. 1690 ; *T.*, mars 1691 ; colonel d'un régiment d'infanterie, *B. S. A.*, fév. 1692 ; *P.*, mars 1693 ; *J.*, mars 1694 ; *P.*, mars 1695 ; *St-M. d'A.*, janv. 1696 ; *An.*, mars 1697 ; *Aub.*, mars 1698 ; *le Ch.*, mars 1699 ; baron et comte de Montlor, comm. ord. du Roi, et présent comme baron de Montlor, *St-P.*, mars 1700 ; comm. pr. et comm. ord., *Vo.*, mars 1701 ; comm. ord., *R.*, fév. 1702 ; *T.*, mars 1703 ; *B. S. A.*, avr. 1704 ; *P.*, mars 1705 ; *J.*, mars 1706. [Mort au mois d'octobre suivant.]

Vogüé de Gourdan (Mre Jacques de), Mre Jacques de Gourdan de Vogüé, Cte dudit lieu, bailli d'Annonay en survivance, *An.*, avr. 1685 ; Mre Jacques de Vogüé de Gourdan, Cte dudit lieu, bailli d'Annonay, *le Ch.*, mars 1687 ; *St-P.*, avr. 1688 ; *Aub.*, fév. 1689 ; *la V.*, fév. 1690 ; [signe : *Vogüé de Gourdan*] *T.*, mars 1691; *B. S. A.*, fév.

1692 ; *P.*, mars 1693 ; *J.*, mars 1694 ; *P.*, mars 1695 ; *St-M. d'A.*, janv. 1696 ; *An.*, mars 1697 ; *Aub.*, mars 1698 ; *le Ch.*, mars 1699 ; *St-P.*, mars 1700 ; vicomte dudit lieu, *Vo.*, mars 1701 ; *R.*, fév. 1702 ; *T.*, mars 1703 ; *B. S. A.*, avr. 1704 ; comte dudit lieu, *P.*, mars 1705 ; *J.*, mars 1706 ; *Ve.*, avr. 1707 ; messire Jacques de Vogüé, S^{gr} du **Peloux** et de Gourdan, comte dudit lieu, bailli et gouverneur de la ville d'Annonay, présid. comme subrogé du prince de Rohan, baron et marquis d'Annonay, *An.*, mars 1709 ; bailli d'Annonay, *Aub.*, mars 1710 ; *le Ch.*, mars 1711 ; *St-P.*, avr. 1712 ; *Vo.*, mars 1713 ; *T.*, mars 1714 ; *B. S. A.*, avr. 1716 ; *P.*, avr. 1717 ; *J.*, avr. 1718 ; *P.*, mai 1719 ; *V. de B.*, mai 1720 ; noble Jacques de Vogüé, S^{gr} du Peloux et de **Saint-Clair**, comte de Gourdan bailli et gouverneur de la ville d'Annonay, présid. comme subrogé du prince de Rohan-Soubise, baron et marquis d'Annonay, *An.*, mai 1721 ; Messire Jacques-Louis de Vogüé de Gourdan, comte dudit lieu, bailli d'Annonay, *T.*, mai 1723 ; Mre Jacques de Vogüé de Gourdan, Cte dudit lieu et de Saint-Clair, *St-P.*, mai 1724 ; *Aub.*, mai 1725 ; *T.*, mai 1726 ; *V. de B.*, mai 1727 ; *P.*, mai 1729 ; *J.*, mai 1730 ; *T.*, mai 1731 ; *B. S. A.*, mai 1732 ; Mre Jacques de Vogüé, S^{gr} du Peloux et de Saint-Clair, Cte de Gourdan, bailli et gouverneur de la ville d'Annonay, présid. comme subrogé du prince de Rohan-Soubise, baron et marquis d'Annonay, *An.*, mai 1733 ; Mre Jacques de Vogüé, S^{gr} de Gourdan, Cte dudit lieu et de Saint-Clair, bailli d'Annonay, *Vo.*, mai 1734 ; mars 1735 ; *St-P.*, mai 1736 ; *Vo.*, avr. 1737 ; ancien bailli d'Annonay, « depuis plus de soixante ans, » invité par le subrogé à honorer l'assemblée de sa présence, entre et « prend la place d'ancien bailli, » *T.*, mai 1738.

Vogüé, Cte **de Montlor** (Mre Jacques de), [signe : *Vogüé de Montlor*], capitaine de cavalerie, présid. comme subrogé de C.-F. de Vogüé, Cte de Vogüé et de Montlor, baron d'Aubenas, etc., baron de tour à cause de sa baronnie d'Aubenas, *Vo.*, mars 1735.

Vogüé, Sgr **du Peloux** (Mre Pierre de), chevalier, bailli et gouverneur de la ville d'Annonay, *T.*, mai 1679 ; [signe : *Pelous de Vogüé*] *B. S. A.*, mai 1680 ; *P.*, fév. 1681 ; *J.*, mars 1682 ; *la V.*, mai 1683 ; *Prad.*, mai 1684 ; Messire Pierre de Vogüé, chevalier, Sgr du Peloux, bailli et gouverneur de la ville d'Annonay, présid. comme subrogé de L.-Ch. de Lévis-Ventadour, duc de Ventadour, etc., baron et marquis d'Annonay, *An.*, avr. 1685 ; présid. comme subrogé de H.-M. de Rohan, baron et marquis d'Annonay, mars 1697.

Volozan (Mr Me Charles), Veloran (?), conseiller et avocat du Roi au bailliage d'Annonay, consul-vieux d'Annonay, *P.*, mars 1652.

Volozan (Jean), consul d'Annonay, *B. S. A.*, juill. 1639.

Vuagnard, alias Vuanyard, Wuagnard (Me Michel), prévôt, pour le consul de Chalancon, *Aub.*, juin ; *V. de B.*, *B. S. A.*, oct. 1625 ; *Viv.*, fév. ; 28 juin ; *Aub.*, août ; *la V.*, sept. 1626 ; *T.*, juin, consul de Chalancon, août ; oct. ; nov. 1627 ; *B. S. A.*, janv. ; Me Michel Vuagnard-Prévost (*sic*), pour le consul de Chalancon, *Viv.*, août 1628 ; Me Michel Vuagniard, prévôt, consul de Chalancon, *J.*, avr. 1633 ; Vicamard Prévost (*sic*), pour le consul de Chalancon, *Viv.*, fév. 1635.

Y

Yères (des), v. : Hières (des).

Ymonier (Mr Me Henri-Joseph-François), bachelier ès-droits, consul du Bourg, *Vo.*, mars 1735.

Ymonier (Me Jean), consul du Bourg Saint-Andéol, *la V.*, mars 1604.

Ymonier (Sr Jean), consul du Bourg Saint-Andéol, *Aub.*, mai 1677 ; Sr Jean Imonier, marchand, consul du Bourg Saint-Andéol, *J.*, mars 1682 ; Sr Jean Ymonier, consul de la ville du Bourg Saint-Andéol, *le Ch.*, mars 1699.

Ymonier (M. Jean-Esprit), premier consul-maire du Bourg Saint-Andéol, *L.*, mai 1776 ; *T.*, mai 1777 ; *V. de B.*, mai 1778.

FIN

ERRATA

P. 50, ligne 9. janv. 1694 *corrigez :* janv. 1696.

P. 51, — 1. mai   1744   —   mai 1764.

P. 53, — 26. déc.   1531   —   déc. 1731.

P. 59, — 16, **Chalabruesse** — **Chalabrueisse.**

P. 69, — 3, avr.   1671   —   avr. 1673.

P. 84, — 22. mai   1719   —   mai 1729.

P. 97, — 3. mai   1654   —   mai 1646.

P. 113, — 27. mai   1545   —   mai 1645.

P. 118, — 11. v. : aussi   —   v. aussi :

P. 120, — 17. *ajoutez :* voir aussi : Le Forestier
de Villeneuve, S^gr de Méseirac (M. Louis-Dominique).

P. 128, — 4. v. : aussi *corrigez :* v. aussi :

P. 129, — 11. *Aps.,*   —   *Aps,*

P. 137, — 33. la même   —   le même.

P. 143, — 4. et de   —   de.

P. 143, — 17. **Hauteville**   —   **Hauteville,**

P. 164, — 14. mai 1746   —   mai 1726.

P. 173, — 8. *ajoutez :* voir aussi : Forestier, S^gr de
Villeneuve (M. Louis-Dominique).

P. 270. — 15. mars 1705 *corrigez :* mars 1715.

P. 273, — 6. mai 7581   —   mai 1758.